Guttentag'sche Sammlung
Deutscher Reichsgesetze

Arndt

Reichsverfassung

Nr. 137

Hinter dem Sachregister befindet sich ein ausführliches Verzeichnis der

Guttentagschen Sammlung

Deutscher Reichs- und Preußischer Gesetze

— Textausgaben mit Anmerkungen; Taschenformat —,

die alle wichtigeren Gesetze in unbedingt zuverlässigem Abdruck und mit mustergültiger Erläuterung wiedergibt.

Guttentagsche Sammlung
Nr. 137. Deutscher Reichsgesetze. Nr. 137.
Textausgaben mit Anmerkungen und Sachregister.

Die Verfassung des Deutschen Reichs

vom 11. August 1919.

Mit

Einleitung und Kommentar

von

Geheimrat Professor Dr. Adolf Arndt
in Marburg.

Zweite, sehr verbesserte und vermehrte Auflage.

Berlin und Leipzig 1921.
Vereinigung wissenschaftlicher Verleger
Walter de Gruyter & Co.
vormals G. J. Göschen'sche Verlagshandlung — J. Guttentag, Verlagsbuchhandlung — Georg Reimer · Karl J. Trübner — Veit & Comp.

Inhaltsverzeichnis.

Abkürzungen.

a. = alt.
AbgH. = Preußisches Abgeordnetenhaus.
Abs. = Absatz.
AE. = Allerhöchster Erlaß.
ALR. = Allgemeines Landrecht für die Preußischen Staaten.
A. ö. R. oder ArchÖffR. = Archiv für öffentliches Recht.
Art. = Artikel.
AVBl. = Armeeverordnungsblatt.
AG. = Ausführungsgesetz.
BankG. = Bankgesetz.
Bek. = Bekanntmachung.
BG. = Bundesgesetz.
BGB. = Bürgerliches Gesetzbuch.
BGBl. = Bundesgesetzblatt.
DJZ. = Deutsche Juristen-Zeitung.
DR. = Deutsches Reich.
DrucksRT. = Drucksachen des Reichstags.
E. oder Entsch. = Entscheidung.
EG. = Einführungsgesetz.
EG. z. BGB. = Einführungsgesetz zum Bürgerlichen Gesetzbuch.
Fleischmann = Wörterbuch des Staats- und Verwaltungsrechts.
G. = Gesetz.
GS. = Preußische Gesetzsammlung.
GVG. = Gerichtsverfassungsgesetz.
GewO. = Gewerbeordnung für das Deutsche Reich.
HerrH. = Preußisches Herrenhaus.
HirthsAnn. oder H A. = Annalen des Deutschen Reichs, begründet von Hirth.
JMBl. = Preußisches Justizministerialblatt.
Instr. = Instruktion.

JW. = Juristische Wochenschrift.
KammGer. oder KG. = Kammergericht.
KonsGG. = Gesetz über die Konsulargerichtsbarkeit.
Mot. = Motive.
Min. = Minister.
MünzG. = Münzgesetz.
NV. oder NatV. = Nationalversammlung.
OR. = Oppenhoff, Rechtsprechung des Preußischen Ober-Tribunals in Strafsachen.
OVG. = Oberverwaltungsgericht (= Entscheidungen).
PreußVerfUrk. oder PrV. = Preußische Verfassungs-Urkunde.
PreußJahrb. = Preußische Jahrbücher.
PrVBl. = Preußisches Verwaltungsblatt.
Prot. oder Pr. = Protokoll.
RRt. = Reichsrat.
RZBl. = Zentralblatt für das Deutsche Reich.
Regl. = Reglement.
RBeamtG., RBG. = Gesetz, betr. die Rechtsverhältnisse der Reichsbeamten.
RG. = Reichsgericht.
RGBl. = Reichs-Gesetzblatt.
RGSt. = Entscheidungen des Reichsgerichts in Strafsachen.
RGZ. = Entscheidungen des Reichsgerichts in Zivilsachen.
RMilG. = Reichs-Militärgesetz vom 2. Mai 1874.
ROHG. = Reichs-Oberhandelsgericht.
Reichsverf., RV. oder RVf. = Reichsverfassung.
RR. = Reichsrat.
RT. = Reichstag.
StB. oder StenBer. = Stenographische Berichte.
StGB. = Strafgesetzbuch.
StPO. = Strafprozeßordnung.
V. oder VO. = Verordnung.
VA. Verfassungsausschuß der Nationalversammlung.
Verf. = Verfügung.
Vertr. = Vertrag.

VerwA. oder VA. = Verwaltungsarchiv.
ZPO. = Zivilprozeßordnung.
ZStaatsw. = Zeitschrift für die gesamten Staatswissenschaften.
Zus. = Zusatz.

Anschütz = Anschütz, Die Verfassung des Deutschen Reichs.
Arndt = Arndt, Reichsstaatsrecht, 1900. Verlag von O. Haering, Berlin.
Arndt, Reichsverordnungsr. = Arndt, Verordnungsrecht des Deutschen Reichs. Verlag von J. Guttentag, Berlin, 1884.
Arndt, Preuß. Verf. = Arndt, Die Verfassung des Freistaats Preußen. Verlag von J. Guttentag, Berlin 1921.
Dambitsch = Dambitsch, Die Verfassung des Deutschen Reichs, Berlin 1910.
Giese = F. Giese, Die Verfassung des Deutschen Reichs, 3. Aufl., 1921.
Hänel, Staatsr. = A. Hänel, Deutsches Staatsrecht, Leipzig 1892.
Laband, Staatsr. = Laband, Staatsrecht des Deutschen Reichs, 5. Aufl. 1911.
Mejer, Einl. = O. Mejer, Einleitung in das Deutsche Staatsrecht, 2. Aufl. 1884.
G. Meyer, Staatsr. = G. Meyer, Lehrbuch des Deutschen Staatsrechts, 7. Aufl. von Anschütz 1905.
Poetzsch = Poetzsch, Die Verfassung des Deutschen Reichs, 2. Aufl.
Seydel, Komm. = Kommentar zur Verfassungs-Urkunde für das Deutsche Reich von Dr. Max Seydel. 2. Aufl. 1897.
Zorn, Staatsr. = Zorn, Staatsrecht des Deutschen Reichs, 2. Aufl. Verlag von J. Guttentag, Berlin 1895.

Einleitung.

Literaturauswahl: M. Lehmann, Der Freiherr v. Stein III., v. Treitschke, Deutsche Geschichte, v. Zwiedineck, Deutsche Geschichte Bd. I. Laband, Das Staatsrecht des Deutschen Reiches (5), Freiburg 1911. Otto Mejer, Einleitung in das Deutsche Staatsrecht (2), Freiburg 1884 §§ 45 ff. Zorn, Reichsstaatsrecht (2) Berlin §§ 1 ff. A. Hänel, Deutsches Staatsrecht, Leipzig 1892, §§ 1 ff. M. Seydel, Kom. z. Reichsverf. (2), Freiburg 1897. A. Arndt, Das Staatsr. des Deutschen Reichs, Berlin 1900, §§ 1—3. G. Meyer, Deutsches Staatsrecht (7. Aufl. von G. Anschütz), §§ 38 f. G. J. Ebers, Die Lehre vom Staatenbunde, Berlin 1910. Erw. Jacobi, Der Rechtsbestand der deutschen Bundesstaaten. Bergsträßer, Geschichte der Reichsverfassung. R. v. **Keudell**, Fürst und Fürstin Bismarck.

Der Norddeutsche Bund ist der Rechtsvorgänger des am 1. Jan. 1871 gegründeten und heute mit veränderter Verfassung fortbestehenden Deutschen Reiches[1]), aber nicht der Rechtsnachfolger des Deutschen Bundes, so wenig wie dieser der Rechtsnachfolger des Rheinbundes oder des ehemaligen Deutschen Reiches war, Drucks. d. BR. 1870, Nr. 30. Gleichwohl ist für das Verständnis

[1]) S. StenBer. der verfassunggebenden Nationalversammlung 1919, S. 1201 f. (Haußmann), S. 1211 f. (Minister Preuß), 1213. Pretzsch 28 u. w. u.

der Reichsverfassung die Kenntnis der Verfassung des Deutschen Bundes von Bedeutung[1]).

Der Deutsche Bund, bezeichnet in der Wiener Schlußakte vom 15. Mai 1820 als ein „völkerrechtlicher Verein" der deutschen souveränen Fürsten und Freien Städte[2]) — bestand in seinem Inneren als eine Gemeinschaft unter sich unabhängiger Staaten, in seinen äußeren Verhältnissen als eine in politischer Einheit verbundene Gesamtmacht[3]). Das ständige Zentralorgan des Bundes war der Bundestag zu Frankfurt am Main, der aus den Bevollmächtigten der Bundesmitglieder gebildet wurde[4]) und teils im Plenum, teils im engeren Rate verhandelte. Den Vorsitz führte der österreichische, sog. Präsidialgesandte[5]). Bei 1. Annahme neuer Grundgesetze oder Änderung der bestehenden; 2. Beschlußfassung

---

[1]) v. Bismarck bei v. Keudell, Fürst und Fürstin Bismarck S. 26: „Man wird sich in der Form wieder an den Staatenbund (Deutschen Bund) halten müssen, diesem aber praktisch die Natur eines Bundesstaates geben müssen und elastische, unscheinbare aber weitgreifende Ausdrücke geben. Je mehr man an die früheren Formen anknüpft, um so leichter wird sich die Sache machen."

[2]) Seine Verfassung fand er in der Bundesakte v. 8. Juni 1815 und der Wiener Schlußakte v. 8. Juni 1820. Erstere wurde der Wiener Kongreßakte v. 9. Juni 1815 einverleibt und in der PreußGesS. 1818 Anhang S. 143ff. publiziert, letztere bei Weil, Quellen und Aktenstücke zur deutschen Verfassungsgeschichte, 1850, 13f.; beide auch bei Binding, Staatsgrundgesetze Heft 3 und bei Zeumer, Rechtsquellen S. 540.

[3]) Wiener Schlußakte Art 2.

[4]) Bundesakte Art. 4, 7. Schlußakte Art. 8.

[5]) Bundesakte Art. 5.

über organische Bundeseinrichtungen; 3. gemeinnützigen Anordnungen; 4. Aufnahme neuer Mitglieder in den Bund; 5. jura singulorum und 6. Religionsangelegenheiten mußten die Beschlüsse mit Einstimmigkeit im Plenum gefaßt werden[1]). Sonst entschied das Plenum nur bei Kriegserklärungen und Friedensschlüssen. — In allen anderen Fällen faßte die Bundesversammlung die Beschlüsse im „Engeren Rate"[2]). Dieser zählte 17 Stimmen: 11 Viril- und 6 Kuriatstimmen. Im Plenum führten Österreich und die fünf Königreiche je 4, Baden, beide Hessen, Holstein und Luxemburg je 3, Braunschweig, Nassau und Mecklenburg-Schwerin je 2, die übrigen Staaten je eine Stimme[3]). Der Bundestag war ein Gesandtenkongreß, die Gesandten votierten nach Instruktionen[4]).

Der Bund besaß Rechtspersönlichkeit, vertrat als politische Einheit die deutschen Staaten gegenüber anderen Staaten, entsendete und empfing Gesandte, konnte völkerrechtliche Verträge schließen und Kriege erklären[5]), gab Gesetze[6]), hatte ein Heer[7]) und Festungen[8]).

---

[1]) Bundesakte Art. 6 und 7, Schlußakte Art. 12, 13, 15, vgl. auch Schlußakte Art. 64.

[2]) Bundesakte Art. 4. [3]) Bundesakte Art. 6.

[4]) Schlußakte Art. 8.

[5]) Wiener Schlußakte Art. 2, 11, Schlußakte Art. 35, 48, 50.

[6]) Die indes nur durch die Verkündung von Landes wegen für die Untertanen verbindlich wurden.

[7]) Bundesbeschlüsse v. 9. April 1821, 12. April 1821 und 11. Juli 1822 bei v. Meyer II S. 133, 136ff., s. auch Bundesbeschl. v. 4. Jan. 1855 ebendort S. 622f.

[8]) Bundesprotokoll v. 20. Nov. 1815 Art. 10.

Der Bund hatte Mitglieder, nicht Untertanen, sein Imperium erstreckte sich nur mittelbar auf die Bürger seiner Gliedstaaten. Dagegen waren die Staaten verpflichtet, jeden innerhalb der Zuständigkeit des Bundes gefaßten Beschluß auszuführen, also auch die Bundesgesetze zu publizieren, wodurch diese für ihre Untertanen rechtsverbindlich wurden[1]). Die Bundesversammlung war innerhalb der Bundeszuständigkeit die höchste Gewalt, gegen deren Entscheidung keine Berufung gegeben war[2]).

Nach Vorstehendem war der Bund kein Bundesstaat, sondern ein Staatenbund[3]). Anderseits war er kein bloßes „Rechtsverhältnis"[4]), sondern ein „Rechtssubjekt" mit eigenem Willen, eigenen Organen, eigener

---

[1]) Art. 53 der Wiener Schlußakte, Zöpfl, Grundzüge des gemeinen deutschen Staatsrechts (3) I 369, auch Triepel, Reichsaufsicht 49; s. auch Sächs. Verf. § 89, Hannover, Staatsgrundges. 16. April 1840 § 2, Württ. V. § 2, Bad. § 2 usw. Den Untertanen gegenüber gingen die Landesgesetze vor.

[2]) Versteht man unter Souveränität (G. Meyer, Staatsr. § 9) Unabhängigkeit von einer höheren Gewalt, so stand solche auch nicht dessen Mitgliedern zu. Der Satz, daß die Souveränität begrifflich unteilbar und unbeschränkbar sei, ist eine den Tatsachen, insbesondere dem Völkerrecht, widersprechende Phrase; s. auch Orban, Le droit constitutionel, 1906, 241; R. Schmidt, Staatslehre II 843 und dagegen u. a. Jellinek Staatslehre (3) S. 435 u. a. m.

[3]) So bezeichnete ihn in der ersten Sitzung am 5. Nov. 1816 der Präsidialgesandte; Hänel, Staatsr. 198. Handelsgesetzbuch und Wechselordnung waren in den Einzelstaaten nicht erlassene, sondern nur verkündete Bundesgesetze.

[4]) So bezeichnet ihn Laband I 8.

Gesetzgebung (nicht bloß übereinstimmender Landesgesetzgebung), eigenem Vermögen, eigenen Festungen, eigenem (wenn auch nicht unmittelbar eigenem) Heere[1]). Dagegen fehlten jede Volksvertretung und fast alle Grundrechte (Vereins-, Preßfreiheit usw.). Infolge der Pariser Revolution vom 24. Februar 1848 veranlaßte der Bundestag am 10. März die Regierungen, siebzehn Männer des allgemeinen Vertrauens nach Frankfurt zu senden und bestellte zur Verhandlung mit diesen einen „Revisionsausschuß"[2]). Die Vertrauensmänner veröffentlichten am 27. April den sog. „Siebzehnerentwurf" (Dahlmann) mit einem erblichen Kaiser und zwei Kammern (Fürstenrat und Wahlkammer)[3]).

[1]) Arndt, Reichsstaatsr. § 1; Klüber, Öff. Recht des Deutschen Bundes (3) §§ 144, 186; Gareis, Allgemeines Staatsr. (bei Marquardsen) 115; Rosenberg bei Hirth 1909 S. 357 und in ZStaatsw. 1909 S. 672; Rehm, Allgemeine Staatslehre; Brie, Theorie der Staatenverbindungen S. 89; Zachariä, Bundes- und Landesrecht II 696; nach Ebers, S. 303f. ist der Staatenbund „eine dauernde, aus souveränen Staaten bestehende Gemeinschaft zur gesamten Hand mit ständigen Organen zur Bildung und Ausführung des einheitlichen Gemeinschaftswillens zwecks Wahrnehmung bestimmter gemeinschaftlicher Interessen". Nach Laband I S. 5 Anm. 3, S. 8 a. a. O. hatten nicht der Bund, sondern nur die einzelnen Staaten Rechte, Vermögen usw. S. auch Triepel, Reichsaufsicht S. 41 und E. Kaufmann, Das Wesen des Völkerrechts 1911, S. 180.

[2]) v. Meyer Staatsakten II 465f.

[3]) v. Meyer II 490f., der Entwurf bei Roth-Merck, Quellensammlung zum Deutschen öffentlichen Recht I 370f., ferner bei Weil, Quellen und Aktenstücke zur Deutschen Verfassungsgeschichte, Berlin 1850, 111f.

Inzwischen war am 31. März in Frankfurt das sog. „Vorparlament“ zusammengetreten, etwa 600 Personen, weit überwiegend süd- und westdeutsche Publizisten und Ständemitglieder. Bereits am Tage zuvor forderte der Bundestag die Bundesregierungen auf, auf Grund gleichen und geheimen Wahlrechts Wahlen von „Nationalvertretern“ anzuordnen[1]). Die vom Bundestage und gleichzeitig vom Vorparlament veranlaßten Wahlen wurden herbeigeführt[2]). Am 18. Mai 1848 trat die aus ihnen hervorgegangene „Nationalversammlung“ in der Paulskirche in Frankfurt zusammen und erklärte am 27. Mai, auf die Volkssouveränität sich berufend, „als das aus dem Willen und den Wahlen der deutschen Nation hervorgegangene Organ zur Begründung der Einheit und politischen Freiheit“: daß alle Bestimmungen einzelner deutschen Verfassungen, welche mit dem von ihr zu gründenden allgemeinen Verfassungswerke nicht übereinstimmen, nur nach Maßgabe der letzteren als gültig zu betrachten sind[3]). Die Versammlung schuf eine „provisorische Zentralgewalt“[4]) und übertrug diese am 29. Juni dem „Reichsverweser“ Erzherzog Johann von Österreich[5]), dem die Bundesversammlung „die Ausübung aller ihr zugestandenen verfassungsmäßigen Befugnisse und Verpflichtungen“ überwies[6]). Die Nationalversammlung beschloß die

[1]) v. Meyer II 468, s. auch 479.

[2]) v. Meyer II 489.

[3]) StenBer. der deutsch. Nat., herausg. von Wigard, S. 155.

[4]) StenBer. 567; RGBl. 1848, 3 f.; bei Weil, Quellen usw. 117 f. [5]) StenBer. 627.

[6]) Prot. des Bundestags v. 12. Juli 1848 bei v. Meyer II 512.

„Grundrechte“, die am 27. Dezember 1848[1]) vom Erzherzog Johann publiziert wurden[2]). Eine „Verfassung“ wurde am 23. März 1849 beschlossen[3]). Deutschland sollte nach derselben ein Staatenstaat sein, zu dessen Zuständigkeit die Vertretung des Reichs nach außen, das Recht des Krieges und Friedens, die Militärgewalt, das Seewesen, Zollwesen, Handel, Münze, Presse, Heimatsrecht, Gesundheitspolizei gehören sollten[4]), mit dem preußischen Könige als deutschem Erbkaiser und einem aus Staatenhaus und Volkshaus bestehenden Parlamente. Das Volkshaus sollte auf Grund direkten, allgemeinen, gleichen und geheimen Wahlrechts (Gesetz vom 12. April 1849) gewählt werden. Der Kaiser sollte nur suspensives Veto haben. Die Krone wurde nur zugleich mit der vorgeschriebenen unveränderten Reichsverfassung dem Könige von Preußen zur Annahme gestellt. Der König lehnte, nachdem nur 29 Regierungen (abgesehen von Württemberg fast nur die kleineren) ihren Beitritt zur Verfassung erklärt hatten, am 28. April wegen Legitimitätsbedenken definitiv ab[5]). Darauf publizierte die Nationalversammlung, ohne Hinzutritt des Reichsverwesers, am 28. April die Verfassung im Reichs-Gesetzblatt als vermeintlich auch ohne Genehmi-

---

[1]) StenBer. 4314 f.

[2]) RGBl. 1848 48 f.; Weil 124.

[3]) Die Reichsverfassung ist abgedruckt im RGBl. 1849, 101 f.; bei Weil 133. Kurze Inhaltsangabe in Arndt 27 f.

[4]) Die Abgrenzung zwischen Zentral- und Landesgewalt war für die Verf. d. Nordd. Bundes und die Verfassung von 1919 vielfach vorbildlich, s. auch Bergsträßer 44.

[5]) Roth-Merck 456, 484.

gung der Regierungen gültig. Österreich, Preußen, Hannover, Bayern und Sachsen riefen darauf ihre Abgeordneten aus der Nationalversammlung zurück, die, aus Frankfurt vertrieben, als sog. „Rumpfparlament" nach Stuttgart übersiedelte und am 18. Juni auseinandergesprengt wurde.

Am 26. Mai 1849 schloß Preußen mit Hannover und Sachsen das sog. „Dreikönigsbündnis" und forderte die übrigen deutschen Regierungen außer Österreich auf, sich der mit diesen Staaten vereinbarten Verfassung anzuschließen[1]). Am 25. Februar 1850 trat Hannover, am 25. Mai Sachsen vom Bündnis zurück. Österreich berief zum 16. Mai 1850 die Bundesmitglieder auf Grund seines „Bundespräsidialrechtes" nach Frankfurt[2]). Preußen lehnte ab. Am 7. August wurde die Reaktivierung des Deutschen Bundes beschlossen. Preußen gab nach (Konvention zu Olmütz am 29. November 1850)[3]).

Nach dem Scheitern der Triasidee Beusts vom Jahre 1861[4]) legte Österreich den Plan einer Einigung Deutschlands dem am 18. August 1863 zu Frankfurt unter Vorsitz des österreichischen Kaisers zusammengetretenen deutschen Fürstentage vor[5]), an dem sich König Wilhelm von Preußen nicht beteiligte. Österreich sollte das

---

[1]) Weil 171 f.

[2]) Protokoll v. 10. Mai 1850 bei v. Meyer II 517, s. auch Prot. v. 2. Sept. 1850 l. c. 523.

[3]) Bei v. Meyer II 545.

[4]) Bei Aegidi-Klauhold, Staatsarchiv I Nr. 164, s. auch ebendort II Nr. 175, 176.

[5]) Staatsarchiv Nr. 1760.

Präsidium führen, das Delegiertenhaus 300 von den Einzellandtagen gewählte Mitglieder haben, davon Österreich und Preußen je 75. Preußen erklärte beitreten zu wollen bei Erfüllung von drei Bedingungen: Gleichberechtigung Preußens mit Österreich, ein Veto gegen jede Kriegserklärung, außer im Falle eines Angriffs auf Bundesgebiet, endlich eine wahre, aus direkten Wahlen der ganzen Nation hervorgehende Nationalvertretung[1]). An der Ablehnung dieser Bedingungen scheiterte der Plan.

Am 15. November 1863 starb Friedrich VII. von Dänemark und mit ihm erlosch der männliche Königsstamm. Die fünf Großmächte hatten sich im Londoner Vertrage vom 8. Mai 1852[2]) verpflichtet, daß, falls dem Prinzen Christian (späteren König) die Nachfolge für die dänische Gesamtmonarchie verschafft würde, sie ihn in derselben anerkennen wollten. Dagegen hatte sich Dänemark gegenüber Preußen und Österreich in Abmachungen vom 6. Dezember 1851 und 29. Januar 1852 verpflichtet, Schleswig nicht zu inkorporieren. Dies verletzte Christian IX. durch die Vollziehung der dänischen Verfassung vom November 1863. Preußen und Österreich forderten die Aufhebung der Inkorporation Schleswigs[3]) und erklärten, da die Aufforderung ohne Erfolg blieb, Dänemark den Krieg. Dieser führte zum Frieden von Wien am 30. Oktober 1864[4]), in dem Schleswig-Holstein und Lauenburg dem Kaiser von Österreich und

[1]) Staatsarchiv Nr. 1768, s. auch Nr. 1767.
[2]) Staatsarchiv VI Nr. 1004.
[3]) Staatsarchiv VI Nr. 1428.
[4]) Staatsarchiv VII Nr. 1682 und 1728.

dem Könige von Preußen abgetreten wurden. Die Herzogtümer wollte Preußen nur unter gewissen Bedingungen vom Februar 1865 dem Prinzen Friedrich von Holstein-Augustenburg abtreten. Der deswegen drohende Krieg wurde durch die Konvention zu Gastein vom 14. August 1865[1]) hinausgeschoben, nach welcher Lauenburg dem Könige von Preußen zufiel, von den Herzogtümern Schleswig und Holstein unter Aufrechterhaltung des Kondominats ersteres unter preußische, letzteres unter österreichische Verwaltung treten sollte. Als Österreich die Schleswig-Holsteinische Frage dem Bunde übergab[2]) und die Holsteinischen Stände zur Proklamierung des Herzogs Friedrich am 5. Juni 1866 einberief, erklärte Preußen die Gasteiner Konvention für verletzt[3]) und ließ am 7. Juni seine Truppen in Holstein einrücken. Am 11. Juni stellte darauf Österreich beim Bunde den Antrag[4]), sämtliche nicht-preußische Bundesarmeekorps zum Kriege gegen Preußen mobil zu machen. Dieser Antrag wurde im Engeren Rate am 14. Juni mit der Maßgabe angenommen, daß die Mobilmachung die nicht-österreichischen und nicht-preußischen Bundesarmeekorps umfassen sollte[5]). Darauf erklärte der preußische Bundestagsgesandte v. Savigny namens seines Souveräns den Bund als gebrochen und den Bundesvertrag als nicht mehr verbindlich[6]). Es folgte der Krieg mit Österreich[7]),

[1]) Staatsarchiv IX Nr. 2001.
[2]) Staatsarchiv IX Nr. 2298.
[3]) Ebenda Nr. 2299. [4]) Prot. S. 202f.
[5]) Prot. S. 214f.
[6]) Prot. S. 214f.; Staatsarchiv Nr. 2313; Hahn 124f.
[7]) Hahn S. 188f.; Glaser 32; Staatsarchiv Nr. 2364.

der im Prager Frieden vom 23. August 1866[1]) seinen Abschluß fand, dessen Artikel 4 bestimmt: „Der Kaiser von Österreich erkennt die Auflösung des bisherigen Deutschen Bundes an und gibt seine Zustimmung zu einer neuen Gestaltung Deutschlands ohne Beteiligung des österreichischen Kaiserstaates. Ebenso verspricht der Kaiser, das engere Bundesverhältnis anzuerkennen, welches der König von Preußen nördlich von der Linie des Mains begründen wird, und erklärt sich damit einverstanden, daß die südlich von dieser Linie gelegenen deutschen Staaten in einem Vereine zusammentreten, dessen nationale Verbindung mit dem Norddeutschen Bunde der näheren Verständigung zwischen beiden vorbehalten bleibt." Die Auflösung des Bundes wurde von den übrigen Staaten, mit denen Preußen Krieg führte (außer Liechtenstein), anerkannt, während seine Bundesgenossen schon früher aus dem Bunde ausgetreten waren. Luxemburg, Limburg (Holland) und sämtliche europäische Großmächte erkannten im Londoner Vertrage vom 11. Mai 1867 diese Auflösung wie die Neugestaltung Deutschlands an. Der Bundestag selbst hatte sich schon am 24. August 1866 aufgelöst. Die Auflösung folgte ebenso wie einst die des ehemaligen Deutschen Reichs und des Rheinbundes ex nunc, nicht ex tunc[2]); selbstredend erhielten die Einzelstaaten nach

[1]) Staatsarchiv Nr. 2369; Hahn 194f.; Glaser 35f.

[2]) Arndt, Reichsstaatsrecht § 2; Thudichum 9; Laband I 19; Mejer, Einleitung § 47. Die Bundesakte ist also nur soweit erloschen, als sie die Bundesorganisation betraf oder zur Voraussetzung hatte, s. auch Triepel, Reichsaufsicht 452, Meyer § 229.

der Auflösung das Recht, die Bundesgesetze für ihr Gebiet aufzuheben, BRProt. 1873, Nr. 30, StBAbgh. 1872, 1381.

Bereits am 10. Juni 1866 hatte Preußen seinen Verbündeten Grundzüge für eine zukünftige Verfassung eines Deutschen Bundes vorgelegt[1]. Der Bund sollte das Recht der Gesetzgebung mit der Wirkung haben, daß die Bundesgesetze den Landesgesetzen vorgehen. Es sollte ein gemeinsames Indigenat bestehen. Den Oberbefehl über das Heer nördlich des Main sollte Preußen, südlich Bayern führen. Der Bund sollte ein einheitliches Zoll- und Handelsgebiet darstellen. Preußen sollte das Bundespräsidium führen, die Vertretung des Bundes nach außen, Berufung und Schließung des Bundesrats und Reichstags, Aufrechterhaltung der Ordnungen des Bundes nötigenfalls im Wege der Exekution. Die Gesetzgebung sollte durch den Bundesrat (die Vertretung der Staaten) und einen Reichstag erfolgen, der nach Maßgabe des Wahlgesetzes vom 12. April 1849 gewählt werden sollte.

Am 18. August 1866 schloß Preußen mit den übrigen norddeutschen Staaten einen Bündnisvertrag ab[2]: Die Kontrahenten schließen ein Offensiv- und Defensivbündnis; sie unterstellen ihre Truppen Preußen und verpflichten sich, die Zwecke des Bündnisses durch eine Bundesverfassung sicherzustellen. Für diese sollten die Grundzüge vom 10. Juni 1866 die Grundlage bilden;

---

[1]) Staatsarchiv Nr. 2332; Hahn 104, 121, 128; Glaser I 129; Binding 67f.

[2]) Staatsarchiv Nr. 2378 u. 2417; Glaser 78f.; Hahn 463f.; Binding 75f.

die Verfassung sollte unter Mitwirkung eines gemeinschaftlich zu berufenden Parlaments festgestellt werden. Sie versprachen, auf Grund des Reichswahlgesetzes vom 12. April 1849 Wahlen anzuordnen, um nach Maßgabe der Grundzüge den Entwurf der Verfassung festzustellen, welcher dem Parlamente zur Beratung und Vereinbarung vorgelegt werden sollte. Das Bündnis vom 18. August 1866 ist die völkerrechtliche Grundlage für die Errichtung des Norddeutschen Bundes. Aber die völkerrechtliche Übereinkunft enthielt noch keine unmittelbare rechtsverbindliche Anordnung, da die Einführung der Verfassung in das Gebiet der Gesetzgebung (z. B. PreußVerfUrk. Art. 48) eingriff[1]). Gemäß dem Bündnisse legten die Regierungen ihren Landtagen Wahlgesetze vor. Fast alle Landtage wollten die Befugnis zur Vereinbarung nicht übertragen, sondern nur die Befugnis zu beraten. (Verhdl. preuß. AbgH. 1866 S. 322 a. a. O.)[2]). In diesem Sinne erging das preußische Wahlgesetz vom 15. Oktober 1866. Ähnliche oder gleiche Gesetze wurden in den meisten übrigen norddeutschen Staaten erlassen. Am 12. Februar 1867 fanden die Wahlen statt und am 24. Februar ward von König Wilhelm der Reichstag in Berlin eröffnet. Ihm wurde ein Verfassungsentwurf zur Beratung vorgelegt, der inzwischen nach Maßgabe des Bündnisses vom 18. August 1866 von den Regierungen festgestellt

[1]) Ebenso Laband 16.

[2]) Ebenso G. Meyer § 64; Seydel, Komm. 15; Zorn I 23; Dambitsch 5. Nur in Braunschweig wurde die Vereinbarungsbefugnis erteilt.

(„gemeinschaftlicher Entwurf") war[1]). Am 16. April 1867 nahm der Reichstag den Entwurf nach mannigfachen Abänderungen mit 230 gegen 53 Stimmen an; an demselben Tage beschlossen die verbündeten Regierungen einstimmig, den Entwurf, wie er aus der Schlußberatung des Reichstags hervorgegangen war, anzunehmen.

Verbindlich konnte die Verfassung nach Vorstehendem nur durch Landesgesetze werden. Solche ergingen fast überall als verfassungsändernde und wurden in den Landes-Gesetzsammlungen verkündet. Nur in Braunschweig hat man es als genügend erachtet, daß der Gesetzgeber den Augustvertrag angenommen hatte[2]). Diese Landesgesetze bedeuten den Entschluß[3]), daß der Staat vom 1. Juli 1867 zum Norddeutschen Bunde gehört, diesen mitbildet und dessen Verfassung annimmt[4]). Die Verfassung für den Norddeutschen Bund ist in Preußen auf Grund der preußischen Verfassungsurkunde vom 31. Januar 1850, zwar nicht als, wohl aber durch rite beschlossenes und verkündetes Landesgesetz erlassen

---

[1]) S. die Prot. v. 18. und 28. Januar, 7. Februar 1867 in den Anl. zu den StenBer. des verfassungberatenden Norddeutschen Reichstages 1867 S. 19, 21ff.

[2]) In Oldenburg und Bremen hielt man einfache Gesetze für ausreichend; Hänel, Staatsr. 28.

[3]) Laband I 18f.; Zorn I 29.

[4]) S. auch Hänel, Vertragsm. Elem. 76 und Staatsr. 29ff. Binding, Die Gründung des Norddeutschen Bundes 1889, u. Thudichum, Verf. des Norddeutschen Bundes 51, sehen in der Nordd. Bundesverfassung eine Vereinbarung zwischen den Regierungen einer- und dem durch den Reichstag vertretenen Volke anderseits; s. dagegen auch Zorn I 22.

und deshalb ist ihr Inhalt für Preußen verbindlich geworden[1]). Dieser mit den Absichten der Schöpfer der Norddeutschen Bundesverfassung übereinstimmende Satz[2]) wird in der Theorie meist bestritten[3]), weil die Bundesverfassung einen für ein Landesgesetz unmöglichen Inhalt habe, da man nur solche Gegenstände rechtlich regeln könne, welche in das Herrschaftsgebiet dieses Staates fallen. Hiergegen ist zu bemerken, daß die Norddeutsche Bundesverfassung tatsächlich durch Landesgesetz in Preußen erlassen ist[4]), daß sie ferner

---

[1]) Ähnlich Seydel, Komm. 15ff.; Dambitsch 5.

[2]) S. z. B. Rede Laskers am 5. Dez. 1870 im Reichstage (StenBer. 2. außerord. Session 86): „Es kam (im Jahre 1867) ein konstituierender Reichstag zustande, der diesen Namen führte, aber in Wahrheit nur ein beratendes Votum hatte, denn es mußte die hier vereinbarte Verfassung allen einzelnen Staaten vorgelegt werden, und sie kam so zustande, wie die gewöhnlichen Landesgesetze zustande zu kommen pflegen."

[3]) Z. B. von Hänel, Vertragsm. Elem. 53 f.; auch Laband I 26, Zorn I 27, Rehm, Allg. Staatsr. 138, Anschütz 504.

[4]) S. auch Publikandum König Wilhelms vom 24. Juni 1867 für Preußen (Staatsanzeiger vom 24. Juni 1867): Herrenhaus und Abgeordnetenhaus haben ihre Zustimmung nicht zu dem den Norddeutschen Bund begründenden Vertrage, sondern zu der Norddeutschen Bundesverfassung als solcher gegeben. S. auch Thronrede König Wilhelms am 29. April 1867 (StenBerAbgH. S. 1). Der Berichterstatter im Abgeordnetenhause, Twesten (StenBer. 104), beantragte, der Nordd. Bundesverf. (als solcher) die Zustimmung zu erteilen. Das Herrenhaus erteilte am 1. Juni seine Zustimmung zur Bundesverfassung.

überall preußische Verhältnisse berührt. Denn auch die Stimmen Mecklenburgs und der Mecklenburger im Bundesrate und im Reichstage gehen Preußen an; sie beschließen mit über Gesetze und Anordnungen, die auch für Preußen verbindlich sind[1]).

Die Verfassung ist durch übereinstimmendes Landesgesetz entstanden, dieses ist ihr Rechtsgrund (causa proxima, causa remota ist der Augustvertrag)[2]); die Verfassung selbst und was demnächst auf Grund der Bundesverfassung geschah, ist Bundesrecht. Das staatsrechtliche Wollen, zu welchem sich die Herrscher und Volksvertretung bei Erlaß der Bundesverfassung entschlossen, schuf einen neuen Staat[3]), welcher mit eigenem, von dem des Schöpfers unabhängigen, Willen und eigener Handlungsfähigkeit ausgestattet ist[4]).

Es ist aber nicht richtig, daß, weil die Verfassung auf Landesgesetz beruht, sie wieder durch Landesgesetz aufgehoben werden konnte. Gesetze z. B., die eine Abtretung von Landesteilen betreffen oder eine Verfassung

---

[1]) Im Ergebnisse übereinstimmend Seydel, Komm. 21.

[2]) Im Ergebnis ebenso Wenzel, Die Lehre der vertragsmäßigen Elemente der Reichsverfassung, 1909, 2.

[3]) S. dagegen Seydel bei Schmollers J. 1879, 273 ff.

[4]) Daß die Verfassung völkerrechtlicher Vertrag, behaupten u. a. Laband I 33; v. Martitz, Betrachtungen 6, 136; G. Meyer, Staatsrecht § 64; Brie, Theorie der Staatenverbindungen 130 ff.; Rehm, Allgemeine Staatslehre 138; Laband in Marquardsens Handbuch 5; Zorn, Staatsrecht I 30; Jellinek, Die Lehre von den Staatenverbindungen 255; Anschütz, Staatsr. 505.

einführen, können ohne Zustimmung des Dritten bzw. des Landtags nicht aufgehoben werden[1]).

Der Norddeutsche Bund war Staat, und zwar ein Bundesstaat[2]).

Artikel 79 Absatz 2 der Verfassung des Norddeutschen Bundes bestimmte:

„Der Eintritt der Süddeutschen Staaten oder eines derselben in den Bund erfolgt auf den Vorschlag des Bundespräsidiums im Wege der Bundesgesetzgebung."

Hiernach war dieser Beitritt nichts weiter als eine interne Angelegenheit, die nicht durch Änderung der Verfassung, sondern durch Gesetz zu regeln war.

Die Kriegsereignisse 1870 brachten die Vollendung der Einheit. Am 3. September wiederholte die badische Regierung ihren schon vor dem Kriege gestellten Antrag auf Eintritt in den Norddeutschen Bund und am 12. September begannen Württemberg und

---

[1]) Arndt, Staatsrecht 2; s. auch O. Mayer im AÖR. 1903, 343; Jacobi 109.

[2]) So auch Laband I 33 und die communis opinio. Die Ansichten Zorns I 30, 35, Jellineks 253 gehen dahin, daß die Entstehung der Norddeutschen Bundesverfassung lediglich etwas Faktisches sei. Schließlich ist die Frage, ob die Verfassung ihre verbindliche Kraft aus einem Vertrage oder einem übereinstimmenden Landesgesetze entnommen hat, fast ohne Bedeutung, da ein von den gesetzgebenden Faktoren genehmigter Vertrag die Kraft und Wirkung eines Gesetzes hat, z. B. RGZ. 22, 181; 43,120; 85, 374; OVG. 63, 119. Im Völkerrecht wie im Landesrecht erfolgt häufig die Schaffung von Normen durch gemeinsame parallel gerichtete Willenserklärung mehrerer Staaten; s. auch Triepel, Völkerrecht und Landesrecht.

Bayern Verhandlungen zum gleichen Zwecke, denen sich später Hessen anschloß. Das Ergebnis dieser Verhandlungen waren: 1. der Vertrag von Versailles zwischen dem Norddeutschen Bunde und Baden und Hessen vom 15. Nov. 1870 (BGBl. 650); 2. der Vertrag zu Berlin vom 25. Nov. 1870 zwischen dem Norddeutschen Bunde, Baden und Hessen einerseits und Württemberg anderseits (BGBl. 654) nebst Schlußprotokoll von dem gleichen Tage (BGBl. 657) und einer Militärkonvention vom 21./25. November 1870 (BGBl. 658); 3. der Vertrag von Versailles zwischen dem Norddeutschen Bunde einer- und Bayern anderseits vom 23. November 1870 (BGBl. 1871, 9) nebst Schlußprotokoll vom gleichen Tage (BGBl. 23). Dem mit Bayern abgeschlossenen Vertrage vom 23. November 1870 traten im Vertrage zu Berlin vom 8. Dezember 1870 Württemberg, Baden und Hessen bei.

Diese Verträge, denen die Verfassung des Norddeutschen Bundes als Anlage beigegeben war, sind vom Gesetzgeber im Norddeutschen Bunde (Dez. 1870) und den Gesetzgebern in Baden, Hessen, Württemberg und Bayern angenommen und als Gesetze des Norddeutschen Bundes, des Badischen, Hessischen, Württembergischen und Bayerischen Staates publiziert worden. Die Annahme und Verkündung dieser Verträge bedeutete die Gründung des Deutschen Reiches, „im Norddeutschen Bunde die Erweiterung desselben durch Aufnahme der süddeutschen Staaten, in den süddeutschen Staaten deren Eintritt in den Bund und die Annahme der Bundes-(Reichs-)verfassung".

Diese Gesetze hatten die Errichtung des Reichs als

eines selbständigen Rechtssubjektes und Staates zum Inhalt[1]).

Am 9. Dezember 1870 beantragte der Bundesrat des Norddeutschen Bundes im Einverständnisse mit den süddeutschen Regierungen bei dem Reichstage (StenBer. des Reichstages 1870, S. 114), daß der Deutsche Bund den Namen Deutsches Reich und der König von Preußen als Bundespräsident den Namen „Deutscher Kaiser" führen sollte. Der Reichstag genehmigte diesen Antrag am 10. Dezember 1870[2]). Die Proklamierung der Herstellung der Kaiserwürde erfolgte durch den König zu Versailles am 18. Januar 1871[3]).

Die Zerstreuung der Grundlagen der Verfassung in einem Bundesgesetze und in den Novemberverträgen führte zur Vorlage des Entwurfs eines Gesetzes, betr. die Verfassung des Deutschen Reichs. Nach den bei der Beratung allseitig abgegebenen Erklärungen[4]) war dadurch bzw. durch die Verfassungsurkunde vom 16. April 1871 eine sachliche Änderung[5]) nicht beabsichtigt und nicht herbeigeführt[6]). **Diese sollte also in materieller Hinsicht keinen neuen Inhalt erhalten, sondern nur eine berichtigte Beur-**

---

[1]) S. auch RGZ. 48, 195; Gierke bei Schmoller 7, 1154 und dagegen Seydel, Kommentar 15.

[2]) StenBerRT. 1870, 1, 167 ff. und 181 ff.

[3]) Preuß. Staatsanzeiger vom 18. Jan. 1871 Nr. 19.

[4]) Z. B. Reden v. Bismarcks, Miquels, Delbrücks, Laskers, in den StenBerRT. 1871, 22, 69, 95 f.

[5]) Abgesehen von unwesentlichen Modifikationen.

[6]) Ebenso Seydel, Komm. 13; Laband I 49 ff.; Anschütz 510; Delbrück l. c.

kundung sein, in formell-juristischer Hinsicht war sie Reichsgesetz und nur Reichsgesetz[1]).

„Durch die Bezeichnungen Kaiser und Reich ist an dem materiellen Inhalt der Bundesverfassung ebensowenig wie an den Rechten des Bundesrats und der Einzelstaaten etwas geändert worden" (Bundesratsprotokolle 1870 § 373).

Das Deutsche Reich ist der Rechtsnachfolger des Norddeutschen Bundes geworden, weil die Südstaaten in den Norddeutschen Bund eingetreten sind und das Deutsche Reich die Bezeichnung für den durch Beitritt der süddeutschen Staaten erweiterten Norddeutschen Bund ist[2]).

Die Einzelstaaten waren noch Staaten geblieben, nicht wie mehrfach behauptet ist[3]), Selbstverwaltungskörper, weil sie Personal-, Gebiets- und Verfassungshoheit nebst dem jus foederum et legationum (wenn auch

---

[1]) Auch nicht mehr bloß übereinstimmendes Gesetz des Norddeutschen Bundes und der süddeutschen Staaten. Ebenso G. Meyer 187; Hänel 54; Zorn I 50; Anschütz 510.

[2]) And. Ans. Seydel; Komm. 27ff.; Riedel, Die Verfassungsurkunde vom 16. April 1871 S. 77, 105; Zorn I 33; Rehm, Staatslehre 132; vgl. dagegen Arndt, Staatsr. 37; Miquel in den StenBerRT., außerordentl. Session 1870, 132 und die allgemeine Ansicht; Laband I 44; R. v. Mohl, Reichsstaatsrecht 51; Hänel 51; Mohl 51; H. Schulze, Deutsches Staatsrecht I 172; Loening 12; Dambitsch 7; G. Meyer 330.

[3]) Jellinek, Die Lehre von den Staatenverbindungen 270ff., 281ff. a. a. O.; Zorn I 84.

beschränkt durch Reichsrecht) bewahrt hatten[1]). Laband I (§§ 7, 8), Zorn, Reichsstaatsrecht I 50, 54, Hirths Ann. 1884, 478, Jellinek, Lehre von den Staatenverbindungen 291, Rosin in HA. 1883, 265, Hänel, Staatsrecht 802, G. Meyer, Lehrbuch des deutschen Staatsrechts (6) 48 a. a. O., Zorn I § 4, O. Mejer 25, 294, v. Treitschke in den Preuß. Jahrb. 30, 527, Rehm, Staatslehre 105, Brie, Theorie der Staatenverbindungen 112, Anschütz, Staatsw. 509f., Rosenberg, ZStaatsw. 1909, 672, Triepel, Reichsaufsicht 173 a. a. O., Ebers 314 behaupten, daß die Einzelstaaten die Souveränität verloren hatten, weil das Reich sich in der Lage befand, seine Zuständigkeit auf Kosten derjenigen der Bundesstaaten durch eigene Akte zu erweitern, daß es die sogenannte Kompetenz-Kompetenz besaß. Dieser Umstand traf zunächst für Preußen keineswegs zu. Denn Zuständigkeitserweiterungen sind Verfassungsänderungen (Reichsverf., RV. Art. 78 Abs. 1). Verfassungsänderungen waren unmöglich, wenn im Bundesrate 14 Stimmen gegen sie abgegeben wurden (Reichsverf., RV. Art. 78 Abs. 2), und Preußen verfügte allein über 17 Stimmen im Bundesrat[2]). Jene Behauptung traf aber selbst für die übrigen deutschen

[1]) Ebenso Laband 98; Anschütz 466, 514; Jakobi 110; G. Meyer §§ 1, 71 a. a. O. Auch der kleinste Bundesstaat als solcher hatte Anteil an der Reichsgesetzgebung, an Kriegserklärungen, Zollverträgen usw. durch seine Mitgliedschaft am Bundesrate, Arndt 39; s. auch Rosenberg, AöR. 14, 328f.

[2]) Ebenso Bornhak, Preußisches Staatsrecht 71; dagegen Hänel, Staatsr. 802. Dabei soll nicht verkannt werden, daß auch Preußen gegenüber das Deutsche Reich die höhere Macht darstellte, deren Gesetzen Preußen gehorchen mußte.

Staaten nicht zu. Denn die Mitgliedschaftsrechte am und im Reiche, wie überhaupt die jura singularia und singulorum konnten keinem einzigen Bundesstaat ohne seinen Willen selbst durch verfassungänderndes Gesetz entzogen werden[1]) und wenn auch einer von ihnen allein — soweit ihm nicht Singularrechte vorbehalten sind — die Ausdehnung der Reichszuständigkeit nicht hindern konnte, so mußte doch jede Ausdehnung der Reichszuständigkeit vom Bundesrate beschlossen und sanktioniert werden — vom Bundesrate, das ist von eben diesen Staaten selbst[2]), welche dort ihren Willen zum Ausdruck bringen. Soweit sie ihre Souveränität nicht mehr als Landeshoheit ausüben konnten, übten sie diese im Bundesrate aus. In diesem Sinne hatte Fürst Bismarck ausgesprochen[3]), daß die Souveränität eines jeden Bundesstaats ihren unbestrittenen Ausdruck im Bundesrate findet. Auch völkerrechtlich wurden die deutschen Staaten als (beschränkt) souverän angesehen[4]).

Die Mitglieder des Reichs waren nur die Staaten[5]).

---

[1]) Laband I 129; Seydel 420; Rauchalles 284; Jacobi 94.

[2]) Und zwar von den Staaten als solchen; anders Anschütz, Staatsr. 513.

[3]) StenBer. des verfassungberatenden RT. 1867, 338.

[4]) Auch Laband I 93; v. Sarwey, Württemberg. Staatsr. I 396; Gareis, Allgemeine Staatslehre 31, Völkerrecht (2) 55; Rehm 38; Brie in GrünhutsZ. 11, 129; vgl. auch v. Liszt, Völkerrecht § 6; Waitz, Grundzüge der Politik 43f., 191f. Nach O. Mayer, Deutsches Verwaltungsrecht II S. 467f. hatten weder das Deutsche Reich noch die Einzelstaaten volle Souveränität.

[5]) Daß sowohl das Reich wie die Einzelstaaten souverän

Der Kaiser war nicht der alleinige Souverän des Deutschen Reichs; Kaiser war Ehrentitel. Auch hier genügt es, auf die Worte Bismarcks hinzuweisen[1]: „Die Souveränität ruht nicht beim Kaiser, sie ruht bei der Gesamtheit der verbündeten Regierungen[2]."

Da das Deutsche Reich nur nach Maßgabe des Inhalts „dieser Verfassung das Recht der Gesetzgebung" ausübte, besaß es nur die Befugnisse, welche ihm in der Verfassung übertragen oder auf Grund der Verfassung von ihm erworben wurden. Die Rechtsvermutung spricht für die Zuständigkeit des Landes; diese war nur dann als ausgeschlossen zu erachten, wenn die Zuständigkeit des Reichs durch eine besondere Norm begründet wurde[3]. War jedoch die Zuständigkeit des Reichs an-

---

sind, nehmen u. a. auch an v. Stengel bei Schmoller 22 1139f.; Gareis, Völkerrecht (2) § 14; Bismarck bei Rosin in HA. 1896 174; auch die Schweizer Kantone legen sich Souveränität bei; Schollenberger, Das schweizer. öff. Recht, 8, 35; s. auch oben A. 4 auf S. 33; s. dagegen G. Meyer, Staatsr. §§ 6, 7; Jellinek, Staatslehre 404f.; ferner O. Gierke, Genossenschaftsrecht III 638f.; v. Gerber, Staatsrecht 22; Laband I 73 u. a. m., die nur dem Reiche die Souveränität zusprechen; Anschütz, Staatsr. 514 und die herrschende Meinung.

[1]) StenBerRT. 1871, I 299.

[2]) Damit war gemeint: „Die Souveränität ruht nicht beim Kaiser allein, sie ruht beim Kaiser und bei der Gesamtheit der verbündeten Regierungen", und zwar hatte „das preußisch-deutsche Kaisertum", das unitarische Element, das Übergewicht; Triepel, Unitarismus und Föderalismus 36, 39.

[3]) S. Thronrede König Wilhelms v. 24. Febr. 1867 (StenBer. des verfassungberatenden NordbRT. 1867, 37);

zunehmen, so standen dem Reiche auch alle Befugnisse zu, die ihm zur Ausführung dieser Zuständigkeit erforderlich erscheinen[1]).

Subjekt der Reichsgewalt war das Reich selbst[2]).

Die Reichsverfassung vom Jahre 1871 bestimmte, welche Befugnisse die deutschen Einzelstaaten an die Zentralgewalt abgeben[3]). Daher war das Reich nur

---

s. Meyer-Anschütz §§ 57, 80; Hänel I 40, 218, 259, 323; Laband §§ 11, 12, 41; Dambitsch 27 und comm. opinio.

[1]) Triepel, Unitarismus und Föderalismus 60f.; Arndt, Staatsr. 166, 167, 168, 170, 171 (überall gegen Seydel). Hatte das Reich z. B. das Recht, die Gerichtsverfahren, das Armen-, Militär-, Bankwesen usw. zu regeln, so konnte es auch ohne Verfassungsänderung einen obersten Reichsgerichtshof, ein Bundesamt für das Heimatwesen, ein Reichsmilitärgericht, Normaleichungs-, Patentamt, Reichsversicherungsamt und eine Reichsbank errichten; stand ihm das Versorgungswesen für das Heer zu, konnte es auch über die Beschäftigung der Militäranwärter in staatlichen und kommunalen Verwaltungen Vorschriften treffen; s. auch RGZ. 48, 84; Arndt 578; stand ihm die Gesetzgebung über das Militärwesen zu, so konnte es auch über die Besteuerung bzw. Steuerbefreiung der Militärpersonen verfügen; Arndt 606, 607; Bismarck bei Rosin HA. 1898 § 124. Dies war die oft betätigte und seit langem nicht mehr bestrittene Praxis, s. auch unten zu Art. 14 u. Arndt, JW. 1920, 516.

[2]) S. auch Laband I 96, und die herrschende Lehre; Meyer-Anschütz § 80; v. Gerber, Grundzüge 244; Hänel I 233f., 328.

[3]) Vgl. Arndt, Reichsverordnungsr. 61ff.; PreußVerf. (7) 49f.; HA. 1886, 32ff.; Triepel, Reichsaufsicht 177.

zuständig, wo seine Zuständigkeit auf eine positive Gesetzesvorschrift gestützt ist[1]).

Das Deutsche Reich war ein Bundesstaat in dem Sinne, wie dieses Wort von Theorie und Praxis verstanden zu werden pflegt[2]). Es hatte wie diese eine eigene Rechtspersönlichkeit, eigene Gesetzgebung; vom Willen der Einzelstaaten unabhängige Organe (Kaiser, Reichskanzler, Reichstag), eigene Verwaltungs- und eigene Gerichtsherrlichkeit[3]), unmittelbar eigenes Ver-

---

[1]) S. oben S. 23; Jellinek, System der subjektiven öffentl. Rechte 281f.; s. auch RGSt. 33, 204; v. Rönne-Zorn I 271; Dambitsch 27; Bismarck in den Verhdl. des verfassungberatenden RT. 1867 S. 135.

[2]) Im Bundesstaat nahm man früher an (Tocqueville-Waitzsche Theorie, vgl. u. a. ZStaatsw. 1872, 185f.), seien sowohl der Bundes- wie der Einzelstaat wirklich Staaten, selbständig und unabhängig von fremder Gewalt – der Bundesstaat auf den ihm zugewiesenen, gemeinsamen, der Einzelstaat auf den ihm verbliebenen Sondergebieten. Bundesstaat wie Einzelstaat besäßen ihre Hoheitsrechte als eigene, nicht als abgeleitete. (Dies alles gilt auch für den Staatenbund.) Das Volk stehe im Bundesstaate (nicht im Staatenbunde) in gleicher unmittelbarer Beziehung zum Einzelstaat wie zum Gesamtstaat; beide hätten ihre selbständige Regierung, ihre selbständige Volksvertretung, ihre selbständigen Gerichte; s. auch unten zu Art. 71 und 77, ferner Gierke bei Schmoller 7, 1157; Brie, Theorie 98; Triepel, Unitarismus und Föderalismus 32 a. a. O.

[3]) Insbesondere leitet das Reichsgericht seine Gerichtsgewalt von der Justizhoheit des Reichs als eines nach der Reichsverfassung den einzelnen Bundesstaaten gegenüber selbständigen, und soweit die Zuständigkeit der Reichsgesetzgebung und Verwaltung reicht, ihnen übergeordneten Staatswesens ab; s. auch RGSt. 28, 433; 33, 211; RGZ. 48, 195; 44, 337;

mögen, Heer und Flotte, Festungen, Kriegshäfen, einen selbständigen Reichsfiskus[1]). Auch im sog. Staatenbunde, wenigstens im Deutschen Bunde, finden sich die Anfänge aller dieser Eigenschaften[2]).

In der Erklärung Preußens vom 5. April 1885, welcher der Bundesrat sich einstimmig anschloß, ist gesagt (HA. 1886, 350), daß die verbündeten Regierungen entschlossen sind, „die Verträge, auf welchen unsere Reichsinstitutionen beruhen, in unverbrüchlicher Treue

---

ebenso Hellwig, Lehrb. d. Prozeßr. I 89; dagegen u. a. Seydel, Komm. 102. Das gleiche gilt von den Konsular-, Schutzgebiets-, Prisen- und Marinegerichten; ebenso Vierhaus in Zeitschr. f. ZP. 14, 208; Stein zu § 238 ZPO.; Seuffert 2 zu § 238 ZPO.

[1]) Daher unterliegt das Reich der Besteuerung durch die Einzelstaaten und die Kommunen nur, soweit es selbst dies z. B. im G. v. 25. Mai 1873 (jetzt Reichsbesteuerungsges. v. 15. April 1911, RGBl. 187) befahl; OVG. 22, 117; 39, 91; Reichssteuergesetzentwurf, DrucksRT. 1910 Nr. 410; Delbrück, RT. 14. Nov. 1874, StenBer. 10, 2421f.; s. dagegen Laband (4) IV 434; Seydel 384; s. auch RGZ. 82, 233; Triepel, Reichsaufsicht S. 338. Die Militärhoheit war Reichshoheit, nicht Landeskontingentshoheit, RGZ. 97, 263, a. M. OVG. 173, 255; s. auch weiter unten.

[2]) In diesem Sinne ist der Satz Buschnell-Harts „Federal Government" 1881 § 12 richtig: „The difference is only one of degree . . . is not one of kind; it is a difference of point of view, of expectation of means to carry out the national will." Mit Recht sagt Spahn (Art. „Staatsverbindungen") in Bachems Staatslexikon, daß die Übergänge zwischen Bundesstaat und Staatenbund flüssig und die Unterschiede nur quantitative seien; s. ferner Bismarck bei v. Keudell 326; endlich Hausmann, AÖR. 33, 82.

aufrecht zu erhalten und — zu handhaben". Demgegenüber ist zu beachten, daß die Verträge vom 18. Aug. 1866 nur auf ein Jahr geschlossen, also erledigt sind, daß es sich somit nur noch um die Novemberverträge handeln konnte; letztere galten allerdings, soweit sie bei der Verfassung des Deutschen Reichs aufrechterhalten sind. Die Verträge vom August 1866 ebenso wie die Novemberverträge legten nur den Regierungen untereinander Pflichten auf und sind im übrigen „Aufklärungsmaterial", nicht positives Recht an sich. Nur die in § 3 des Gesetzes vom 16. April 1871 (RGBl. 62) erwähnten Verträge waren als solche in Kraft geblieben. Die staatsrechtliche Verbindlichkeit der Verfassung beruhte auf gesetzlicher Grundlage[1]).

Die Verfassungsurkunde des Deutschen Reichs ist mehrfach geändert[2]), und zwar ist Art. 28 Abs. 2 aufgehoben durch G. v. 24. Februar 1873 (RGBl. 45), Art. 4 Nr. 9 erhielt einen Zusatz durch G. v. 3. März 1873 (RGBl. 47), Art. 4 Nr. 13 wurde abgeändert durch G. v. 20. Dezember 1873 (RGBl. 379), Art. 59 Abs. 1 durch G. v. 11. Februar 1888 (RGBl. 11), Art. 24 durch G. v. 19. März 1888 (RGBl. 110), Art. 53 Abs. 5 durch G. v. 26. Mai 1893 (RGBl. 169, Art. 70 durch G. v. 14. Mai 1904 (RGBl. 169), Art. 59 Abs. 1 durch G. v. 15. April 1905 (RGBl. 249), Art. 32 durch G. v.

---

[1]) Ebenso G. Meyer 87; Hänel 54; Zorn I 50; Seydel, Komm. 22; Anschütz, Staatsr. 510, Triepel.

[2]) S. auch Laband, Über die Wandlungen der deutschen Reichsverfassung im Jahrb. d. öff. R. d. Gegenwart I 1; s. hierzu auch Meyer-Anschütz (7), 1024; Arndt DJZ. 22, 537 f., 769 f.; s. auch E. Kaufmann, Bismarcks Erbe.

21. Mai 1906 (RGBl. 467), Art. 38 Abs. 3 Z 2 durch G. v. 3. Juni 1906 (RGBl. 621), Art. 6a ist eingefügt durch G. v. 31. Mai 1911 (RGBl. 225), Art. 54 ist geändert durch G. v. 24. Dez. 1911 (RGBl. 1137).

Durchgreifend wurde die Verfassung im parlamentarischen Sinne (sog. Neuorientierung und Parlamentarisierung) geändert durch die Gesetze vom 29. Oktober 1918 (RGBl. 1273, 1279) zu den Artikeln 11, 15, 17, 21 Abs. 3, 53, 64 und 66 insbesondere dahin, daß zu Kriegs- und Friedenserklärungen Zustimmung von Bundesrat und Reichstag erforderlich sein müssen, daß der Reichskanzler das Vertrauen des Reichstags haben müsse und daß alle Ernennungen von Offizieren in Heer und Marine der ministeriellen Gegenzeichnung bedürfen.

Am 9. November 1918 wurde der Verzicht Kaiser Wilhelms II. auf die Krone im Reichsanzeiger Nr. 267 mitgeteilt[1]). In aller Form erklärten am 28. November und bzw. 1. Dezember 1918 der Kaiser und der Kronprinz ihren Verzicht auf ihre Rechte an der Krone Preußens und die damit verbundenen Rechte an der Kaiserkrone (ohne Gegenzeichnung und nur für ihre Person); ArmVBl. 745.

Am 9. November 1918 fand die Revolution statt und wandelte das Reich tatsächlich in eine Republik um[1]).

Am 12. desselben Monats erfolgte der Aufruf der Volksbeauftragten, die tatsächlich die höchste Gewalt inne

[1]) Der Verzicht hatte nur erklärende, nicht rechtsbegründende Wirkung. Die Gewalt war schon am 9. November auf die revolutionären Gewalten übergegangen.

hatten, und zwar hatten sie die exekutive und legislative, sogar die Kompetenz-Kompetenz[1]). Darin erklärte die „aus der Revolution hervorgegangene Regierung, daß sie sich die Verwirklichung des sozialistischen Prinzips zur Aufgabe macht und verkündet mit Gesetzeskraft" die Aufhebung des Belagerungszustandes, aller Beschränkungen des Vereins- und Versammlungsrechts, die Aufhebung jeder (auch der Theater-) Zensur, die Freiheit der Meinungsäußerung in Wort und Schrift, der Religionsübung, die Außerkraftsetzung der Gesindeordnungen, ebenso aller Ausnahmegesetze gegen die Landarbeiter, einen achtstündigen Maximalarbeitstag und daß alle Wahlen zu allen öffentlichen Körperschaften fortan nach dem gleichen, geheimen, direkten, allgemeinen Wahlrecht auf Grund des Verhältniswahlsystems für alle Männer und Frauen über 20 Jahre stattfinden sollen (RGBl. S. 1303).

In letzterem Sinne erging von den Volksbeauftragten (mit Gesetzeskraft) unterm 30. November 1918 (RGBl. S. 1345) die Verordnung über die Wahlen zu einer verfassunggebenden deutschen Nationalversammlung. Die Einberufung des Reichstags war vom Rat der Volksbeauftragten „infolge der politischen Umwälzung" verweigert und dem Bundesrat (s. RGBl. 1918, 1311) nur noch die ihm nach bisherigem Recht zustehenden Verwaltungsbefugnisse belassen worden. Die Wahlen erfolgten am 19. Januar, der Zusammentritt am 6. Februar 1919 in Weimar.

Unterm 10. Februar 1919 erging von der verfassung-

---

[1]) S. Arndt, DJZ. 1918, RGSt. 53, 52; 52, 283, 345; RGZ. 100, 26; Rosenberg LZ. 1919 Nr. 3; Paul das. S. 347.

gebenden im Allein- und Vollbesitz der Souveränität stehenden Nationalversammlung das Gesetz über die vorläufige Reichsgewalt (RGBl. 169). Dieses bestimmte in § 1, daß die Versammlung die Aufgabe (und alleinige Befugnis) hat, die künftige Reichsverfassung, sowie auch sonstige dringende Reichsgesetze zu beschließen, in § 2, daß die Einbringung von Regierungsvorlagen an die Versammlung — unbeschadet des § 2 Abs. 4 — der Zustimmung des Staatenausschusses bedarf, der aus den Vertretern der deutschen Frei-(Bundes-)staaten gebildet wird und in dem jeder Freistaat mindestens eine Stimme, die größeren auf je eine Million eine Stimme führen, in § 4, daß die Reichsverfassung von der Versammlung allein verabschiedet wird, während im übrigen die Gesetze durch Übereinstimmung zwischen Nationalversammlung und Staatenausschuß zustande kommen mit der Maßgabe, daß der Reichspräsident bei Nichtübereinstimmung eine Volksabstimmung herbeiführen kann, in § 5, daß ein von der Nationalversammlung § 7 gewählter Reichspräsident die Geschäfte des Reichs verwaltet, das Reich völkerrechtlich vertritt mit der Maßgabe, daß Kriegserklärung und Friedensschluß durch Reichsgesetz erfolgen, in § 9, daß alle zivilen und militärischen Anordnungen und Verfügungen des Präsidenten der Gegenzeichnung durch einen verantwortlichen Reichsminister bedürfen.

Im Übergangsgesetz vom 4. März 1919 (RGBl. S. 285) bestimmte die Nationalversammlung:

§ 1. Die bisherigen Gesetze und Verordnungen des Reichs bleiben bis auf weiteres in Kraft, soweit ihnen nicht dieses Gesetz oder das Gesetz über die vorläufige

Reichsgewalt — entgegensteht. In Kraft bleiben auch alle von dem Rate der Volksbeauftragten oder der Reichsregierung bisher erlassenen oder verkündeten Verordnungen —

§ 2. Soweit in Gesetzen oder Verordnungen des Reichs auf den Reichstag verwiesen wird, tritt an seine Stelle die Nationalversammlung.

§ 3. Soweit in Gesetzen oder Verordnungen des Reichs auf den Bundesstaat verwiesen wird, tritt an seine Stelle der Staatenausschuß —

§ 4. Die Befugnisse, die nach den Gesetzen oder Verordnungen des Reichs dem Kaiser zustehen, gehen auf den Reichspräsidenten über.

§ 5. Die Befugnisse, die nach den Gesetzen oder Verordnungen des Reichs dem Reichskanzler zustehen, gehen auf das Reichsministerium über. Soweit das Reichsministerium nicht ein anderes bestimmt, werden sie von jedem Reichsminister für seinen Geschäftsbereich selbständig ausgeübt.

Hieraus ergibt sich, daß die Reichsverfassung von 1871 und die preuß. Verf. v. 31. Jan. 1850 grundsätzlich fortbestanden, RGSt. 53, 303; 55, 217; a. A. Giese 31 und, daß auch die Vorschrift in Art. 2 der RV. v. 16. April 1871, wonach die Verkündigung von Gesetzen mit der Maßgabe im Reichsgesetzblatt erfolgen muß, fortgalt, daß an Stelle des Kaisers der Reichspräsident die Gesetze ausfertigt, unter Gegenzeichnung des nach dem Geschäftsbereich zuständigen Ministers. Aus Art. 1 des Übergangsgesetzes folgt ferner die Fortgeltung der von der Versammlung oder den Volksbeauftragten bis dahin erlassenen Gesetze und Verordnungen (RGZ. 100, 28;

Stier-Somlo, RVf. (2), 01; Jacobi AöR. 39, 273f.; Wenzel, Grundbegriffe 309; Giese, RV. 23; RAnz. 1919 Nr. 79; Arndt LZ. 14, 617.

Am 21. Februar 1919 legte die Regierung der Nationalversammlung den vom Staatenausschuß mit einigen Ausnahmen zu Art. 15, 19 und 40 genehmigten Entwurf der Reichsverfassung vor (Anlage Nr. 59 der Verhandlungen der Nationalversammlung). Vorher hatte am 20. Januar 1919 der Reichsanzeiger den Entwurf des Allgemeinen Teils einer künftigen Reichsverfassung nebst Denkschrift des Staatssekretärs Dr. Preuß veröffentlicht. Von der Reichsregierung war dem Staatenausschuß ein aus Verhandlungen mit den Landesregierungen hervorgegangener Entwurf vorgelegt[1]).

Die Nationalversammlung überwies den Entwurf einer (Verfassungs-) Kommission, deren Verhandlungen in zwei Bänden Protokollen niedergeschrieben sind, und deren Ergebnis ein Entwurf „nach den Beschlüssen des 8. Ausschusses" in Nr. 391 der Drucksachen ist. Über den Entwurf in Nr. 59 der Drucks. wurde am 24. und 25. Februar und 3. und 4. März in erster Lesung und am 2. Juli und folgende Tage in zweiter Lesung verhandelt (StenBer. 1200f.)[2]). Die Berichterstattung war mündlich. In dritter Lesung wurde der Entwurf am 29. und folgende Tage StB. 2071f. beraten und mit den dabei getroffenen Änderungen am 31. Juli mit

[1]) Literatur zum folgenden bei W. Jellinek, Jahrb. f. ö.R. 1920, 1123f.

[2]) Bericht und Protokolle dieses VA. bei C. Haymann 1920 und auszugsweise bei Pulitz 140f., 229f.; s. auch Nr. 391 und 656 der Drucks. d. NatVers.

262 gegen 75 Stimmen (der Deutschnationalen, Volkspartei und Unabhängigen) angenommen und unterm 11. August 1919 im RGBl. S. 1383 verkündet als „Verfassung des Deutschen Reichs". Dieses ist ein Bundesstaat geblieben, rechtlich dasselbe wie das mit der Verfassung vom 16. April 1871[1]). Indes ist sein Charakter geändert aus einem monarchistisch-konstitutionellen Staat in eine demokratisch-parlamentarische Republik, unter Verstärkung des unitarischen und Zurückdrängung des föderativen Elements. An die Stelle des Kaisers tritt ein Reichspräsident, an die des Bundesrats ein Reichsrat, beide mit sehr verminderten Befugnissen. Die Hegemonialrechte Preußens und die Sonderrechte der Südstaaten sind beseitigt, die Kompetenz der Reichsgewalt ist in dem Maße ausgedehnt, daß ihr am letzten Ende auch jede Verfügung über die Gliedstaaten (nunmehr Länder genannt) zusteht. Die Staatsgewalt ruht im Volke, im ganzen Volke, nicht bei einer Klasse, auch nicht der Arbeiterklasse. Ausgeübt wird sie (außerordentlich) durch den unmittelbaren Volksentscheid, (regelmäßig) durch den Reichstag. Der Reichspräsident und Reichsrat haben an der Gesetzgebung im wesentlichen nur aufschiebenden Anteil und der Präsident ist insoweit vom Reichstage abhängig, als er nur durch Minister handelt, die der Reichstag jederzeit durch Nichtbewilligung des Vertrauens entfernen kann.

Die Verfassung vom 11. August 1919[2]) ist gemäß

---

[1]) Ebenso Poetzsch 28, Anschütz 26.

[2]) Entwürfe der Verfassung waren u. a. von Bredt, E. Kaufmann und H. Triepel aufgestellt; s. auch zum Regierungsentwurf Triepel in Schmollers Jahrb. 1919, 459.

Art. 181 mit dem 14. August, dem Tage der Verkündung, in Kraft getreten. Die verfassunggebende Nationalversammlung galt seitdem, ohne diese Bezeichnung zu führen, als Deutscher Reichstag (Art. 180). Die bisherige Vertretung der Landesregierungen beim Reiche, der Staatenausschuß, hörte auf zu bestehen. An seine Stelle ist der „Reichsrat" getreten. Der Präsident des Reichsministeriums ist zum Reichskanzler ernannt. Auf Grund Artikel 176 der Reichsverfassung haben alle öffentlichen Beamten und Angehörigen der Wehrmacht die Reichsverfassung beschworen. Die Verfassung vom 16. April 1871 und das Gesetz über die vorläufige Reichsgewalt sind aufgehoben, Art. 176, nicht aber die auf Grund derselben ergangenen Gesetze, Ver- und Anordnungen, soweit ihnen die Verfassung vom 11. August 1919 nicht entgegensteht, Art. 179. Der auf Grund des Gesetzes über die vorläufige Reichsgewalt gewählte Reichspräsident führt sein Amt bis zum Amtsantritt des auf Grund der Verfassung vom 11. August 1919 gewählten Reichspräsidenten fort (Art. 180). Die Reichsverfassungsurkunde ist geändert zu Art. 168 (preuß. Stimmen im Reichsrat) durch Ges. v. 6. Aug. 1920 (RGBl. 1565), durch Ges. v. 6. Aug. 1920 (RGBl. 1566) zu Art. 178 (Helgoland), Ges. v. 27. Nov. 1920 (RGBl. 1987) zu Art. 167 (Oberschlesien), G. v. 4. April 1921 (RGBl. 440) zu Art. 61 Abs. 1.

Die Verfassung des Deutschen Reichs.

Vom 11. August 1919 (RGBl. S. 1383).

Kommentare von F. Giese (3), Stier-Somlo (2), Bornhak (2), G. Anschütz, F. Poetzsch (2), Zöphel, Meißner, Sänger, Zweigert, Haußmann, s. auch Lukas, Organisatorische Grundgedanken der RVf (1920), Kahl in Liebmann-Festgabe 1920; Nawiaski, Grundgedanken.

Das Deutsche Volk, einig in seinen Stämmen und von dem Willen beseelt, sein Reich in Freiheit und Gerechtigkeit zu erneuen und zu festigen, dem inneren und dem äußeren Frieden zu dienen und den gesellschaftlichen Fortschritt zu fördern, hat[1]) sich diese Verfassung[2]) gegeben.

[1]) Der nur enuntiativ, nicht dispositiv Bedeutung (s BA. 490) tragende Vorspruch entspricht dem, was für die belgische Verfassung gilt. J. J. Thonissen, La Constitution belge annotée nr. 155: „Quand l'assemblée constituante de 1830 reçutla mission de fixer l'organisation politique du pays; le trône „tait vide et le peuple rentré dans la plénitude de ses droits, pouvait librement disposer de ses pestins. Le congrôs national n'hésita pas à soumettre et à droclamer que la souveraineté réside dans la nation"

[2]) Verfassung bedeutet hier soviel wie Verfassungsurkunde; ebenso Giese 198. Die Verfassung enthält eine sehr große tiefgreifende, aber doch nur — eine Verfassungsänderung; Preuß, StenVerNatV S. 1211. „Die Kontinuität des

Staatsgebildes" bleibt bestehen (Ablaß, das. S. 1213); s. oben S. 2, Anschütz 26 und die überwiegende Meinung; and. Ans. Giese 31, s. auch Kahl VA. 23, Stier-Somlo (2) 421. Das Deutsche Reich ist Bundesstaat geblieben (Kahl, RB. 1205); ebenso Anschütz 296.

Erster Hauptteil.

Aufbau und Aufgaben des Reichs.

Erster Abschnitt.

Reich und Länder.

Artikel 1.

Das Deutsche Reich ist eine Republik[1]).

Die Staatsgewalt geht vom Volke aus[2]).

[1]) S. Kahl, das. S. 1205. Das Wort Republik ist gleichbedeutend mit Freistaat. Eine andere Staatsform zu wählen ist den Ländern untersagt. Da die heutige Republik das alte Reich geblieben ist, sind die Republik wie ihre Organe völker- und staatsrechtlich an alle Regierungsakte des Reichs und seiner Organe gebunden, soweit diese nicht in völker- bzw. staatsrechtlich gültiger Weise geändert sind (v. Roenne-Zorn (5) preuß. Staatsrecht § 14 I S. 230; Zachariae, Deutsches Staats- und Bundesrecht (3) I S. 389; H. Schulze, Preuß. Staatsr. I S. 207; v. Gerber, Grundzüge S. 43).

[2]) Satz 2 entspricht dem Satze der const. belge art. 25: „La souveraineté réside essentiellement dans la nation." Träger der Souveränität für das Reich ist das deutsche Volk; für die dazu gehörigen Länder ist deren Volk der Souverän. Das Volk eines jeden Landes hat eigenes, nicht vom Reich übertragenes Recht, doch ist es dem Deutschen Reich und Volk untergeordnet, s. auch Anschütz 24. Die Souveränität ruht im Reich wie in den Ländern bei dem ganzen Volk, damit ist die Herrschaft der Arbeiter- und Soldatenräte abgelehnt.

Artikel 2.

Das Reichsgebiet[1]) besteht aus den Gebieten der deutschen Länder[2]). Andere Gebiete können durch Reichsgesetz in das Reich aufgenommen werden[3–7]), wenn es ihre Bevölkerung kraft des Selbstbestimmungsrechts begehrt[8–9]).

[1]) Die Verfassung vom 16. April 1871 braucht die Bezeichnung „Bundesgebiet", um auszudrücken, daß die „Souveränität, die Landes- und Territorialhoheit" den einzelnen Bundesstaaten zustand (Bismarck, StenBerRT. 1871, 94).

[2]) Unmittelbare Reichsländer gibt es nicht mehr; Kahl, l. c. in Anm. 1 zu Art. 1. Die Länder gehören mit ihrem ganzen Gebiet dem Reiche an. Die Länder sind noch Staaten — keine bloßen Selbstverwaltungskörper, weil sie einen Rest von Gebietshoheit bewahrt haben, doch können sie auch in dem Sinne wie die ehemaligen Bundesstaaten nicht mehr als (beschränkt) souverän gelten. Ihr Sein, Aufhören und Anderssein hängt am letzten Ende von der Verfügung des Reichs ab. Die Reichsverfassung bezeichnet sie als Freistaaten; s. auch Art. 18 und 78. Für die Eigenschaft als Staaten s. Arndt, PrV. 49 und im Recht 1921, 82, ebenso Anschütz 23 und die herrschende Meinung; Giese, Bornhak, Stier-Somlo halten sie nur noch für bloße Selbstverwaltungskörper; s. auch Poetzsch 31 f.

[3]) Zum Eintritt eines neuen Staates ist kein verfassungänderndes Gesetz nötig; ähnlich Jacobi 92 f.; ebenso Anschütz 30. Der Ausschluß eines Landes oder des Teiles eines solchen aus dem Reiche kann, von Friedensschlüssen abgesehen, nur mit dessen Zustimmung durch verfassungänderndes Gesetz erfolgen, dies folgt aus Art. 2 und Art. 78. Alle im „Reich" (hier im weitesten Sinn, auch z. B. die Schutzgebiete und deutschen Handelsschiffe mit umfassend) sich aufhaltenden Personen und Sachen sind der Gebiets-(Staats-)hoheit des Reiches unterworfen, soweit sie nicht das Recht der Exterri-

torialität haben, wie fremde Staaten (auch deren Vermögen), fremde Souveräne, fremde Gesandte und, soweit dies die Verträge bestimmen, ausländische Konsuln; s. v. Liszt, Völkerrecht § 9; ferner fremde Truppenkörper im ganzen wie, so lange sie nicht gefangen sind, die einzelnen Militärpersonen (streitig); Arndt in Z. f. Politik 1915, 513.

[4]) Austritt eines Staates ist unstatthaft. Einseitiger Austritt ist nicht bloß „ein Vertragsbruch", sondern ein Verfassungsbruch. Das Deutsche Reich kann auch nicht allein durch den erklärten Austritt aller Länder, auch nicht durch übereinstimmendes Landesgesetz aufgelöst werden, vielmehr würde ein verfassungändernde Reichsg. notwendig sein.

[5]) Gebietshoheit ist nichts anderes als Staatsgewalt (Fricker, Vom Staatsgebiet; Jellinek, Allgemeine Staatslehre; Laband I 190). Also steht die Gebietshoheit im ganzen Reichsgebiet dem Reiche zu, während im ehemaligen Reiche diese grundsätzlich den einzelnen Staaten vorbehalten war (Bismarck StenBerRT. 1871, 94). Änderungen im Gebiete eines der Länder, wenn sie (die Reichsgrenzen) verändern, bedürfen unter Zustimmung des betr. Landes eines verfassungändernden Reichsgesetzes, s. Art. 78 Abs. 2. Das Reichs- (bzw. Staats-) Gebiet umfaßt das zusammenhängende, von den Reichs- (Landes-) Grenzen umzogene Stück der Erdoberfläche, den Luftraum unbeschränkt und jedenfalls bis in die Höhe, welche mit menschlichen Mitteln noch zu erreichen ist, den Raum unter der Oberfläche, den Streifen angrenzender Seen (Bodensee), der bei der Seegrenzziehung in die Gebietshoheit des an den See anstoßenden Staates fällt; vgl. Garcis, Völkerr. (2) 72; v. Liszt, Völkerr. §§ 9, 10. Binnenseen und Haffe gehören zum Reichsgebiet, wenn der Uferstaat die Verbindung mit dem Meere vollständig beherrscht, so z. B. das Frische und (früher) Kurische Haff. Wegen des Meeressaumes und der Küstengewässer (drei Seemeilen) vgl. v. Liszt l. c. Bei schiffbaren Flüssen entscheidet im Zweifel der Talweg, d. i. die fahrbare Wasserrinne. Bei nicht schiffbaren ist die Fluß-

mitte die Grenze. Bei Gebirgsrücken ist im Zweifel die Wasserscheide, bei einzelnen Bergen die höchste Spitze meist die Grenze. Die Zollgrenze fällt mit Art. 1 nicht stets zusammen; s. Art. 82.

[6]) Nur das Reich als Staat allein kann Reichsgebiet erwerben, für heutiges Recht s. auch Art. 82 (Zollgrenze). Wegen der Friedensverträge s. Art. 45. Nach Art. 18 Abs. 2 erfordert jetzt jede Änderung des Gebiets von Ländern und jede Neubildung von Ländern ein Reichsgesetz. Zur Aufnahme deutsch-österreichischer Länder würde außer der Zustimmung der aufzunehmenden Bevölkerung einfaches Reichsgesetz genügen; s. indes zu Art. 61 (auch Altenberg, AÖR. 40, 173).

[7]) Durch Vertr. v. 18. Juli 1867 (GS. 1868 S. 1), ersetzt durch Vertr. v. 2. März 1887, hat Waldeck seine ganze Staatsverwaltung an Preußen bis auf weiteres abgetreten. Die „Souveränität" hatte sich Waldeck gewahrt, die Waldeckische Stimme im Bundesrate führt, für Waldeck als waldeckische Stimme während der Dauer dieses Vertrages der von Preußen bestellte Landesdirektor; s. Arndt, RStaatsr. 70; Bismarck 11. Dez. 1867 StenBerAbgH. 392 f.; Dambitsch 209; Jacobi 4; s. auch oben Anm. 2. Die Insel Helgoland ist durch RG. v. 15. Dez. 1890 (RGBl. 207) in das „Bundesgebiet" aufgenommen. Sie bildet durch G. v. 18. Febr. 1891 (Preuß.-GS. 11) einen Bestandteil des preußischen Staates. In Helgoland gilt gemäß dem zit. G. v. 15. Dez. 1890 die Reichsverfassung mit Ausnahme des Abschnittes 6 (Zoll- und Handelssachen); s. auch Art. 178.

[8]) Wenn ein fremdes Gebiet kraft des Selbstbestimmungsrechts der Bevölkerung die Aufnahme in das Reich begehrt (Deutsch-Österreich), bedarf es nur eines einfachen Reichsgesetzes.

[9]) Wachsen Gebiete dem Reiche zu, so gelten die Reichsgesetze dort nur, wenn sie besonders eingeführt werden; RGZ. 28, 306; OVG. 48, 21; RGZ. in JW. 1907, 374; RGZ. 71, 230; JW. 1906, 427 Nr. 13; ferner JW. 1899, 467; Arndt in DJZ. 22, 282. Deshalb ist im G. betr. die Verlegung der

Grenze usw. v. 31. Juli 1908 (RGBl. 497) in § 3 ausdrücklich und besonders bestimmt, daß in den dem Deutschen Reiche zugefallenen Gebietsteilen bei ihrer Vereinigung die Vorschriften in Kraft treten, die in den vom Deutschen Reich (Baden) abgetretenen Gebietsteilen bei ihrem Ausscheiden aus dem Reichsgebiet in Geltung waren. Der Bodensee ist unter die angrenzenden Staaten verteilt, gehört also teilweise zum Reichsgebiet im Sinne des Art. 2; vgl. v. Martitz in HA. 278; v. Liszt, Völkerr. § 9 Anm. 6; Rehm, Der Bodensee, im Handwörterbuch der Staatswissenschaften; G. Meyer § 74 Anm. 6; s. auch Laband I 198 A. 1. Nach anderer Ansicht (Rettich, Die völkerrechtlichen und staatsrechtlichen Verhältnisse des Bodensees) steht er im ungeteilten Miteigentum der Uferstaaten.

Artikel 3.

Die Reichsfarben sind schwarz-rot-gold. Die Handelsflagge ist schwarz-weiß-rot mit den Reichsfarben in der oberen inneren Ecke.

Art. 55 der früheren Verfassung lautet: „Die Flagge der Kriegs- und Handelsmarine ist schwarz-weiß-rot."

Zur Ausführung des Art. 55 erging die Rechtsnormen aufstellende Präsidial-V. v. 25. Okt. 1867, betr. die Bundesflagge für Kauffahrteischiffe (RGBl. 39); s. auch v. Roon 2. April 1867 StenBerRT. 526. Diese Verordnung enthält einen Rechtsbefehl an alle, welche an ihren zum Erwerb durch die Seeschiffahrt bestimmten Schiffen (Kauffahrteischiffen) die Nationalflagge führen und die damit verbundenen Vorteile genießen wollen. Nur die mit einer dieser Verordnung entsprechenden Flagge versehenen Schiffe können auf den Schutz rechnen, den deutsche Kauffahrteischiffe genießen; s. A. Erl. v. 27. Januar 1893 (RGBl. 259). Über die Voraussetzungen für das Recht zur Führung der Reichsflagge erging das Gesetz betr. das Flaggenrecht der Kauffahrteischiffe v. 22. Juni 1899 (RGBl. 319), dessen § 26 durch G. v. 29. Mai 1901 (RGBl. 183) verändert (erweitert) ist, welches Gesetz die Bestimmungen über die Form der Flagge und die Art ihrer Führung dem Kaiser vorbehält. Zur Ausführung des Art. 55 erging Kaiserl. Verordnung über die Führung der Reichsflagge v. 8. Nov. 1892 (RGBl. 1050). Vgl. auch Erlaß v. 1. Juli 1896, betr. Abzeichen auf der Handelsflagge für die als Offiziere des Beurlaubtenstandes usw. der Marine angehörigen Schiffsführer (RGBl. 181), und die Verordnungen v. 1. März 1900, betr. das Flaggenrecht deutscher Binnenschiffe, die ausschließlich auf ausländischen Gewässern verkehren, und v. 21. Aug. 1900, betr. Zeigen der Nationalflagge durch Kauffahrteischiffe (RGBl. 807). S. auch noch § 22 Flaggengesetz.

Jetzt erläßt die Reichsregierung gemäß Art. 77 die zur Ausführung des Art. 3 erforderlichen Verordnungen. Selbstredend gilt das Flottenflaggesetz v. 22. Juni 1899 bis zur Änderung durch Reichsgesetz fort. Über Reichswappen und Reichsadler s. RGBl. 1919 S. 1877 und über die RKriegsflagge Marine-VBl. 1919 S. 463.

Das Gebot an Private, die Reichsfahne und keine andere zu führen würde gegen Art. 114 RV. verstoßen, s. auch Anschütz 31 und unten zu Art. 114.

Artikel 4.

Die allgemein anerkannten Regeln des Völkerrechts gelten als bindende Bestandteile des deutschen Reichsrechts.

Art. 4 entspricht dem geltenden Recht; s. Kahl, StB. S. 1207; s. auch RGSt. 16, 165; Arndt in Zeitschr. f. Politik 1915 S. 513. Hierhin gehört die bekannte Entscheidung des Kompetenzkonfliktgerichtshofs in Sachen Hellfeld. Anerkannt sind namentlich die im RGBl. abgedruckten (Genfer und Haager) Abmachungen. Bei Verletzung von Regeln des Völkerrechts können Repressalien angeordnet werden. Der Satz (E. Kaufmann), daß alle völkerrechtlichen Verträge unter der clausula rebus sic stantibus stehen, ist in dieser Allgemeinheit nicht anzuerkennen. Soweit Völkerrecht gewohnheitsmäßig im deutschen Recht rezipiert ist, hat es der Richter anzuwenden (Kahl l. c.). Es gilt nicht bloß, weil und soweit es durch Reichsges. befohlen ist (Ansicht u. a. von Zorn). Soweit es anerkannt ist, hat es Kraft von Reichsrecht, geht also Landesrecht vor, s. auch Wenzel, Juristische Grundprobleme 486, Poetzsch 43. Zweifellos bricht Völkerrecht auch Landesrecht; doch nur in Deutschland „anerkanntes", also ist, wenn solches fehlt, letzteres anzuwenden. „Allgemein" anerkannt ist nur, was auch im Deutschen Reiche anerkannt ist.

Artikel 5.

Die Staatsgewalt wird in Reichsangelegenheiten durch die Organe des Reichs auf Grund der Reichsverfassung, in Landesangelegenheiten durch die Organe der Länder auf Grund der Landesverfassungen ausgeübt.

Dieser Artikel bringt zum Ausdruck, daß alle Befugnisse im Reich wie in den Ländern auf die Verfassung sich stützen sollen und daß außer der Gesetzgebung kein Organ aus eigener Berechtigung handeln darf. Damit ist jedes selbständige Verordnungsrecht ausgeschlossen. Dies entspricht dem belgisch-französischen Recht (Errera, Belgisches Staatsrecht, S. 4, 8; Batbie, Traité théorique et pratique du droit public et administratif (2) III p. 127) es gilt auch für die Verfassung vom 16. April 1871. Insbesondere bestand kein selbständiges Verordnungsrecht des Bundesrats; s. Arndt, Reichsverordnungsrecht S. 16 f.; Arndt in HA. 1885 S. 701; G. Meyer-Anschütz § 165; Hänel, Staatsrecht S. 276; Seydel, Komm. S. 140; Dambitsch, S. 227; Laband, Reichsstaatsrecht II S. 90; and. Ans. fast nur Zorn I S. 486. Noch gab es ein Notverordnungsrecht. Es ist also für das Reichsrecht keine Änderung eingetreten; s. auch Art. 77. Anders ist es mit dem

Landesrecht, insbesondere dem preußischen. Nach diesem hatte das Staatsoberhaupt nicht bloß abgeleitete Rechte und auf einzelnen Gebieten noch ein Verordnungsrecht aus eigener Macht. Die Exekutive erließ auf mehreren Gebieten, z. B. Militär-, Strafvollstreckungs- und Unterrichtswesen noch im Unterschiede vom belgischen Recht ohne verfassungsmäßige Ermächtigung Rechtsnormen. Dies steht mit dem Prinzip des Art. 5 in Widerspruch, ist jedoch durch diesen noch nicht aufgehoben, da der Artikel insoweit nur eine Direktive an die Gesetzgebung und keine Rückwirkung vorschreibt. Jedenfalls sind die Ermächtigungen in vorkonstitutionellen Gesetzen an die Exekutive zum Erlasse von Rechtsnormen in Gültigkeit geblieben. Dies ist unstreitig; s. Arndt zu Art. 82 der PrV.; Arndt, Selbst. VR. S. 148; Anschütz, Staatsrecht S. 604; Jellinek, Gesetz und Verordnung S. 373; v. Martitz, Festgabe für Gierke S. 192; OVG. 1 S. 174, 192; 26, 182, 146; Bornhak, Preuß. Staatsr. I S. 485, Hubrich u. a. m. Die Landeshoheit ist keine vom Reich abgeleitete, sondern eine selbsteigene, doch dem Reich untergeordnete, Anschütz 35.

Artikel 6.

Das Reich hat die ausschließliche Gesetzgebung[1]) über:

1. die Beziehungen zum Ausland[2]);
2. das Kolonialwesen[3]);
3. die Staatsangehörigkeit[4]), die Freizügigkeit[5]), die Ein- und Auswanderung und die Auslieferung[6]);
4. die Wehrverfassung[7]);
5. das Münzwesen[8]);
6. das Zollwesen sowie die Einheit des Zoll- und Handelsgebiets und die Freizügigkeit des Warenverkehrs[9]);

7. das Post- und Telegraphenwesen[10]) einschließlich des Fernsprechwesens.

[1]) Die Gesetzgebung des Reichs ist teils eine ausschließliche (Art. 6), teils eine konkurrierende (Art. 7), teils eine sog. Bedarfsgesetzgebung (Art. 8 und 9), teils eine nur normative (Richtlinien-, Grundsatz- (Art. 10 und 11); s. namentlich Poetzsch 46. Grundsatz bleibt, daß wie nach dem früheren Recht die Rechtsvermutung gegen die Zuständigkeit des Reichs spricht und daß auch jetzt noch das sog. Enumerationsprinzip gilt (Kahl, StenBer. S. 1207; ebenso Anschütz 32; siehe ferner Arndt 172f., 205f.; ferner Laband II S. 713; Hänel, Staatsr. S. 218, 359, 551, 748; Triepel, Kompetenzen S. 281 u. a. m.).

Soweit die Reichsgesetzgebung ausschließlich ist, können die Länder keine Ausführungsverordnungen geben. Jedoch ist (s. Kahl ebendort, ebenso Haußmann BA. 472) die Reichsgesetzgebung ermächtigt, Verordnungsbefugnisse an die Länder zu delegieren; s. auch Arndt, Reichsverordnungsrecht S. 92. Es ist selbstredend, daß über Gegenstände, die das Reich unmittelbar betreffen, insbesondere Gegenstände der Reichsverwaltung, Reichspost, Reichseisenbahn, Reichswasserstraßen, jede Gesetzeszuständigkeit der Länder ausgeschlossen ist; ebenso Poetzsch 44.

[2]) Nach früherem Recht hatten die Länder die auswärtigen Angelegenheiten nur soweit verloren, als sie das Reich wahrnahm. Die Kompetenz zwischen Reich und Länder war geteilt; s. E. Meier, Staatsverträge S. 271; Meyer-Anschütz § 80; Zorn II S. 502; Hänel S. 537. Allerdings gingen völkerrechtliche Verträge des Reichs denen der Einzelstaaten vor und gehörte die hohe Politik nicht zur Zuständigkeit der einzelnen Länder. Jedoch konnten diese z. B. Eisenbahn- und Auslieferungsverträge ohne Reichsgenehmigung abschließen, mit Genehmigung des Reichs konnten sie Grenz-Austauschverträge schließen. Dies hat nun im wesentlichen ein Ende, Art. 88 letzter Absatz, s. auch Art. 78.

³) Kolonien hat das Reich zurzeit nicht. Das Kolonialwesen war und bleibt geregelt durch das Schutzgebietsgesetz vom 10. September 1900 (RGBl. 813) und das Konsulargerichtsbarkeitsgesetz in der Fassung RGBl. 1900 S. 213, 1912 S. 493, Kolonialbeamtengesetz vom 8. April 1910 (RGBl. 50).

⁴) Sie ist erschöpfend geregelt durch Gesetz vom 22. Juli 1913 (RGBl. 583).

⁵) Das als Reichsgesetz geltende Freizügigkeitsgesetz vom 1. Nov. 1867 (BGBl. 1867 S. 55). Die Freizügigkeit bezieht sich jedoch nur auf physische, nicht auf juristische Personen. Dies ist weitüberwiegende Meinung (Seydel, Kom. S. 55; Laband I S. 184; Zorn I S. 349; Arndt, Staatsrecht S. 52; Meyer-Anschütz § 214; Dambitsch S. 72 und neuerdings auch unter Aufgebung seiner früheren Ansicht RG. in JW. 1918, 264. S. auch Art. 111.

⁶) Die Auslieferungsverträge, auch der Länder, sind bestehen geblieben, soweit sie nicht durch den Krieg aufgehoben sind; ebenso Poetsch 48. Über die Auslieferung der Reichsangehörigen s. Strafgesetzbuch § 9 und Art. 112 Abs. 3.

⁷) S. G. über die Bildung einer vorläufigen Reichswehr v. 12. März 1919 (RGBl. 295), G. über Bildung einer vorläufigen Reichsmarine v. 16. April 1919 (RGBl. 451). Wehrges. v. 23. März 1921 (RGBl. 329); Änderung RGBl. 1921, S. 711. S. auch Art. 133.

⁸) S. Münzgesetz vom 1. Juni 1909 (RGBl. 507), durch Kriegsgesetze mehrfach geändert.

⁹) Die Gesetzgebung war schon früher ausschließlich Reichssache. Das Deutsche Reich bildete gemäß Art. 33 der früheren Verfassung ein einheitliches Zoll- und Handelsgebiet. Dies bedeutet, daß die Waren eines Landes in jedem anderen bezüglich der Verzollung und gemeinschaftlichen Besteuerung wie einheimische gelten, daß Binnenzölle, sowohl eines Landes wie der Gemeinden ausgeschlossen sind, daß aus dem Zollauslande kommende Waren in allen Ländern

der nämlichen Reichsabgabe unterliegen und daß umgekehrt die Bedingungen für die Ausfuhr zollinländischer Waren, aus welchem Lande sie auch sein mögen, die gleichen sind. Diese Zoll- und Handelseinheit hat für den größten Teil des Deutschen Reichs bereits seit dem 1. Januar 1834 bestanden, an welchem Tage der Deutsche Zollverein ins Leben trat. Nur wegen der geographischen Lage waren Ausnahmen von der Zoll- und Handelseinheit zugelassen, sog. Zollausschlüsse. Der Zollverein erließ auch Gesetze, z. B. das noch heute gültige Zollvereinsgesetz vom 1. Juli 1869 (BGBl. S. 81). Die Zollvereinsgesetze haben die Kraft von Reichsgesetzen und können nur durch solche geändert werden; s. hierzu Art. 82.

[10]) S. hierzu Art. 88.

Artikel 7.

Das Reich hat die Gesetzgebung über:

1. das bürgerliche Recht;
2. das Strafrecht;
3. das gerichtliche Verfahren einschließlich des Strafvollzugs sowie die Amtshilfe zwischen Behörden;
4. das Paßwesen und die Fremdenpolizei;
5. das Armenwesen und die Wandererfürsorge;
6. das Presse-, Vereins- und Versammlungswesen;
7. die Bevölkerungspolitik, die Mutterschafts-, Säuglings-, Kinder- und Jugendfürsorge;
8. das Gesundheitswesen, das Veterinärwesen und den Schutz der Pflanzen gegen Krankheiten und Schädlinge;
9. das Arbeitsrecht, die Versicherung und den Schutz der Arbeiter und Angestellten sowie den Arbeitsnachweis;

10. die Einrichtung beruflicher Vertretungen für das Reichsgebiet;
11. die Fürsorge für die Kriegsteilnehmer und ihre Hinterbliebenen;
12. das Enteignungsrecht;
13. die Vergesellschaftung von Naturschätzen und wirtschaftlichen Unternehmungen sowie die Erzeugung, Herstellung, Verteilung und Preisgestaltung wirtschaftlicher Güter für die Gemeinwirtschaft;
14. den Handel, das Maß- und Gewichtswesen, die Ausgabe von Papiergeld, das Bankwesen sowie das Börsenwesen;
15. den Verkehr mit Nahrungs- und Genußmitteln sowie mit Gegenständen des täglichen Bedarfs;
16. das Gewerbe und den Bergbau;
17. das Versicherungswesen;
18. die Seeschiffahrt, die Hochsee- und die Küstenfischerei;
19. die Eisenbahnen, die Binnenschiffahrt, den Verkehr mit Kraftfahrzeugen zu Lande, zu Wasser und in der Luft, sowie den Bau von Landstraßen, soweit es sich um den allgemeinen Verkehr und die Landesverteidigung handelt;
20. das Theater- und Lichtspielwesen.

Zu diesem Artikel siehe für das ältere, vielfach noch maßgebende Recht, Arndt §§ 23, 24; ferner Laband II 113; Hänel 218, 359, 551, 748; s. auch Art. 12. Hervorgehoben wird, daß das Paßwesen durch G. vom 12. Oktober 1867 (BGBl. 33) geregelt ist, geändert durch G. v. 12. Mai 1920

(RGBl. 464); s. auch VO. v. 21. Mai 1919 (RGBl. 417). Wandererfürsorge ist die für arme Wanderer auch im Inland, Poetzsch 50. Die Bevölkerungspolitik (Ziff. 7) umfaßt auch die Sittlichkeitsgesetzgebung, Poetzsch 50. Zum Enteignungsrecht s. Art. 153, zu den Naturschätzen gehören die Mineralien, Wasserkräfte, s. auch Art. 155, 156. Ein Gesetz über die Fremdenpolizei ist noch nicht ergangen. Das Armenwesen ist durch Gesetze über den Unterstützungswohnsitz geregelt, jetzt G. v. 30. Mai 1908 in Fass. v. 7. Juni 1908 (RGBl. 380), im ganzen Reich einschließlich Helgolands und Bayern gültig. Das Preßwesen ist geregelt durch Gesetz über die Presse vom 7. Mai 1874 (RGBl. 65), s. auch Art. 118, das Vereins- und Versammlungswesen durch Gesetz vom 19. April 1908 (RGBl. S. 151), s. auch Art. 124; das Bankwesen durch Bankg. v. 14. März 1875 (RGBl. 177), Änderungen RGBl. 1889, S. 201; 1899 S. 311; 1906, S. 918, bes. G. v. 1. Juni 1909 (RGBl. 515) und G. v. 16. Dez. 1919 (RGBl. 2117), s. auch § 16 RSchuldenordn. v. 19. März 1906 (RGBl. 129). Die Deckungsvorschriften wurden aufgehoben. Der „Bergbau" umfaßt nicht nur die verleihbaren sog. regalen, sondern auch die zum Grundeigentum gehörigen bergmännisch verwertbaren Mineralien. Die Luftfahrt (Ziff. 19) ist geregelt durch G. v. 3. Jan. 1920 (RGBl. 14), s. dazu RGBl. 1920 S. 455 u. 857. Zu Ziff. 20 s. Art. 118. Manche der im Art. 7 erwähnten Gegenstände sind noch nicht reichsrechtlich geregelt. Was die in Ziff. 19 erwähnten Verkehrsmittel anlangt, so erstreckt sich die Zuständigkeit des Reichs nach Art. 7 nur auf diejenigen Angelegenheiten, welche den allgemeinen (im Unterschiede vom lokalen) Verkehr oder die Landesverteidigung betreffen, also nicht auf die sogenannten Kleinbahnen, die zwar dem öffentlichen, aber nur dem Lokalverkehr dienen, siehe hierzu StenBerRT. 1867 S. 277; Arndt in AöR. Bd. 11 S. 358; Seydel, Komm. S. 88. Sie bezieht sich auch nicht auf nicht schiffbare Flüsse, außer soweit es etwa die Landesverteidigung oder Talsperren angehen sollte; s. auch Art. 97—100.

Zu Art. 7 ist noch zu beachten, daß die Zuständigkeit des Reichs sich nunmehr auch auf das partikuläre bürgerliche und Strafrecht erstreckt, Poetzsch 49, s. auch Hedemann DJZ. 1919, 769.

Artikel 8.

Das Reich hat ferner die Gesetzgebung über die Abgaben und sonstigen Einnahmen, soweit sie ganz oder teilweise für seine Zwecke in Anspruch genommen werden. Nimmt das Reich Abgaben oder sonstige Einnahmen in Anspruch, die bisher den Ländern zustanden, so hat es auf die Erhaltung der Lebensfähigkeit der Länder Rücksicht zu nehmen.

Das Recht des Reichs, für seine Zwecke Steuern einzuführen, erstreckte und erstreckt sich auf indirekte wie direkte Steuern. Das Wort „indirekt" des Entwurfs der Nordd. Bundes-Verf. ist im verfassungberatenden Reichstage gestrichen worden. Vgl. hierzu Rede Miquels in den Verhandlungen des verfassungberatenden Reichstages 1867 S. 114 und Seydel 76. Direkte Steuern sind (theoretisch) die, die der trägt, der sie zahlt, z. B. Grund-, Gebäude-, Einkommen-, Vermögenssteuern, indirekte die, die ein anderer trägt als der sie zahlt, z. B. Brau-, Branntwein-, Salz-, Zuckersteuer. Danach ist die Erbschaftssteuer eine direkte. Indes pflegt man finanztechnisch nur die Steuern als direkt zu bezeichnen, die an einen wirtschaftlichen Zustand oder an eine Gesamtheit von wirtschaftlichen Vorgängen, während die indirekten solche sind, die an einen einzelnen Vorgang anknüpfen; s. Staatssekretär v. Stengel, 12. Dez. 1895, 11. Jan. 1896 StenBerRT. 463 A, 11. Mai 1906 das. 3117 C, 3. Dez. 1907 das. 2010 CD, besonders Direktor im Reichsschatzamt Kühn, 14. Mai 1906 das. 3167 B. Danach gehören (und dies ist die Praxis) Erbschaftssteuern zu den indirekten; s. auch v. Stengel, 27. März 1906 StenBer. 2339 und KomBer. 11. Legislaturperiode des

RT. Sess. 2 Bd. 5 Nr. 360. Vgl. hierzu Dambitsch 144 und Popitz, Umsatzsteuerges. 12, 32.

Das Reich kann auch Steuern einführen, die nur zum Teil in die Reichskasse fließen, z. B. die Umsatzsteuer und die sog. clausula Frankenstein; § 9 G. v. 15. Juli 1871 (RGBl. 207), hierzu Arndt, Reichsstaatsrecht 44, und Art. Hänel 382, Seydel, Komm. S. 77. Abgaben nur für Zwecke der Länder oder Gemeinden unterstehen nach Art. 8 nicht der Reichsgesetzgebung. Satz 2 in Art. 8 ist eine Sollvorschrift für den Gesetzgeber; s. jedoch auch Art. 11.

Das Reich kann ohne Verfassungsänderung auf Grund Art. 14 wie des bestehenden älteren Rechts auch die Verwaltung aller (auch nur der teilweise ihm zufließenden) Abgaben übernehmen, s. oben S. 35; a. A. Poetzsch 54, Düringer, Wirtschaft und Recht 1920, Heft 1, s. auch StenBerNB. 13805, 4709 und Arndt, PrVBl. 1920 Nr. 40 und JW. 49, 516. Im Ergebnis ebenso Anschütz 40. Auf Grund Art. 18 ergingen u. a. Erbschaftssteuerg. v. 10. Sept. 1919 (RGBl. 1507), G. über Kriegsabgaben v. 10. Sept. 1919 (RGBl. 1579), v. 10. Sept. 1919, Zündwaren (RGBl. 1629), Spielkarten (RGBl. 1643), Grunderwerb v. 12. Sept. 1919 (RGBl. 1617), Tabak v. 12. Sept. 1919 (RGBl. 1667), Notopfer v. 31. Dez. 1919 (RGBl. 2189), Umsatz v. 31. Dez. 1919 (RGBl. 2157), Kapitalertrag v. 29. März 1920 (RGBl. 345), Einkommen v. 29. März 1920 (RGBl. 359) nebst G. (Arbeitslohn) v. 21. Juni 1920 (RGBl. 1463), G. über die Besitzsteuer v. 30. April 1920 (RGBl. 873).

Artikel 9.

Soweit ein Bedürfnis für den Erlaß einheitlicher Vorschriften vorhanden ist, hat das Reich die Gesetzgebung über:

1. die Wohlfahrtspflege;
2. den Schutz der öffentlichen Ordnung und Sicherheit.

Ob ein Bedürfnis im Sinne des Art. 9 vorliegt, hat allein die Reichsgesetzgebung zu entscheiden. Art. 13 Abs. 2 kommt hier nicht zur Anwendung; ebenso Anschütz 41.

Artikel 10.

Das Reich kann im Wege der Gesetzgebung[1]) Grundsätze aufstellen für:

1. die Rechte und Pflichten der Religionsgesellschaften;
2. das Schulwesen einschließlich des Hochschulwesens und das wissenschaftliche Büchereiwesen;
3. das Recht der Beamten aller öffentlichen Körperschaften;
4. das Bodenrecht, die Bodenverteilung, das Ansiedlungs- und Heimstättenwesen, die Bindung des Grundbesitzes, das Wohnungswesen und die Bevölkerungsverteilung;
5. das Bestattungswesen[2]).

[1]) Wie überall ist Gesetzgebung ein formeller Begriff und bedeutet hier, wie unstreitig, Poetzsch 56, Ausschluß des Verordnungsrechts.

[2]) Zum Teil sind diese Gegenstände in Art. 128/129 usw. bis Art. 150 verfassungsmäßig geregelt. Es ist alleiniger Entscheidung des Reichsgesetzgebers überlassen, wieweit er die Grundsatzgesetzgebung erstrecken will; s. zu Art. 13, 19 und 102, vgl. dagegen Poetzsch 46. S. auch OV. 70, 415.

Artikel 11.

Das Reich kann im Wege der Gesetzgebung[1]) Grundsätze[2]) über die Zulässigkeit und Erhebungsart von Landesabgaben aufstellen[3]), soweit sie erforderlich sind, um

1. Schädigung der Einnahmen oder der Handelsbeziehungen des Reichs,
2. Doppelbesteuerungen[4]),
3. übermäßige oder verkehrshindernde Belastung der Benutzung öffentlicher Verkehrswege und Einrichtungen mit Gebühren,
4. steuerliche Benachteiligungen eingeführter Waren gegenüber den eigenen Erzeugnissen im Verkehre zwischen den einzelnen Ländern und Landesteilen oder
5. Ausfuhrprämien

auszuschließen oder wichtige Gesellschaftsinteressen zu wahren[5]).

[1]) S. A. 1 zu Art. 10.

[2]) S. A. 2 zu Art. 10.

[3]) Der Reichsgesetzgeber entscheidet souverän darüber, ob die diesbezüglichen Vorschriften erforderlich sind, ebenso Anschütz 43, s. jedoch Landessteuerg. v. 30. März 1920 (RGBl. 402) §§ 3 bis 6, wonach bei Meinungsverschiedenheit zwischen Reich und Land der Reichsrat bzw. der Reichsfinanzhof entscheiden, s. Arndt, PrV. zu Art. 63 u. zu Art. 13.

[4]) Hier galt (aufgehoben nach § 62 des Landessteuerges. v. 30. März 1920) das Doppelsteuergesetz v. 22. März 1909 (RGBl. 332), wonach ein Reichsangehöriger nur in dem Bundesstaat zu den direkten Staatssteuern herangezogen werden durfte, in dem er seinen Wohnsitz hat, oder, wenn er keinen Wohnsitz hat, am Aufenthaltsort. Steuern vom Grundvermögen und Gewerbebetrieben dürfen nur in dem Lande erhoben werden, in dessen Gebiete der Grund- und Gebäudebesitz liegt oder eine Betriebsstätte zur Ausübung eines stehenden Gewerbes unterhalten wird (§ 10 Landessteuerges.). Die Heranziehung

zu den Gemeindelasten regelt § 8 des Freizügigkeitsg. vom 1. Nov 1867 (BGBl. 55).

[5]) Zu Art. 11 kommt besonders in Betracht Landessteuerg. v. 30. März 1920 (RGBl. 402), das kein verfassungänderndes ist; s. oben zu Art. 8, a. A. Poetzsch 54 und A. 6 zu Art. 10 S. 58, s. auch StenBerNV. 4707 f., 4871.

Artikel 12.

Solange und soweit das Reich von seinem Gesetzgebungsrechte keinen Gebrauch macht, behalten die Länder das Recht der Gesetzgebung[1]). Dies gilt nicht für die ausschließliche Gesetzgebung des Reichs[2]).

Gegen Landesgesetze, die sich auf Gegenstände des Artikel 7 Ziffer 13 beziehen, steht der Reichsregierung, sofern dadurch das Wohl der Gesamtheit im Reiche berührt wird, ein Einspruchsrecht zu[3]).

[1]) Diese Vorschrift entspricht dem bisherigen Recht. S. Schlußprotokoll mit Bayern v. 23. November 1873 (BGBl. 1871 S. 23). Im Zweifel ist anzunehmen, daß ein Reichsgesetz die von ihm behandelten Gegenstände abschließend regelt, vgl. RGSt. 10, 220.

[2]) Auch dieser Satz wiederholt bestehendes Recht, Arndt, RStR. 172 f., 334 f.; s. auch oben (A. 1 zu Art. 6, besonders Kahl, StenBer. 1207).

[3]) Dieses Einspruchsrecht ist ein vollständiges Veto. Darüber entscheidet kein Gerichtshof, sondern allein die dem Reichstage verantwortliche Reichsregierung; s. Preuß, StenBer. 1253, Katzenstein 1254; ebenso Anschütz 45; a. A. Giese 76. Der Einspruch richtet sich auf den Erlaß eines Gesetzes, nicht auf ein schon erlassenes, Poetzsch 59; a. A. Giese 76.

Artikel 13.

Reichsrecht[1]) bricht Landrecht[2]).

Bestehen Zweifel oder Meinungsverschieden-

heiten darüber, ob eine landesrechtliche Vorschrift mit dem Reichsrecht vereinbar ist, so kann die zuständige Reichs- oder Landeszentralbehörde nach näherer Vorschrift eines Reichsgesetzes die Entscheidung eines obersten Gerichtshofs des Reichs anrufen[3]).

[1]) Auch die auf Grund der Reichsgesetze oder zu deren Ausführung erlassenen Verordnungen gehen den Landesgesetzen mit Einschluß der Landesverfassung vor. RGZ. 40, 76; 48, 88; Arndt, Reichsverordnungsr. S. 148; Seydel, HA. 1143; Laband II 114; Meyer-Anschütz § 167; Dambitsch 41, 43, 46. Landesgesetze, auf die in Reichsgesetzen verwiesen oder dort vorbehalten sind, haben diesen Vorrang nicht.

[2]) Mit Einschluß der Landesverfassungen und des Landesgewohnheitsrechts. Dem Landesgewohnheitsrecht kommt gegenüber Reichsrecht keine derogatorische Kraft zu. Seydel 118; Gierke, Dtsch. Privatr. § 184; G. Meyer § 167; Endemann, Lehrb. des BR. (8) I, § 9, A. 17 u. a. m.; a. Ans. u. a. Cosack, Lehrb. des BürgR. § 20; Hänel S. 250.

Das Reichsrecht geht ipso jure vor, und zwar nicht bloß materiell, sondern auch formell, also auch soweit es mit ihm übereinstimmt (RGZ. 19, 176). Auch eine authentische Interpretation der Reichsgesetze, namentlich über Umfang und Inhalt und die dadurch etwa aufgehobenen Landesgesetze sowie die Wiederholung reichsgesetzlicher Vorschriften in einem Landesgesetze ist unstatthaft. Dispensationen von Reichsgesetzen sind im Wege der Landesgesetzgebung unstatthaft, desgleichen Landesausführungsverordnungen zu Reichsgesetzen, außer wenn solches das Reichsgesetz für statthaft erklärt.

[3]) In erster Linie entscheiden die ordentlichen Gerichte, wo sie zur Entscheidung eines Rechtsstreites berufen sind. Art. 106 PreußVerf., wonach nur die Kammern gehörig verkündete Königliche Verordnungen oder Gesetze zu prüfen haben, steht nicht entgegen; RGZ. 51, 63; 55, 252; 61, 13; RGSt. 34, 121;

OVG. 35, 422; 37, 433; 48, 205; Laband 224; Dambitsch 65; Arndt, Preuß Verf. 110; ebenso Anschütz 47. Den Ländern gegenüber konnte früher der Bundesrat eine solche Entscheidung treffen nach Art. 7 Ziff. 3 der Reichsverf. An seine Stelle tritt nunmehr gemäß G. v. 8. April 1920 (RGBl. 510) das Reichsgericht, dessen Beschluß Gesetzeskraft hat (§ 3). Er ist im RGBl. zu verkünden s. z. B. RGBl. 1920 S. 2016, 1921 S. 735; s. auch Lassar, A. ö. R. 40, 110.

Bei Landessteuervorschriften entscheidet der RFinanzhof nach § 6 LSteuerges. v. 30. März 1920 (RGBl. 402); s. auch zu Art. 19. Der Verwaltungsgerichtshof kann nur entscheiden, ob ein Landesges. mit einem Reichsges. im Widerspruch steht, nicht umgekehrt, da ein Reichsgesetz nicht nachprüfbar und unbedingt verbindlich ist, s. zu Art. 102.

Artikel 14.

Die Reichsgesetze werden durch die Landesbehörden ausgeführt, soweit nicht die Reichsgesetze etwas anderes bestimmen.

Im Zweifel begnügt sich das Reich wie früher mit der Gesetzgebung und überläßt die Ausführung (die Verwaltung) den Ländern. Die Rechtsvermutung spricht für die Zuständigkeit der Landesverwaltung. Die Reichsverwaltung tritt nur ein, wo der Reichsgesetzgeber sie ausdrücklich vorschreibt, was an sich keine Verfassungsänderung darstellt, nur jetzt allerdings in viel weiterem Umfang geschieht als früher, so z. B. bei den Reichsabgaben und Heerwesen; s. Art. 83 und 79. Art. 14 enthält altes Recht; so die Praxis, s. oben S. 35 und dagegen Anschütz 49; über Verwaltungsbefugnisse der Arbeiter- und Wirtschaftsräte s. Art. 163.

Artikel 15.

Die Reichsregierung übt die Aufsicht in den Angelegenheiten aus, in denen dem Reiche das Recht der Gesetzgebung zusteht[1]).

Soweit die Reichsgesetze von den Landesbehörden auszuführen sind, kann die Reichsregierung allgemeine Anweisungen erlassen[2]). Sie ist ermächtigt, zur Überwachung der Ausführung der Reichsgesetze zu den Landeszentralbehörden und mit ihrer Zustimmung zu den unteren Behörden Beauftragte zu entsenden.

Die Landesregierungen sind verpflichtet, auf Ersuchen der Reichsregierung Mängel, die bei der Ausführung der Reichsgesetze hervorgetreten sind, zu beseitigen. Bei Meinungsverschiedenheiten kann sowohl die Reichsregierung als die Landesregierung die Entscheidung des Staatsgerichtshofs anrufen, falls nicht durch Reichsgesetz ein anderes Gericht bestimmt ist[3]).

[1]) Auch soweit das Reich von seiner Gesetzgebungsbefugnis noch keinen Gebrauch gemacht hat, hatte es schon früher und hat es jetzt die sog. selbständige Beaufsichtigungsbefugnis; Triepel, Reichsaufsicht 133 und 411f.; v. Schwartze, StenBerRT. 1867 S. 315; Arndt, RVerordnungsr. 91, Staatsr. S. 108; Zorn I 426; Hänel 305; Laband I 108; siehe dagegen Posadowsky, StenBerRT. 1906 S. 2867, Anschütz 50, Poetzsch 63. Das Recht der Beaufsichtigung wendet sich nicht gegen die Untertanen, sondern gegen die Länder und deren Behörden. Es wird geltend gemacht gemäß Abs. 2 und 3.

[2]) Solche allgemeinen Anweisungen geben keine neuen Rechte und Pflichten den Untertanen; sind also das, was die Theorie unter Verwaltungsverordnungen versteht und verschieden von den Verwaltungsvorschriften i. S. Art. 77; s. dagegen Anschütz zu Art. 77. Jedenfalls bedarf es für solche Anweisungen nicht der Zustimmung des Reichsrats, a. A. Poetzsch 63; ebenso Anschütz 53; s. auch VA. 168f. Die

Gerichte sind bei Auslegung der Gesetze daran nicht gebunden. Die Verletzungen solcher Anweisungen geben keinen Revisionsgrund, s. auch VA. 83.

[3]) Die Mängelabhilfe stand früher beim Bundesrat, der auch bei Meinungsverschiedenheiten zu entscheiden hatte, soweit nicht die ordentlichen Gerichte zuständig waren. Der Entscheidung des Staatsgerichtshofs haben sich die Länder bei Vermeidung der Reichsexekution zu unterwerfen (Art. 48 Abs. 1). Die Anrufung des Staatsgerichtshofs hemmt die Ausführung nicht, Anschütz 53.

Artikel 16.

Die mit der unmittelbaren Reichsverwaltung in den Ländern betrauten Beamten sollen in der Regel Landesangehörige sein. Die Beamten, Angestellten und Arbeiter der Reichsverwaltung sind auf ihren Wunsch in ihren Heimatgebieten zu verwenden, soweit dies möglich ist und nicht Rücksichten auf ihre Ausbildung oder Erfordernisse des Dienstes entgegenstehen.

Dies ist nur eine sog. Sollvorschrift. Heimat ist nicht gleichbedeutend mit Heimatstaat, Anschütz 55.

Artikel 17[1]).

Jedes Land muß eine freistaatliche Verfassung haben[2]). Die Volksvertretung muß in allgemeiner, gleicher, unmittelbarer und geheimer Wahl[3]) von allen reichsdeutschen[4]) Männern und Frauen nach den Grundsätzen der Verhältniswahl gewählt werden[5]). Die Landesregierung bedarf des Vertrauens der Volksvertretung[6]).

Die Grundsätze für die Wahlen zur Volksvertretung gelten auch für die Gemeindewahlen[7]). Jedoch kann durch Landesgesetz die Wahlberechtigung von der Dauer des Aufenthalts in der Gemeinde bis zu einem Jahre abhängig gemacht werden[8]).

[1]) Durch diesen Artikel ist die Unabhängigkeit der Länder vom Reich tatsächlich aufgehoben, was auch bei den Verhandlungen der Nationalversammlung S. 1260f. hervorgehoben wurde; s. auch VA. 110, 437.

[2]) Das Reich hat Aufsichts- und Mängelabhilferecht.

[3]) Also ist Wahl durch eine einzelne Klasse (Rätediktatur) verfassungswidrig, Haas, StenBer. NV. 1258. Ein bestimmtes Alter für aktives und passives Wahlrecht ist in Art. 17 nicht vorgeschrieben, VA. 111.

[4]) Früher konnte nur der Angehörige eines bestimmten Landes in diesem Lande an den Staats- und Kommunalwahlen teilnehmen; Laband I 157; Seydel 51; Meyer-Anschütz § 214; Arndt, Vorbemerkung zu Tit 2 a. Preuß Verf. Schlußprotokoll v. 23. Nov. 1870 in StenBer. des außerord. Reichst. 1870 S. 147, 163.

[5]) Die einzige Beschränkung besteht darin, daß die Gemeindewahlberechtigung an einen mindestens einjährigen Aufenthalt in der Gemeinde geknüpft ist. Die einzige Schranke bildet also jetzt der letzte Satz in Art. 17.

[6]) Das Vertrauen kann auch durch die Wahl ausgesprochen werden, Preuß VA. 111.

[7]) Gemeint nur Ortsgemeinde-, nicht Stadtrat-, Bürgermeister-, Kreiswahlen usw.

[8]) Wegen Helgoland s. zu Art. 178.

Artikel 18.

Die Gliederung des Reichs in Länder soll unter möglichster Berücksichtigung des Willens der beteiligten Bevölkerung der wirtschaftlichen und

kulturellen Höchstleistung des Volkes dienen. Die Änderung des Gebiets von Ländern und die Neubildung von Ländern innerhalb des Reichs erfolgen durch verfassungsänderndes Reichsgesetz.

Stimmen die unmittelbar beteiligten Länder zu, so bedarf es nur eines einfachen Reichsgesetzes.

Ein einfaches Reichsgesetz genügt ferner, wenn eines der beteiligten Länder nicht zustimmt, die Gebietsänderung oder Neubildung aber durch den Willen der Bevölkerung gefordert wird und ein überwiegendes Reichsinteresse sie erheischt.

Der Wille der Bevölkerung ist durch Abstimmung festzustellen. Die Reichsregierung ordnet die Abstimmung an, wenn ein Drittel der zum Reichstag wahlberechtigten Einwohner des abzutrennenden Gebiets es verlangt.

Zum Beschluß einer Gebietsänderung oder Neubildung sind drei Fünftel der abgegebenen Stimmen, mindestens aber die Stimmenmehrheit der Wahlberechtigten erforderlich. Auch wenn es sich nur um Abtrennung eines Teiles eines preußischen Regierungsbezirkes, eines bayerischen Kreises oder in anderen Ländern eines entsprechenden Verwaltungsbezirkes handelt, ist der Wille der Bevölkerung des ganzen in Betracht kommenden Bezirkes festzustellen. Wenn ein räumlicher Zusammenhang des abzutrennenden Gebiets mit dem Gesamtbezirke nicht besteht, kann auf Grund eines besonderen Reichsgesetzes der Wille der Bevölkerung des abzutrennenden Gebiets als ausreichend erklärt werden.

Nach Feststellung der Zustimmung der Bevölkerung hat die Reichsregierung dem Reichstag ein entsprechendes Gesetz zur Beschlußfassung vorzulegen.

Entsteht bei der Vereinigung oder Abtrennung Streit über die Vermögensauseinandersetzung, so entscheidet hierüber auf Antrag einer Partei der Staatsgerichtshof für das Deutsche Reich.

Durch Art. 167 sind die Absätze 3—6 bis zum 13. August 1921 suspendiert. Schon vorher können Änderungen des Gebiets von Ländern und Neubildung von Ländern durch verfassungänderndes Reichsgesetz erfolgen; s. namentlich VA. 429 f. StB. 2148. Abs. 1 ist bloßes Raisonnement, Koch VA. 434. Einfaches Reichsgesetz genügt, wenn die beteiligten Länder zustimmen. Ist letzteres nicht der Fall, so genügt ein einfaches Reichsgesetz vor dem 11. August 1921 nicht. Poetzsch 70. Solche Gesetze z. B. v. 23. April 1920 (RGBl. 842) über Thüringen und Koburg s. auch V. v. 21. Juni 1920 (RGBl. 1329). S. zu Art. 18 StB. 2142 f. Darüber, ob ein überwiegendes Reichsinteresse i. S. des Abs. 4 vorliegt, entscheidet souverän der Reichsgesetzgeber (s. dagegen Sänger, RVf. 70). Die RR. kann informatorisch stets eine Abstimmung herbeiführen, wie der Wille der Bevölkerung ist (s. a. A. Giese, A. 19). Beteiligt sind nur die Länder, deren Gebietsstand unmittelbar berührt wird (s. auch Giese, A. 10 zu Art. 18). Wie die Zustimmung erteilt wird, bestimmt sich nach Landesrecht. S. Art. 1 PrVerf.

S. auch StB. 1837, Koch VA. 434, Art. 1 PrVerf.; Arndt, das. 46, unten zu Art. 167; Stier-Somlo, Verf. 53 f.; Lukas, Die organisatorischen Grundgedanken der RV.; Nawiasky in Hirths Ann. 1920, 1; Altenberg, AöR. 40, 173. Für Oberschlesien s. Art. 167.

Artikel 19.

Über Verfassungsstreitigkeiten[1]) innerhalb eines Landes, in dem kein Gericht zu ihrer Erledigung

besteht[2]), sowie über Streitigkeiten nichtprivatrechtlicher Art[3]) zwischen verschiedenen Ländern oder zwischen dem Reiche und einem Lande entscheidet auf Antrag[4]) eines der streitenden Teile der Staatsgerichtshof für das Deutsche Reich, soweit nicht ein anderer Gerichtshof des Reichs zuständig ist[5]).

Der Reichspräsident vollstreckt das Urteil des Staatsgerichtshofs.

[1]) Eine Verfassungsstreitigkeit liegt nur bei einem Streite zwischen Regierung und Volksvertretung oder zwischen RT. und RR. vor (Bundesratsprot. 1874 § 94; Laband I 271; Seydel 408; Arndt 112; Preuß Verf. 63; Zorn I 172; Dambitsch 673; RT. v. 12. Mai 1869 StenBer. 940; Posadowsky, 24. Jan. 1905 StenBerRT. 4001; s. auch StenBerRT. 1901, 3083; 1902, 3831; 1906, 4170; 1907, 617; 1909/10, 1325; s. auch Triepel 131, 359; a. A. Berichterstatter Kahl VA. 409, Anschütz 67, die annehmen, daß der Streit nicht zwischen der Volksvertretung und Regierung zu sein braucht. Gegenstand des Verfassungsstreites können sowohl die Auslegung wie die Ausführung, wie endlich die Rechtmäßigkeit der Verfassung sein (Seydel 408); s. auch VA. 113, 408; St. 1208, 1262.

[2]) In Bundesstaaten, in denen für Fälle von Verfassungsstreitigkeiten gesetzliche Vorkehrung darüber getroffen ist, wie solche durch Richterspruch zu entscheiden sind, z. B. in Sachsen, Oldenburg, Braunschweig, Altenburg, Bremen und Lübeck, kommt Art. 19 also nicht zur Anwendung; s. auch Giese, A. 3; Anschütz 67.

[3]) Streitigkeiten wegen Armenlasten usw. werden, wenn zwei Bundesstaaten in Betracht kommen, vom Bundesamt für das Heimatwesen entschieden (Gesetz über den Unterstützungswohnsitz v. 30. Mai 1908, RGBl. 380, §§ 37 ff.); Riedel 162; Triepel 459.

[4]) Also nur auf Anrufen einer Landesregierung oder eines

Landtags; s. Anm. 1 und Seydel 405; Dambitsch 674; s. indes A. 1.

[5]) Art. 19 entspricht Art. 76 der früheren Verfassung mit der Maßgabe, daß an die Stelle des Bundesrats und bzw. des Reichsgesetzes der bez. Reichsgerichtshof tritt. Das Gericht muß entscheiden, nicht in anderer Weise erledigen. Der Entscheid hat nicht bloß Rechts-, sondern Gesetzeskraft; s. Triepel, RAufsicht 130; M. Anschütz 790, s. auch oben zu Art. 13.

Zweiter Abschnitt.

Der Reichstag.

Artikel 20.

Der Reichstag besteht aus den Abgeordneten des deutschen Volkes.

Der Reichstag ist die einheitliche Vertretung des ganzen einheitlichen (Preuß, VA. 241) deutschen Volks, nicht der Bevölkerungen der verschiedenen Länder. Seine Mitglieder sind nicht bloß Vertreter ihrer Wahlkreise, die durch Wahlges. v. 27. April 1921 (RGBl. 627) nicht mehr an Landesgrenzen gebunden sind. Der Reichstag besaß weder Rechtspersönlichkeit noch Vermögen und es stand das Hausrecht und die Vertretung des Reichstagsgebäudes früher dem Reichsamt des Innern zu. OVG. 51, 121, s. auch Hatschek, Parlamentsrecht 213f. Auch jetzt noch besitzt der Reichstag keine Rechtspersönlichkeit, noch Vermögen, s. auch VA. 247, doch übt der Präsident nunmehr das Hausrecht und die Polizei im Reichstagsgebäude aus und vertritt das Reich als Eigentümer des Reichstagsgebäudes in allen Rechtsgeschäften und Rechtsstreitigkeiten, die sich auf das Reichstagsgebäude beziehen; Art. 28. Der frühere Reichstag stand weder über noch unter Kaiser und Bundesrat; der jetzige als hauptsächlicher Präsentant des souveränen deutschen Volkes ist die höchste Gewalt im Reich.

Artikel 21.

Die Abgeordneten sind Vertreter des ganzen Volkes. Sie sind nur ihrem Gewissen unterworfen und an Aufträge nicht gebunden.

Art. 21 entspricht Art. 29 der früheren Verfassung. Vertreter sind die Abgeordneten nur im politischen, nicht im rechtlichen Sinne. Sie standen im Gegensatz zu den ehemaligen Bundesratsmitgliedern, die nach Aufträgen und nach Instruktionen stimmen mußten. Es ist nicht verboten, den Abgeordneten von ihren Wählern Aufträge und Instruktionen zu erteilen, BA. 248 f., nur sollen die Abgeordneten nicht daran gebunden sein, d. h. sie sollen ihre Abstimmung stets so treffen, wie sie das als Vertreter des gesamten Volks vor ihrem Gewissen vertreten können; s. auch Dambitsch 455; Anschütz 73; Giese 98. Die Annahme von Geschenken oder Geld für Vertretung von Interessen ist unsittlich, aber nicht strafbar, Art. 116 RV.; BGB. § 817 kann dabei nicht zur Anwendung kommen, da beide Teile unsittlich handeln.

Artikel 22.

Die Abgeordneten werden in allgemeiner, gleicher, unmittelbarer und geheimer Wahl von den über zwanzig Jahre alten Männern und Frauen nach den Grundsätzen der Verhältniswahl gewählt. Der Wahltag muß ein Sonntag oder öffentlicher Ruhetag sein.

Das Nähere bestimmt das Reichswahlgesetz.

Früher galt das Wahlgesetz v. 31. Mai 1869 (BGBl. 145). Danach hatten Frauen kein Wahlrecht, war das aktive und passive Wahlrecht an das 25. Lebensjahr geknüpft und bestand nicht die Verhältniswahl. Die Wahlen zur Nationalversammlung fanden auf Grund der Wahlordnung v. 30. Nov. 1918

(RGBl. 1345) nach gleichen Grundsätzen wie in Art. 22 statt. Es gilt Reichswahlges. v. 27. April 1920 (RGBl. 627) nebst Wahlordn. v. 1. Mai 1920 (RGBl. 713). Es entfällt auf je 60000 Stimmen ein Abgeordneter. Eine festbestimmte Zahl von Abgeordneten ist also nicht vorhanden.

Artikel 23.

Der Reichstag wird auf vier Jahre gewählt[1]). Spätestens am sechzigsten Tage nach ihrem Ablauf muß die Neuwahl stattfinden[2]).

Der Reichstag tritt zum ersten Male spätestens am dreißigsten Tage nach der Wahl zusammen[3]).

[1]) Nach Art. 24 der früheren Reichsverfassung in Fass. G. v. 19. März 1888 (RGBl. 110) dauerte die Legislaturperiode des Reichstages fünf Jahre. Es war streitig, wie diese zu berechnen war, ob nach dem Wahltage oder wie in England und Österreich nach dem Zusammentritt. Nunmehr steht fest, daß die Dauer des Reichstages vom Wahltage zu berechnen ist. Fraglich ist, ob die Neuwahl ohne Auflösung vor Ablauf der vier Jahre zulässig ist. Diese Frage dürfte zu bejahen sein, weil es mit der früheren konstitutionellen Theorie übereinstimmt, die in der Dauer nur einen längstzulässigen Zeitraum (utmost extent) sah; s. Arndt, HA. 1903, 721f. Nach der Ansicht des Berichterstatters Katzenstein StenBer. S. 1263 muß sogar der neue Reichstag während des Bestehens des alten gewählt werden.

[2]) Die Reichsverfassung sagt nicht, daß die Wähler spätestens am sechzigsten Tage der Wahl von selbst zusammentreten können. Dies ist nicht zulässig.

[3]) Nach der konstitutionellen Theorie (Montesquieu) konnte das Parlament nicht von selbst zusammentreten. Jedenfalls konnte der frühere deutsche Reichstag nur durch den Kaiser berufen werden. Das englische Parlament kann beim Todesfall des Monarchen von selbst zusammentreten. In Über-

einstimmung mit der belgischen, französischen usw. Verfassung tritt der Reichstag in den Fällen des Art. 23 und Art. 24 Satz 1 von selbst zusammen, sonst nur auf (jederzeit zulässige, Poetzsch 75) Berufung des Reichstagspräsidenten; s. auch Geschäftsordn. d. RT. zu Art. 26.

Artikel 24.

Der Reichstag tritt in jedem Jahre am ersten Mittwoch des November am Sitze der Reichsregierung[1]) zusammen. Der Präsident des Reichstags muß ihn früher berufen, wenn es der Reichspräsident oder mindestens ein Drittel der Reichstagsmitglieder[2]) verlangt.

Der Reichstag bestimmt[3]) den Schluß der Tagung[4]) und den Tag des Wiederzusammentritts.

[1]) Die Berufung des Reichstags an einen anderen Ort widerspricht Art. 24 und ist nur durch verfassungändernddes Gesetz zulässig.

[2]) Hier ist die gesetzliche Sollzahl gemeint.

[3]) Nach der früheren Reichsverfassung konnte der Reichstag nur durch den Kaiser berufen, vertagt, beschlossen und aufgelöst werden. Nur das Sichvertagen, sog. adjournement, stand dem Reichstag selbst zu, siehe hierzu Arndt, HA. 1903, 721 und Art. 12 der früheren Verfassung; s. ferner G. Meyer § 124; ferner Seydel zu Art. 12 u. a. Die Unterscheidungen zwischen Vertagung und Schluß bzw. Auflösung sind bestehen geblieben. Die Vertagung hindert nicht die sog. Kontinuität, d. h. die Geschäfte werden nach Wiederbeginn der Verhandlungen in der früheren Lage wieder aufgenommen und es bedarf keiner Wiedereinbringung der Vorlagen noch einer Neukonstituierung des Reichstages. Im Falle der Schließung oder Auflösung gilt die neue Tagung nicht als Kontinuation der alten, das Präsidium und die Ausschüsse müssen von neuem gebildet, alle nicht erledigten Geschäfte müssen ganz von

neuem in Antrag gebracht und wieder von Anfang behandelt werden; § 70 der Geschäftsordnung für den Deutschen Reichstag. Dies entspricht nicht nur der englischen Parlamentspraxis und dem parlamentarischen Gewohnheitsrecht, sondern folgt aus den Worten und Begriffen Vertagung, Schließung, Auflösung. Ausnahmen von vorstehenden Regeln, d. h. die Kontinuität nach dem Schluß können nur durch Gesetz geschehen, wie solche am 23. Dez. 1874 (RGBl. 194) und 20. Febr. 1875 (RGBl. 15, 23) stattgefunden haben. Siehe hierzu noch Arndt l. c.; ferner Meyer, Lehrb. § 131; Zorn I 423; Laband I 317; Perels, Reichstagsr. 105f., StenBerRT. 1882, 511; 1890, 654; Poetzsch 54; Anschütz 77. Während der Vertagung dauern die Immunitäten des Abgeordneten fort, indes (streitig) nicht sein Urlaub, siehe auch unten zu Art. 37.

[4]) Tagung ist gleichbedeutend mit „Sitzungsperiode", Preuß, StenBer. 2107.

Artikel 25.

Der Reichspräsident kann den Reichstag auflösen[1]), jedoch nur einmal aus dem gleichen Anlaß[2]).

Die Neuwahl findet spätestens am sechzigsten Tage nach der Auflösung statt[3]).

[1]) Die Auflösung hat ipso jure die Schließung des Reichstags, das Ende der Tagung, zur Folge, s. indes Art. 27. Ein nach der Auflösung zusammenbleibender oder zusammentretender Reichstag ist kein Reichstag. Der einmal aufgelöste Reichstag kann nicht wieder zusammenberufen werden; Zorn I 221; Laband I 344; G. Meyer § 130; Dambitsch 445. Auflösen heißt (Seydel 205) ihm seine Eigenschaft als Reichstag nehmen. Nach der Ansicht (Laband I 340; G. Meyer § 102; Seydel 204; Perels, AöR. 19, 1; v. Jagemann, Vorträge 130; Anschütz, RStR. 568), wonach der Reichstag

schon mit dem Wahltage existent wird, kann er schon von da ab aufgelöst werden. Dagegen nimmt das belgisch-französische Recht an, daß ein Parlament vor der Konstituierung noch nicht existiert (il y a des élements d'un corps, pas un corps lui-même) und also nicht vorher aufgelöst werden kann; so J. J. Thonissen, Const. belg. nr. 323; Beltgens, Const. belg. art. 71. Die gegenteilige Ansicht kostete Karl X. von Frankreich den Thron. Für diese Reichsverfassung muß gelten, daß eine Auflösung vor der Konstituierung unzulässig ist; s. Arndt, PreußJahrb. 1903, 442; HA. 1903, 721; weil ein Reichstag vorher nicht besteht und weil ferner zur Auflösung ein „Anlaß" vorhanden sein muß; s. Abs. 1. Die Auflösung bedarf der Gegenzeichnung, Art. 50.

[2]) Früher war die Zahl der Auflösungen in das Belieben des Bundesrats und Kaisers gesetzt. Die Auflösung kann auch erfolgen, wenn der Reichstag nicht versammelt ist. Auch wenn sie aus gleichem Anlaß wiederholt wird, bleibt sie wirksam; doch kann Art. 59 in Frage kommen. Kraft Gesetzes tritt Auflösung ein im Falle des Art. 43; ebenso Anschütz 79; a. A. Giese A. 4 zu Art. 25; s. auch BA. 251 und Poetzsch 77.

[3]) Von selbst dürfen die Wähler zur Neuwahl nicht zusammentreten. Der Reichspräsident muß die Neuwahl anordnen. Die Neuwahl erfolgt auf vier Jahre. Auch auf den neugewählten Reichstag findet Art. 23 Anwendung.

Artikel 26.

Der Reichstag wählt seinen Präsidenten, dessen Stellvertreter und seine Schriftführer. Er gibt sich seine Geschäftsordnung.

Entspricht Art. 27 der früheren Verfassung. Die Geschäftsordnung wird mit jeder neuen Tagung von neuem festgesetzt, doch wird in der Regel die bisherige beibehalten. Die Nationalversammlung hatte die für den Deutschen Reichstag angenommen.

Die Verfassung überläßt es dem Reichstage, selbständig und ohne Einschränkung sich eine Geschäftsordnung zu geben. Daraus muß gefolgert werden, daß dem Reichstage auch das Recht zustehen muß, in seiner Geschäftsordnung vorzuschre ben, ob, wie lange und in welchen Fällen ein Mitglied von der Teilnahme an den Sitzungen ausgeschlossen werden soll. Anderenfalls und zumal, da andere Staaten (Frankreich, England) ihren gesetzgebenden Körperschaften ähnliche Befugnisse einräumen, hätte die Verfassung keine allgemeinen Befugnisse zum Erlasse der Geschäftsordnung aufstellen dürfen noch aufzustellen nötig gehabt. Ein rechtmäßig ausgeschlossenes Mitglied muß auf Aufforderung den Saal verlassen und darf ihn n cht während der Zeit wieder betreten, widrigenfalls es sich des Hausfriedensbruchs schuldig macht (StrGB. § 123), vgl. RGSt. 47, 270), auch Goldschmidt, JW. 1912, 562; Binding, Handb. II, 281./ Ausschluß verstößt nicht gegen § 113 StGB.

In der Vorschrift in § 19 Abs. 2 der Geschäftsordnung: „Über jeden einzelnen Artikel wird der Reihenfolge nach die Diskussion eröffnet und geschlossen und die Abstimmung herbeigeführt", bedeutet Artikel nicht, wie Laband meinte, jede Rechtsnorm, sondern alles, was in einem Artikel steht, vgl. const. belge art. 41, 42; Arndt, im „Recht" 1903 Nr. 12, und Hubrich, Parlamentarische Redefreiheit 834. Der RT. kann auch beliebig viel Vizepräsidenten wählen.

Artikel 27.

Zwischen zwei Tagungen oder Wahlperioden führen Präsident und Stellvertreter der letzten Tagung ihre Geschäfte fort.

Diese Vorschrift ist neu, s. VA. 257; s. auch Poetzsch 78.

Artikel 28.

Der Präsident übt das Hausrecht und die Polizeigewalt im Reichstagsgebäude aus[1]). Ihm untersteht die Hausverwaltung; er verfügt über die Einnahmen und Ausgaben des Hauses nach Maßgabe des Reichshaushalts[2]) und vertritt das Reich in allen Rechtsgeschäften und Rechtsstreitigkeiten seiner Verwaltung.

[1]) Auch diese Vorschrift enthält im wesentlichen neues Recht und gibt dem Präsidenten die ausschließliche Polizeigewalt, Anschütz 82, 21 A. 257.

[2]) Sie sind in den Reichshaushaltsplan (Art. 85) einzustellen.

Artikel 29.

Der Reichstag verhandelt öffentlich[1]). Auf Antrag von fünfzig Mitgliedern kann mit Zweidrittelmehrheit[2]) die Öffentlichkeit ausgeschlossen werden[3]).

[1]) Die Kommissions-Ausschußsitzungen des früheren Reichstages waren nur für die Reichstagsmitglieder öffentlich. Perels, AÖR. 15, 548; Arndt 137; Seydel 198; s. jetzt Art. 34.

[2]) Hier ist die Istzahl der Anwesenden, nicht die gesetzliche Zahl gemeint; sonst wäre letzteres wie in Art. 76 ausdrücklich vorgeschrieben.

[3]) Die geheimen Verhandlungen haben dieselbe Rechtswirkung wie die öffentlichen, nur nicht den Schutz des Art. 30.

Artikel 30.

Wahrheitsgetreue Berichte[1]) über die Verhandlungen in den öffentlichen Sitzungen[2]) des Reichstags, eines Landtags oder ihrer Ausschüsse bleiben von jeder Verantwortlichkeit frei[3]).

[1]) Gleichviel ob vom Reichstagsabgeordneten oder einem anderen, ob schriftlich oder mündlich erstattet; s. Arndt 137;

E. Hubrich, Die parlamentarische Redefreiheit 46 f.; Binding, Handbuch des deutschen Strafrechts 683; Olshausen und Oppenhoff, Komm. zum StrGB. § 12. Was ein wahrheitsgetreuer Bericht, ist quaestio facti; nicht sind es Berichte über einzelne Stellen oder Bemerkungen über dieselben; RGSt. 15, 32 und 18, 207; vgl. auch v. Liszt, Reichspreßrecht § 45; Seydel 199 f.; Olshausen l. c.; Binding, Handbuch I § 142. Wortgetreu brauchen sie nicht zu sein. Es muß ein objektives Referat über die Verhandlungen oder einen abgeschlossenen Teil derselben vorliegen. Die Wiedergabe einer einzelnen Rede fällt, wenn diese Rede nicht allein an dem fraglichen Tage oder zu dem betr. Gegenstande gehalten wurde, nicht unter Art. 30, Arndt 138; Seydel 201; Dambitsch 426. Im allgemeinen deckt sich Art. 30 mit StrGB. § 12; auch schützt Art. 30 nur Berichte öffentlicher Reichstagssitzungen. Vgl. Olshausen l. c.; Binding, Handbuch 680; s. auch Hubrich, HA. 1897 1 f.; Laband I 346.

[2]) Früher jedenfalls nicht, wohl aber jetzt der Kommissionen, soweit diese öffentlich verhandeln, s. Art. 34, 35. Berichte über Stadtverordnetenversammlungen usw. sind nicht geschützt.

[3]) Straf- und zivilrechtlichen wie dienstlichen (disziplinarischen); s. auch Laband I 321; Olshausen und Oppenhoff, Anm. zu § 12 RStrGB., ferner VA. 269, 456.

Artikel 31.

Bei dem Reichstag wird ein Wahlprüfungsgericht gebildet. Es entscheidet auch über die Frage, ob ein Abgeordneter die Mitgliedschaft verloren hat[1]).

Das Wahlprüfungsgericht besteht aus Mitgliedern des Reichstags, die dieser für die Wahlperiode wählt, und aus Mitgliedern des Reichsverwaltungsgerichts[2]), die der Reichspräsident auf Vorschlag des Präsidiums dieses Gerichts bestellt.

Das Wahlprüfungsgericht erkennt[3]) auf Grund öffentlicher mündlicher Verhandlung durch drei Mitglieder des Reichstags und zwei richterliche Mitglieder.

Außerhalb der Verhandlungen vor dem Wahlprüfungsgerichte wird das Verfahren von einem Reichsbeauftragten geführt, den der Reichspräsident ernennt. Im übrigen wird das Verfahren von dem Wahlprüfungsgerichte geregelt[4]).

[1]) Früher stand dem Reichstage, da er nur die Legitimation des Gewählten zu prüfen hatte, nicht das Recht zu, den Gegenkandidaten einzuberufen. Auch konnte er nur die Wahl im ganzen, nicht Teile für gültig oder ungültig erklären; Arndt 126; Laband I 338; Seydel, HA. 1880 393; Leser, Unters. über das Wahlprüfungsr. des D. Rt. 1908; Perels, Auton. Reichstagsrecht 70. Das gleiche ist für das Wahlprüfungsgericht anzunehmen, da ihm eine Ermächtigung nur zur Entscheidung über die in Abs. 1 beregte Frage gegeben ist, ebenso Anschütz 85.

[2]) Siehe Art. 166.

[3]) Es liegt ein Akt der Rechtsprechung vor, durch den res judicata geschaffen wird. Das Verfahren s. VO. v. 8. Okt. 1920 (RGBl. 1773), vgl. auch Hatschek I 150, StB. 291, 1285.

[4]) Während früher der Reichstag nur durch den Reichskanzler Erhebungen und Vernehmungen herbeiführen lassen konnte, kann das Wahlprüfungsgericht wie der vom Reichspräsidenten ernannte Reichsbeauftragte unmittelbar Gerichts- und Verwaltungsbehörden beauftragen. Mitglieder, deren Wahl beanstandet ist, können nach der Geschäftsordnung § 48 an der Abstimmung über die Gültigkeit ihrer eigenen Wahl nicht teilnehmen. Im übrigen hat der Gewählte bis zur Ungültigkeitserklärung seiner Wahl Sitz und Stimme, Geschäftsordnung § 51.

Artikel 32.

Zu einem Beschlusse des Reichstags ist einfache Stimmenmehrheit[1]) erforderlich, sofern die Verfassung kein anderes Stimmenverhältnis vorschreibt[2]). Für die vom Reichstag vorzunehmenden Wahlen kann die Geschäftsordnung Ausnahmen zulassen[3]).

Die Beschlußfähigkeit wird durch die Geschäftsordnung geregelt[4]).

[1]) Das ist die Mehrheit der Abstimmenden, nicht der Anwesenden. Anwesende, die sich der Stimme enthalten, werden bei Prüfung der Beschlußfähigkeit mitgezählt; Seydel 209.

[2]) S. Art. 29, 43, 59, 74 Abs. 3, 76 Abs. 1.

[3]) Dies geschieht für Mitglieder der Ausschüsse, Schriftführer und die Mitglieder der Reichsschuldenkommission, Geschäftsordnung § 10, s. Art. 26, 31, 34, 35,- VA. 261.

[4]) Früher gehörte zur Beschlußfähigkeit die Anwesenheit der Mehrheit der gesetzlichen Zahl der Mitglieder, indes nicht zur Beratung. Nach Art. 32 ist dies in das Ermessen der Geschäftsordnung gestellt; s. StB. 1289.

Artikel 33.

Der Reichstag und seine Ausschüsse können die Anwesenheit des Reichskanzlers und jedes Reichsministers verlangen.

Der Reichskanzler, die Reichsminister und die von ihnen bestellten Beauftragten haben zu den Sitzungen des Reichstags und seiner Ausschüsse Zutritt. Die Länder sind berechtigt, in diese Sitzungen Bevollmächtigte zu entsenden, die den Standpunkt ihrer Regierung zu dem Gegenstande der Verhandlung darlegen.

Auf ihr Verlangen müssen die Regierungsvertreter während der Beratung, die Vertreter der Reichsregierung auch außerhalb der Tagesordnung gehört werden.

Sie unterstehen der Ordnungsgewalt des Vorsitzenden.

Art. 33 entspricht im wesentlichen dem bisherigen Rechtszustande. Jedoch ist anzuführen, daß die Regierungsvertreter, das sind die Vertreter der Länder bzw. des Reichsrats, nicht außerhalb der Tagesordnung gehört zu werden brauchen, während sie früher jederzeit gehört werden mußten (Art. 9 der früheren Verfassung). Früher war unstreitig, daß Bundesratsmitglieder nicht der Disziplin noch der Ordnungsgewalt des Reichstages unterlagen; wohl aber, daß sie sich Unterbrechungen und Verweisungen auf den parlamentarischen Gebrauch gefallen ließen, oder sogar gefallen lassen mußten, vgl. Arndt zu Art. 12 a. RVf.; Dambitsch 261; Arndt, RStR. 151; Zorn I 237, StBRT. 1873, 655; 188 2, 2535; Bismarck, StBRT. 1879, 270; s. ferner StBRT. 1904, 2712 und 1906, 2261. Nunmehr unterstehen sie der Ordnungsgewalt des Reichstagspräsidenten und sind dessen Ordnungsrufe unterworfen. Immunität für die von ihnen getanen Äußerungen wie die Reichstagsmitglieder haben sie nicht; sie unterstehen dem gemeinen Rechte und können z. B. für Beleidigungen im Wege der öffentlichen wie privaten Klage vor den ordentlichen Gerichten belangt werden, wobei ihnen die Vorschrift des § 193 StGB. zur Seite stehen kann. § 11 RStGB. bezieht sich nicht auf Regierungsvertreter; Olshausen und Oppenhoff zu § 11 StGB.; Hubrich, Redefreiheit S. 356.

Artikel 34.

Der Reichstag hat das Recht und auf Antrag von einem Fünftel seiner Mitglieder die Pflicht,

Untersuchungsausschüsse einzusetzen. Diese Ausschüsse erheben in öffentlicher Verhandlung die Beweise, die sie oder die Antragsteller für erforderlich erachten. Die Öffentlichkeit kann vom Untersuchungsausschuß mit Zweidrittelmehrheit ausgeschlossen werden. Die Geschäftsordnung regelt das Verfahren des Ausschusses und bestimmt die Zahl seiner Mitglieder.

Die Gerichte und Verwaltungsbehörden sind verpflichtet, dem Ersuchen dieser Ausschüsse um Beweiserhebungen Folge zu leisten; die Akten der Behörden sind ihnen auf Verlangen vorzulegen.

Auf die Erhebungen der Ausschüsse und der von ihnen ersuchten Behörden finden die Vorschriften der Strafprozeßordnung sinngemäße Anwendung, doch bleibt das Brief-, Post-, Telegraphen- und Fernsprechgeheimnis unberührt.

Diese Vorschrift greift weiter als Art. 82 PreußVerfUrk.; s. dazu Arndt, PrV. (7) 290 f.

Danach stand der fr. Kommission nicht das Recht zu, unmittelbar Behörden zu requirieren und es war niemand gezwungen, vor ihr auszusagen. Jetzt können die Ausschüsse auf Grund Art. 34 Abs. 3 nicht bloß die ihnen vom RT. übertragenen Befugnisse ausüben, sondern auch die nach der StPO.; s. auch Kahl, DJZ. 25, 3; E. Kaufmann, Untersuchungsausschuß und Staatsgerichtshof, StenBer. NV. 2098; VA. 266; Anschütz 89.

Artikel 35.

Der Reichstag bestellt einen ständigen Ausschuß für auswärtige Angelegenheiten, der auch außerhalb der Tagung des Reichstags und nach der Beendigung der Wahlperiode oder der Auflösung des Reichstags bis zum Zusammentritte des neuen Reichstags tätig werden kann. Die Sitzungen dieses Ausschusses sind nicht öffentlich, wenn nicht der Ausschuß mit Zweidrittelmehrheit die Öffentlichkeit beschließt.

Der Reichstag bestellt ferner zur Wahrung der Rechte der Volksvertretung gegenüber der Reichsregierung für die Zeit außerhalb der Tagung und nach Beendigung einer Wahlperiode einen ständigen Ausschuß.

Diese Ausschüsse haben die Rechte von Untersuchungsausschüssen.

Auch diese Vorschrift ist neu, doch wurde tatsächlich ein solcher Ausschuß schon früher während des Krieges bestellt (StB. 2698), ohne daß diesem die Rechte eines Untersuchungsausschusses, insbesondere für Ermittlungen oder Beweiserhebungen, zustand. „Tagung bedeutet soviel wie Sitzungsperiode", Haußmann und Preuß, StenBer. 2107. Die anderen Ausschüsse außer den in Art. 35 enden mit Schluß der Tagung von selbst. S. auch BA. 267 f., 453 f., StB. 1291.

Artikel 36.

Kein Mitglied des Reichstags oder eines Landtags darf zu irgendeiner Zeit wegen seiner Abstimmung oder wegen der in Ausübung seines Berufs[1]) getanen Äußerungen[2]) gerichtlich[3]) oder dienstlich[4]) verfolgt[5]) oder sonst außerhalb der Versammlung zur Verantwortung gezogen werden.

[1]) Die Immunität bezieht sich auch auf die Tätigkeit in den Kommissionen, nicht aber auf die Tätigkeit außerhalb des Reichstags, also nicht auf Wahlversammlungen, Rechenschaftsberichte usw.; auch nicht auf bloß gesprächsweise Mitteilungen (zu vgl. OTr. v. 13. Okt. 1862, in GA. 13, 62; Dambitsch

459; Binding, Strafrecht I 675; Hubrich 361; Seydel 211; Zorn I 245). Regierungskommissare haben diese Immunität nicht; s. Anm. zu Art. 33.

[2]) Äußerung, gleichviel, ob dieselbe durch Worte, Schrift oder konkludente Handlungen, z. B. demonstratives Nichtaufstehen beim Hoch, erfolgt; Oppenhoff, Komm. zu § 11 StGB. Anm. 4; Olshausen l. c.; auch gleichviel, ob sie sich auf ausgesprochene Meinungen als Resultat des Denkvermögens oder auf die Behauptung und Verbreitung von Tatsachen bezieht; ebenso Reincke 184; nicht aber würde sich die Immunität auf Tätlichkeiten, Schießen erstrecken, da diese über den Begriff „Äußerungen" hinausgehen; Arndt 140; Binding 675; Seydel 212; Dambitsch 460.

[3]) An sich bleibt die Handlung unerlaubt, wenn sie auch nicht verfolgbar ist. Aus letzterem Grunde ist auch eine Kompensation gegen Beleidigungen, die ein Abgeordneter im Berufe getan hat, unstatthaft; RGSt. 4, 14; wohl aber kann die Tatsache, daß ein Abgeordneter in seinem Berufe eine beleidigende Äußerung getan hat, behufs Anwendung des § 193 StGB. auf eine als Erwiderung dienende beleidigende Äußerung eines anderen berücksichtigt werden; Erk. des RG. v. 23. Febr. 1882 in der Rechtsprech. in Strafs. 4, 183; Binding, Strafr. 676; v. Liszt, Lehrb. d. Strafr. § 21; Olshausen l. c.; s. dagegen Hubrich 340, 346 f.; Fuld, Gerichtssaal 35, 532 f.; Sonntag, Der besondere Schutz der Mitglieder des Deutschen Reichstags usw. (1895) 16. Die Zurdispositionsstellung der politischen Beamten fällt nicht unter das Verbot des Art. 30; Arndt, DJZ. 1900, 112, Reichsstaatsr. 651, DJZ. 1899, 445; ebenso Meyer-Anschütz, § 105 Anm. 15; Rehm, DJZ. 1900, 112; Geigel, AöR. 17, 446 (and. Ans. Hubrich 317, 393), weil der Grund der Zurdispositionsstellung nicht angegeben zu werden braucht. Auch zivilrechtlich kann der Abgeordnete nicht zur Verantwortung gezogen werden; Hubrich 383; Dambitsch 462; and. Ans. Laband I 357.

Wegen Durchsuchung s. Art. 38.

[4]) Gleich disziplinarisch.

[5]) Art. 36 entspricht dem § 11 StrGB.

Artikel 37 [1]).

Kein Mitglied des Reichstags oder eines Landtags kann ohne Genehmigung des Hauses [2]), dem der Abgeordnete angehört, während der Sitzungsperiode [3]) wegen einer mit Strafe bedrohten Handlung zur Untersuchung [4]) gezogen oder verhaftet werden, es sei denn, daß das Mitglied bei Ausübung der Tat oder spätestens im Laufe des folgenden Tages festgenommen ist [5]).

Die gleiche Genehmigung ist bei jeder anderen Beschränkung der persönlichen Freiheit erforderlich, die die Ausübung des Abgeordnetenberufs beeinträchtigt [6]).

Jedes Strafverfahren [7]) gegen ein Mitglied des Reichstags oder eines Landtags und jede Haft [8]) oder sonstige Beschränkung seiner persönlichen Freiheit wird auf Verlangen des Hauses, dem der Abgeordnete angehört, für die Dauer der Sitzungsperiode aufgehoben [9]).

[1]) Art. 37 gibt die Immunität anders wie Art. 31 a. RV. auch den — und zwar allen — Landtagsabgeordneten, Anschütz 92, VA. 272.

[2]) Die Genehmigung des Hauses ist die Vorbedingung, daß die Untersuchung oder Verhaftung vorgenommen werden darf. Der Verzicht des Reichstagsmitglieds auf seine Immunität genügt nicht. Die Genehmigung braucht nicht eingeholt zu werden zur Fortsetzung eines vor Beginn der Sitzungsperiode begonnenen Strafverfahrens; RGSt. 27, 385; 38, 179; Reincke 184; s. indes Abs. 3 und zu Art. 35 Anm. letzter Satz.

³) Also auch nicht während der Vertagung (BA. 273, 456), sondern erst nach Schluß der Tagung oder Auflösung des Reichstags; KG. 10. Juni 1907, DJZ. 1262; RGZ. 22, 379; Arndt 133; Seydel in HA. 1882, 352 Anm. 11; Laband I 357; G. Meyer, Staatsr. § 133 Anm. 14; RGSt. 22, 379; s. auch StenBerRT. 1890/91 S. 1041; 1883 S. 1387 und 1885 S. 1041 f.

⁴) D. i. auch Haussuchung, auch die Voruntersuchung, auch Recherche nach dem Aufenthalt, Dambitsch 466, auch Zustellung einer Privatklage RT. StB. 5523 D. Die Vorschrift betrifft dagegen nicht das sog. Vorbereitungsverfahren, wenigstens soweit dieses nicht speziell gegen die Person des Abgeordneten gerichtet ist. Ordnungsstrafen und administrative Zwangsmaßregeln fallen gleichfalls nicht hierher, Arndt 142; Dambitsch 469; s. indes Anm. 5, wohl aber Disziplinaruntersuchungen, vgl. auch Seydel in HA. 1880, 352 Anm. 3. Was „Untersuchung" ist, beantwortet sich nicht nach RStrPO., sondern dem älteren, namentlich PreußR. (V. v. 3. Jan. 1849), so RGSt. 24, 306.

⁵) Ist das Mitglied bei Ausübung der Tat (Löwe-Rosenberg zu § 104 StrPO. Anm. 2) oder im Laufe des nächstfolgenden Tages ergriffen, was den Versuch voraussetzt, sich der Haft zu entziehen, StenBerRT. 9. LegPer. 4. Sess. 2096, so ist die Verhaftung eine definitive und bedarf nicht der in Abs. 2 vorgeschriebenen Genehmigung des Reichstags; Seydel in HA. 1880, 353 Anm. 2; Sonntag 63 f.; G. Meyer § 133 Anm. 13; Zorn I 233; Giese 126; BA. 270 f.

⁶) Der zwangsweisen Vorführung eines Reichstagsabgeordneten nach StrPO. § 229 Abs. 2 steht Art. 34 RV. nicht entgegen: RGSt. 38, 179; StenBerRT. 1904, 1452; v. Rönne I 276; DJZ. 1904, 358, soweit sie nicht die Ausübung des Abgeordnetenberufs ausschließt. Auch ist Strafe aus § 180 GVG. gegen einen Anwalt zulässig, KG. 41, 358 zu Art. 84 PreußVerf.; Seydel 214; Sonntag zu § 11 StGB. Le-

wald im Gerichtssaal 39, 7, vorausgesetzt jetzt, daß die Ausübung des Abgeordnetenberufs nicht gehindert wird.

[7]) D. i. im allgemeinen nicht das Strafvollstreckungsverfahren. Ein solches kann auch auf Verlangen des Reichstags nicht aufgehoben werden; Laband I 359; Seydel, Komm. zu Art. 31 Anm. 3, in HA. 1880, 353; G. Meyer §§ 105, 133; Fuld, Gerichtssaal 35, 544f., 552f.; v. Rönne-Zorn I 386; Sonntag 59; s. auch StenBerRT. 1873, 39f.; 1874, 244f., 725f., 550; 1875, 76, 471f.; v. Savigny in Fleischmanns Staatswörterbuch 19. S. indes Anm. 8. Jedoch ist das Strafvollstreckungsverfahren unzulässig, wenn und soweit es die Ausübung des Abgeordnetenberufes beeinträchtigt.

[8]) Auch im Unterschied vom früheren Recht Strafhaft; s. auch Anm. 6; bezieht sich auch auf Schutzhaft und Zivilhaft s. ZPO. § 905.

[9]) Andererseits ruht die Verjährung, solange wegen der Vorschrift des Art. 31 die Strafverfolgung nicht begonnen oder nicht fortgesetzt werden kann, und ist sie nicht davon abhängig, daß die Genehmigung des Reichstags zur Strafverfolgung nachgesucht, aber abgelehnt worden ist; RGSt. 33, 410f., § 69 Abs. 1 in der Fassung d. G. v. 16. März 1893 (RGBl. 133); s. auch Käckel, Z. f. ges. Strafrechtsw. 41, 710.

Artikel 38.

Die Mitglieder des Reichstags und der Landtage sind berechtigt, über Personen, die ihnen in ihrer Eigenschaft als Abgeordneten Tatsachen anvertrauen, oder denen sie in Ausübung ihres Abgeordnetenberufs solche anvertraut haben, sowie über diese Tatsachen selbst das Zeugnis zu verweigern[1]). Auch in Beziehung auf Beschlagnahme von Schriftstücken stehen sie den Personen gleich, die ein gesetzliches Zeugnisverweigerungsrecht haben[2]).

Eine Durchsuchung oder Beschlagnahme darf in den Räumen des Reichstags oder eines Landtags nur mit Zustimmung des Präsidenten vorgenommen werden[3]).

[1]) Die Vorschrift ist neu; s. auch Anschütz 94; Giese 128; Poetzsch 89. Ein Zeugnisverweigerungsrecht war den Reichstagsabgeordneten weder in Artikel 31 der früheren Verfassung, noch in StPO. §§ 51—55 verliehen worden. Zur Vernehmung eines Reichstagsabgeordneten während der Sitzungsperiode oder seines Aufenthalts in Berlin in einem Zivil- oder Strafverfahren außerhalb Berlins ist die Genehmigung des Reichstags erforderlich; StPO. §§ 49, 72; ZPO. §§ 381, 402.

[2]) S. StPO. §§ 95, 97.

[3]) Eine Durchsuchung in der Wohnung eines Abgeordneten, z. B. nach einem Dritten, der sich dort versteckt hält oder nach von einem Dritten dort gehamstertem Gut ist zulässig; s. Kahl und Zweigert, StB. 2109, BA. 457.

Artikel 39.

Beamte und Angehörige der Wehrmacht bedürfen zur Ausübung ihres Amtes als Mitglieder des Reichstags oder eines Landtags keines Urlaubs.

Bewerben sie sich um einen Sitz in diesen Körperschaften, so ist ihnen der zur Vorbereitung ihrer Wahl erforderliche Urlaub zu gewähren.

Entspricht Artikel 21 der früheren Verfassung, erweitert diesen, insofern die Berechtigung auch den Angehörigen der Wehrmacht erteilt wird. Der Art. 39 bezieht sich nicht auf Kommunalwahlen, S. 2109, wohl aber auf alle, wo immer im Deutschen Reich stattfindenden Landtagswahlen. Beamte in diesem Sinne sind alle unmittelbaren und mittelbaren Reichs- und Staatsbeamten, also auch Kommunalbeamte, nicht aber sogenannte Privatbeamte oder Hofbeamte (StenBerRT.

1873, 210; 1880, 479; 1893, 1323). Auch Geistliche der öffentlich aufgenommenen Religionsgesellschaften, obgleich sie als solche keine Staatsbeamten sind, dürften nunmehr unter die Vorschrift des Art. 39 fallen; vgl. Hatschek, Das Parlamentsrecht des Deutschen Reichs 598; Seydel 197; v. Rönne I 247; s. auch Bismarck, StenBer. des verfassungsber. Reichstags 1867, 430; s. indes Arndt zu PrV. Art. 11 Abs. 4. Die Beamten bedürfen zwar nicht im Falle des Abs. 1, wohl aber in dem des Abs. 2 (s. StenBer. 2109) der Erlaubnis ihrer vorgesetzten Behörde, doch haben sie in jedem Falle den Urlaubsantritt mitzuteilen, s. auch PrV. Art. 11 Abs. 3.

Fraglich ist, ob sie, wenn sie in den Reichstag eintreten, die dadurch verursachten Stellvertretungskosten zu tragen haben. Der Antrag Grumbrecht im verfassungberatenden Reichstage 1867 (StenBer. 704, 711), daß sie von den Stellvertretungskosten befreit sein sollen, wurde abgelehnt. Danach verbleibt es bei dem Landesrecht (Arndt 159, 662; G. Meyer § 150; Brockhaus, „Stellvertretungskosten" bei v. Holtzendorff III 782; ebenso Seydel 197; Laband I 336). In Preußen nahm das OTr. Entsch. 52, 320 in Übereinstimmung mit Staatsministerialbeschluß v. 22. Sept. 1863 (JMBl. 234) an, daß die in den Preußischen Landtag gewählten Abgeordneten die durch ihre Stellvertretung dem Staate oder den Gemeinden entstehenden Kosten zu tragen haben (and. Ans. v. Rönne, Preuß. Staatsr. I § 59; G. Meyer, Lehrb. § 150; H. Schulze, Lehrb. I 593). Das Staatsministerium hat am 24. Okt. 1869 beschlossen, daß die Stellvertretungskosten unmittelbarer Staatsbeamten bis auf weiteres auf Staatsfonds zu übernehmen sind, VMBl. 276 und JMBl. 234.

Für Reichsbeamte trägt die Reichskasse die Stellvertretungskosten, RBG. 19 Abs. 2. Für Kommunalbeamte s. (Kautz und Appelius, Preuß. Kommunalbeamtenrecht 12) 320; Reincke 177; Posadowsky, StenBerRT. 77, 1907, 1598 BC. Die Frage ist von der NatVers. offen geblieben, sie soll im neuen Beamtengesetz geregelt werden; s. Haußmann 2110. Keinesfalls kann die Aufwandentschädigung auf das Gehalt angerechnet oder zu den Stellvertretungskosten herangezogen werden, Poetzsch 90; s. auch Arndt, PrV. 62, 122.

Artikel 40.

Die Mitglieder des Reichstags erhalten das Recht zur freien Fahrt¹) auf allen deutschen Eisenbahnen sowie Entschädigung²) nach Maßgabe eines Reichsgesetzes.

¹) Die sich nur auf die Person beschränkende Befreiung bezieht sich nach der in der NatVers. gegebenen authentischen Interpretation auf „alle dem allgemeinen Verkehr dienende Eisenbahnen, Nebenbahnen und Kleinbahnen," (Haußmann und Preuß 2110), nicht auf Straßenbahnen, noch auf Wasser- oder Luftfahrt; bei Schlafwagen- und Luxuszugbenutzung ist tarifmäßiger Zuschlag erforderlich.

²) Die nicht abtret-, pfänd- noch verzichtbare Entschädigung (Ges. v. 10. Juli 1920 [RGBl. 1437]) hat rechtlich nicht den Charakter einer Alimentation, sondern einer Aufwandentschädigung. Sie unterliegt hiernach nicht der Einkommensteuer; s. auch Hatschek 615; Posadowsky, StenBerRT. 1906, S. 3128.

Dritter Abschnitt.

Der Reichspräsident und die Reichsregierung.

Artikel 41.

Der Reichspräsident wird vom ganzen deutschen Volke gewählt.

Wählbar ist jeder Deutsche, der das fünfunddreißigste Lebensjahr vollendet hat.

Das Nähere bestimmt ein Reichsgesetz.

Der Reichspräsident wird nicht wie in Frankreich vom Parlament, sondern wie in den Vereinigten Staaten vom ganzen Volk gewählt. Beschränkungen der Wählbarkeit in bezug auf den Geburtsort oder die Dauer des Aufenthalts im Deutschen Reich oder die Nichtzugehörigkeit zu einem ehemals regierenden Hause sind nicht aufgenommen. In zweiter Lesung war entsprechend dem RegEntwurf im Art. 164 bestimmt, daß kein Mitglied der Familien, die in einem der zum Deutschen Reich gehörigen Länder regiert haben, zum Reichspräsidenten gewählt werden kann, s. StenBer. 2119. Die Wahl erfolgt nach G. v. 4. Mai 1920 (RGBl. 849). Wahlberechtigt ist jeder RTWähler, Wahl ist unmittelbar und geheim. Gewählt ist im ersten Gang, wer die absolute Mehrheit, im zweiten, wer die relative Mehrheit hat. Frauen sind von der Wählbarkeit nicht ausgeschlossen, Art. 109, Abs. 2; Anschütz 100; Giese 134; s. indes auch Spahn StB. 382.

Artikel 42.

Der Reichspräsident leistet bei der Übernahme seines Amtes vor dem Reichstag folgenden Eid:

> Ich schwöre, daß ich meine Kraft dem Wohle des deutschen Volkes widmen, seinen Nutzen mehren, Schaden von ihm wenden, die Verfassung und die Gesetze des Reichs wahren, meine Pflichten gewissenhaft erfüllen und Gerechtigkeit gegen jedermann üben werde.

Die Beifügung einer religiösen Beteuerung ist zulässig.

Diesen Eid hat der Präsident Ebert am 21. August 1919 vor der verfassunggebenden Nationalversammlung geleistet. Schon vor Ableistung des Eides, der nur eine schon vorhandene Pflicht bekräftigt, hat der Reichspräsident die Verfassung und die Gesetze zu wahren. Weigerung des Eides gilt als Verzicht auf die Wahl, anders wie beim Monarchen nach deutschem Staatsrecht; s. hierzu Arndt zur a. PreußVerf. Art. 54. Vor der Eidesleistung kann der Präsident keine Staatsakte vornehmen, a. A. Anschütz 101.

Artikel 43.

Das Amt des Reichspräsidenten dauert sieben Jahre[1]). Wiederwahl ist zulässig.

Vor Ablauf der Frist kann der Reichspräsident auf Antrag des Reichstags durch Volksabstimmung[2]) abgesetzt werden. Der Beschluß des Reichstags erfordert Zweidrittelmehrheit[3]). Durch den Beschluß ist der Reichspräsident an der ferneren Ausübung des Amtes verhindert. Die Ablehnung der Absetzung durch die Volksabstimmung gilt als neue Wahl und hat die Auflösung des Reichstags zur Folge[4]).

Der Reichspräsident kann ohne Zustimmung des Reichstags nicht strafrechtlich verfolgt werden[5]).

[1]) Die Frist rechnet vom Wahltage, jedoch nicht vor Ablauf der Amtsdauer des alten RPräsidenten, Anschütz 103.

[2]) Und zwar einfache Mehrheit der abstimmenden RTWähler.

[3]) Der abstimmenden Mitglieder, nicht der gesetzlichen Zahl.

[4]) Und zwar ipso iure. S. auch H. Pohl, Die Auflösung des Reichstags 1921.

[5]) Er ist also nicht unverletzlich wie der Monarch, a. PrV. Art. 43.

Artikel 44.

Der Reichspräsident kann nicht zugleich Mitglied des Reichstags sein.

Eine solche Unvereinbarkeit galt früher für alle Bundesratsmitglieder: Art. 9 der früheren Verfassung; s. auch oben S. 39. Die Annahme der Wahl zum Präsidenten hat ipso iure den Verlust der RTMitgliedschaft zur Folge, s. Anschütz 103; a. A. Giese 139.

Artikel 45.

Der Reichspräsident vertritt das Reich völkerrechtlich. Er schließt im Namen des Reichs Bündnisse und andere Verträge mit auswärtigen Mächten. Er beglaubigt und empfängt die Gesandten.

Kriegserklärung und Friedensschluß erfolgen durch Reichsgesetz.

Bündnisse und Verträge mit fremden Staaten, die sich auf Gegenstände der Reichsgesetzgebung beziehen, bedürfen der Zustimmung des Reichstags.

Der Reichspräsident hat das ausschließliche Recht zur völkerrechtlichen Vertretung des Reichs, insbesondere auch zur Ratifikation der völkerrechtlichen Verträge. Auch in dem Falle, daß die Verträge der Zustimmung des Reichstages bedürfen, vollzieht nur der Reichspräsident, allerdings mit Gegenzeichnung, Art. 51, die Urkunden. Früher war die Kompetenz zu Vertragschlüssen mit dem Ausland zwischen Reich und Einzelstaaten in derselben Weise verteilt wie die Gesetzgebungs- und Verwaltungskompetenz (Arndt § 62; G. Meyer § 80; Triepel, Völker- und Landesrecht 244; Zorn 502). Jetzt haben die Länder das Recht, völkerrechtliche Verträge ohne Genehmigung des Reichs abzuschließen, verloren, Art. 78.

Wann ein Vertrag in das Gebiet der Gesetzgebung eingreift, hängt davon ab, ob der Gegenstand der Verordnung entzogen und dem Gesetz zusteht; s. hierüber zu Art. 68 f.

Auf dem Gebiete des Post- und Telegraphenwesens gab es Gegenstände, die nach der alten Reichsverfassung vom Kaiser, nach der Nordd. Bundesverfassung vom Präsidium und nach der Preuß Verf. vom Könige allein (ohne Gesetz) geregelt werden konnten, obwohl diese Regelungen Rechtssätze enthielten, z. B. die Gebühren für Postanweisungen, Vorschußsendungen, Drucksachen, Warenproben, Muster, eingeschriebene Sendungen usw., Telegraphengebühren. Die a. Verf.

in Art. 11 Abs. 3 und die neue in Art. 45 Abs. 3 besagen, daß, wenn der Kaiser bzw. der RPräsident über solche Gegenstände, die er allein regeln kann, z. B. Telegraphenverträge, s. Fischer-König, Die Deutsche Post- und Telegraphengesetzgebung (6) 13c, Aschenborn, Postges. 7, einen Vertrag abschließt, dieser auch ohne Zustimmung des Reichstags gültig ist, nicht aber, wenn über solche Gegenstände, welche in das Gebiet der Gesetzgebung gehören, z. B. über die Maß- oder Gewichtsordnung, oder die Haftpflicht der Eisenbahnen unter Abänderung der Handelsgesetzbuchsregeln, oder der Berner Konvention über den Eisenbahnverkehr (RGZ. 22, 181), oder z. B. über das Porto von einfachen Briefen oder die Garantiepflicht der Reichspost für Handlungen fremder Postverwaltungen (jetzt überhaupt Postverträge), über das Strafverfahren (im Grenzverkehr), über Zivil- und Strafrechts-, Zivilprozeß- und Strafprozeßnormen, über Einbürgerungsverträge, Zoll- und Handelsverträge, Verträge, durch welche das Deutsche Reich finanzielle Lasten, Garantien übernimmt. S. auch Art. 48 Abs. 2 der alten RV.; Arndt § 62; E. v. Meier 295; G. Meyer § 190. Auch zur Verlängerung (bzw. Aufhebung ist ev. die Genehmigung vom Reichstag nötig; Laband II 166 Anm. 2; and. Ans. Heilborn AöR. 12, 186. Zur Kündigung ist der Präsident nicht mehr wie früher der Kaiser ev. allein legitimiert und berechtigt; s, Laband II 167. Vom Reichstag genehmigte Verträge, wenn sie mit dem Ratifikationsvermerk im Gesetzblatt bekannt gemacht sind, sind zwar (was für die Frage der Abänderung, Kündigung und Aufhebung von Bedeutung) schon um deswegen keine Gesetze (wie OVG. 63, 169 meint), haben aber (Arndt, VerwA. 23 S. 117) die Kraft von Reichsgesetzen und derogieren widersprechenden Landesgesetzen; Arndt 709, 713; G. Meyer § 189; ebenso auch KG. Jahrb. 18, 76, RGSt. 12, 384; RGZ. 26, 123; 72, 245; 85, 374; der Reichsrat hat das Einspruchsrecht, auch Berufung des Volksentscheids ist zulässig, Wenzel, Juristische Grundprobleme 492; Anschütz 105; Triepel A. ö. R. 39, 505; a. A. Poetzsch, der S. 97 meint, daß, wenn die Zustimmung in Form eines Gesetzes nicht erfolgt ist, der Reichsrat und der Volksentscheid ausgeschlossen sind. Angelegenheiten, die die Regierung ohne Reichstag erledigen kann, z. B. Schiffsvermessungswesen, Prüfungswesen der Ärzte usw. kann jetzt der Präsident (ohne Reichstag) regeln; Arndt und Meyer l. c.; Laband II 165, s. auch VA. 281, Art. 56 EG. z. BGB.: „Unberührt blieben die Bestimmungen der Staatsverträge, die ein Bundesstaat mit einem auswärtigen Staat vor dem Inkrafttreten des Bürgerlichen Gesetzbuchs (1. Jan. 1900) geschlossen hat", bezieht sich nur auf das internationale Privatrecht; s. Planck, Komm. dazu, Anm. 2 und Dambitsch 292; s. auch Laband II 170; Seydel 162, RGZ. 24, 12. Die Zustimmung des RT. war ein bloßes Internum, da die völkerrechtliche Legitimation des Kaisers bzw. Präsidenten durch die Zustimmung weder des Bundes (Reichs-) Rats noch des Reichstags bedingt war; Arndt § 62; and. Ans. E. Meier, Staatsverträge 235 ff.; Seydel 164. Die jetzige Verf. unterscheidet sich von der früheren dadurch, daß sie den Reichsrat bei Verträgen ausschließt und daß sie alle Bündnisse, wie die völkerrechtliche Gültigkeit aller Staatsverträge, die in die Gesetzgebung eingreifen, von der Genehmigung des Reichstags abhängig macht.

Fraglich ist, ob zur völkerrechtlichen Gültigkeit die Genehmigung des Reichstags gehörte, oder ob diese nur ein Internum des Reichs war. Für die letztere Alternative, auch englisches System genannt, Radnitzki 66; s. Arndt § 62; Laband §§ 61/62, II 157 f.; ferner v. Gerber, Staatsrecht (3) § 54 Anm. 2; G. Meyer in HA. 1878, 379; Klöppel in dem PreußJahrb. 52, 294 f.; Reincke, Reichsverfassung; v. Kirchenheim, Staatsr. 429; Anschütz, Staatsr. 618; Heilbron, AÖR. 12, 138; Tezner bei Grünhut 20, 120, Z. f. Politik 9, 536; Fischer, Das Recht des Deutschen Kaisers 138 f.; v. Liszt, Völkerrecht § 21; Dambitsch 298; s. auch Graf Posadowsky, StBR. 2, 1900, 4241; v. Jagemann 166; für die erstere, so daß ev. auch völkerrechtliche Ungültigkeit eintritt, E. Meier,

Staatsverträge 235 ff., 273 ff.; Zorn § 18; Störck unter „Staatsverträge" in v. Stengels Wörterbuch II 516; O. Gierke bei Grünhut 6, 261; Pröbst in HA. 1882, 121 ff.; Schön in der Zeitschrift für Völkerrecht und Bundesstaatsrecht 1912 Heft 5. Nach den Erklärungen des Regierungsvertreters Dr. Preuß und Berichterstatters Ablaß im VA., Prot. 382 f., und den Grundgedanken der neuen Reichsverf. ist anzunehmen und wird z. B. auch vom Reichsrat angenommen, daß die Genehmigung, soweit sie erforderlich ist, auch zur völkerrechtlichen Gültigkeit erforderlich ist, ebenso Anschütz 105; Giese (3) 142; Poetzsch 97. Indes haben die Gerichte nicht zu prüfen, ob die etwa erforderliche Zustimmung mit oder ohne Grund unterblieben ist; s. auch RGZ. 85, 374; 77, 29.

Die Verkündung der Verträge erfolgt zugleich mit der Kundgebung, daß die Ratifikation erfolgt ist; Arndt 709; s. auch RGZ. 85, 375; s. auch KG. in DIZ. 19, 318; Laband II 167; Triepel, Völker- und Landesr. 433. Völkerrechtlich wird der Vertrag durch die Ratifikation, innerstaatlich durch die Publikation verbindlich; Laband II 44. Verträge, ohne Zustimmung des Reichsrats und Reichstags abgeschlossen und zulässig, haben die Kraft von Verordnungen und können wie solche verkündet werden. Verträge, die mit Zustimmung vom Reichstag erlassen sind und also die Kraft von Reichsgesetzen haben, RGZ. 43, 120; 77, 29; 85, 377; OVG. 63, 169 und den Landesgesetzen vorgehen; Arndt im VerwA. 23, 117, müssen wie diese im RGBl. (Art. 70) verkündet werden, es ist also Unterschrift des Präsidenten und Gegenzeichnung nötig; das gleiche (s. die Anzeige im RGBl.) muß für die Außerkraftsetzung gelten, Laband II 164; Zorn I 512; and. Ans. Dambitsch 303, RG. 24. Jan. 98 in Beilage zum Reichsanzeiger 1898. Verträge können vom Reichstag nur angenommen oder abgelehnt, nicht amendiert werden; Posadowsky, 11. Febr. 1895, StenBerRT. 4481 C; and. Ans. Laband (4) II 147. Die nach einem Vertrage zulässige Kündigung erklärt der Präsident mit Zustimmung des Reichstags, wenn der Vertrag von diesem genehmigt war. Wie weit vor Errichtung des Nordd. Bundes von Preußen abgeschlossene Staatsverträge den Nordd. Bund und das Deutsche Reich berechtigen und verpflichten, ist Auslegungsfrage, s. DJZ. 1902, 348 V. Verträge des Nordd. Bundes und des Kaiserreichs verpflichten weiter, s. oben S. 1, 46 f. Verträge werden, soweit sie nicht für den Kriegsfall geschlossen sind, im Zweifel durch Krieg aufgehoben, nicht aber ohne weiteres ihre innerstaatlichen Wirkungen RGZ. 85, 379.

Alle Bündnisse bedürfen der Zustimmung des Reichstages, StenBer. 374, BA. 283. Neutralitätserklärungen erläßt der Reichspräsident ohne Zustimmung, z. B. vom 20. Juli 1920 zum Kriege zwischen Rußland und Polen, Poetzsch 96. Zu Abwehrmaßregeln ist der Reichspräsident ohne Gesetz ermächtigt, BA. 281.

Artikel 46.

Der Reichspräsident ernennt und entläßt die Reichsbeamten und die Offiziere, soweit nicht durch Gesetz etwas anderes bestimmt ist. Er kann das Ernennungs- und Entlassungsrecht durch andere Behörden ausüben lassen.

Die vom Reichspräsidenten oder von den durch ihn ermächtigten Behörden ernannten Beamten sind unmittelbar Reichsbeamte. Der Begriff der Reichsbeamten im Sinne des Reichsbeamtengesetzes in Fassung v. 18. Mai 1907 (RGBl. 245) umfaßt alle Beamten, die den Anordnungen des Reichspräsidenten nach der Reichsverfassung eidlich zum Gehorsam verpflichtet sind. Das Beamtenverhältnis wird nach OVG. 69, 215; 73, 254; Bitter I 86; v. Rönne-Zorn I § 53; Brand, Reichsbeamtengesetz 51 nur durch Anstellungsurkunde; nach Arndt, Reichsbeamtengesetz § 4, StR. 642 und der ständigen Rechtsprechung des Reichsgerichts, RGZ. 6, 107; 8, 107; 28, 83; 53, 424; 84, 220 auch ohne solche erworben, wenn Geschäfte und Tätigkeit die eines solchen Beamten sind. Die nicht unmittelbar vom Reich angestellten werden mittelbare Reichs- und unmittelbare Landesbeamte genannt; RGZ. 2, 102; RZBl. 1874, 145; OVG. 69, 215. Die mittelbaren Reichsbeamten, zu denen früher u. a. die Militär-, die mittleren und unteren Post- und Telegraphenbeamten gehörten, werden verschwinden; s. Art. 47, 85, 88. Die Beamten der Reichsbank (BankG. v. 14. März 1875, RGBl. 177 § 28) und des Reichstags RBG. § 156 haben die Rechtsstellung von Reichsbeamten. Die Beamteneigenschaft ist nicht notwendig durch den Diensteid bedingt. Das Reich haftet für Reichsbeamte (auch mittelbare, auch Militärpersonen) gemäß G. v. 22. Mai 1910, RGBl. 798; s. auch Art. 131. Die Anstellung eines Reichsbeamten bildet keinen Vertrag (Ansicht u. a. von Laband I 448, Rehm, Hänel, Hubrich), sondern einen einseitigen Staatshoheitsakt dar (RGZ. 53, 427; 63, 430; JW. 1906, 53; O. Mayer II 589; Hatschek, Verwaltungsr. 10; Fleiner, Instr. 182, Giese 143; Arndt, StR. 635; Anschütz, EnzyKl. 589).

Artikel 47.

Der Reichspräsident hat den Oberbefehl über die gesamte Wehrmacht des Reichs.

Die dem Kontingentsherrn zugestandene Kommandogewalt ist in Wegfall gekommen, somit die Einheit des Reichsheeres, die früher bestritten war, unzweifelhaft und vollständig hergestellt. S. auch Art. 79 und die Verhandlungen dazu in der NatVers., 1322, VA. 284; ferner V., betr. Übertragung des Oberbefehls über die Reichswehr an den Reichswehrminister v. 20. Aug. 1919 (RGBl. 1475). Das Wehrges. v. 23. März 1921 (RGBl, 329) bestimmt in § 8: Der Reichspräsident ist oberster Befehlshaber der gesamten Wehrmacht. Unter ihm übt der Reichswehrminister Befehlsgewalt über die gesamte Wehrmacht aus. An der Spitze des Reichsheeres steht ein General als Chef der Heeresleitung, an der Spitze der Reichsmarine ein Admiral als Chef der Marineleitung. Für alle Kommandobehörden und Truppeneinheiten sind Vertrauensmänner zu wählen. § 9. Als beratende und begutachtende Körperschaften sind beim Reichswehrministerium eine Heeres- und eine Marinekammer zu bilden, deren Mitglieder aus geheimer Wahl hervorgehen. Die Heeres- und die Marinekammer sind dem Reichswehrminister unmittelbar unterstellt. Die Zuständigkeit wird durch ein Reichsgesetz geregelt werden. § 10. Das militärische Verordnungsrecht wird vom Reichspräsidenten ausgeübt.

Artikel 48.

Wenn ein Land die ihm nach der Reichsverfassung oder den Reichsgesetzen obliegenden Pflichten nicht erfüllt, kann der Reichspräsident es dazu mit Hilfe der bewaffneten Macht anhalten[1]).

Der Reichspräsident kann, wenn im deutschen Reiche die öffentliche Sicherheit und Ordnung erheblich gestört oder gefährdet wird, die zur Wiederherstellung der öffentlichen Sicherheit und Ordnung nötigen Maßnahmen treffen, erforderlichenfalls mit Hilfe der bewaffneten Macht einschreiten. Zu diesem Zwecke darf er vorübergehend die in den Artikeln 114, 115, 117, 118, 123, 124 und 153 festgesetzten Grundrechte ganz oder zum Teil außer Kraft setzen[2]).

Von allen gemäß Abs. 1 oder Abs. 2 dieses Artikels getroffenen Maßnahmen hat der Reichspräsident unverzüglich dem Reichstag Kenntnis zu geben. Die Maßnahmen sind auf Verlangen des Reichstags außer Kraft zu setzen[3]).

Bei Gefahr im Verzuge kann die Landesregierung für ihr Gebiet einstweilige Maßnahmen der in Abs. 2 bezeichneten Art treffen. Die Maßnahmen sind auf Verlangen des Reichspräsidenten oder des Reichstags außer Kraft zu setzen.

Das Nähere bestimmt ein Reichsgesetz[4]).

[1]) Nach Art. 19 a. RV. hatte der Bundesrat darüber zu beschließen, ob ein Bundesglied seine Pflichten verletzt hat und, was in seinem Ermessen stand, ob und wie er Exekution verfügen wollte oder nicht; s. Triepel, Reichsaufsicht 667; Dambitsch 392; Laband I 112. Der Kaiser war verpflichtet, die vom Bundesrat beschlossene Exekution zu vollstrecken und nach Zurücknahme eines solchen Beschlusses wieder einzustellen; Arndt 110; Dambitsch 393; Triepel 676. Jetzt befindet der Reichspräsident zunächst allein hierüber, doch muß er gemäß Abs. 3 dem Reichstag Kenntnis geben und seine Maßnahmen auf dessen Verlangen außer Kraft setzen, so daß am letzten Ende, wie früher der Bundesrat, so jetzt der Reichstag die entscheidende Stelle ist.

[2]) S. hierzu StenBerNatVers. am 5. Juli 1919, 1328 f. Was in bezug auf den Belagerungszustand angeordnet wird, ist vom Reichspräsidenten unter Verantwortlichkeit des Reichsministeriums anzuordnen, auch die Durchführung in allen Einzelheiten steht unter der Verantwortung des Reichsministeriums und muß von ihm vor dem Reichstag vertreten werden. Die Anordnungen des Präsidenten müssen außer Kraft treten, wenn es der Reichstag beschließt; Preuß 1331. Bis zum Erlaß des im letzten Absatz in Aussicht gestellten Reichsgesetzes hat der Reichspräsident die Maßnahmen nach eigenem Ermessen zu bestimmen und kann auch zur Sicherung der Ruhe und Ordnung die ihm erforderlich erscheinenden Rechts- und bis zur angemessen erscheinenden Höhe Strafvorschriften erlassen; s. z. B. VO. v. 24. Mai 1921 (RGBl. 711), auch Delbrück, StB. 1335.

[3]) Die Landesregierungen haben die Maßnahmen, zu denen sie befugt sind (JW. 48, 744; auch das. 49, 754), unverzüglich dem Reichspräsidenten mitzuteilen und handeln als dessen Delegatare. Sie können die in Abs. 2 genannten Grundrechte

gleichfalls ganz oder zum Teil außer Kraft setzen. Diese Grundrechte betreffen die Freiheit der Person (also auch Schutzhaft zulässig), die Freiheit der Wohnung, das Brief- und Telegraphengeheimnis, die Preßfreiheit, Vereins- und Versammlungsrecht und die Unverletzlichkeit des Eigentums. Siehe auch StenBer. 1335 u. 1338.

[4]) Bis zum Erlaß eines solchen Reichsgesetzes kann der Präsident, ohne an das Gesetz über den Belagerungszustand v. 4. Juni 1851 (GS. 45) gebunden zu sein, anordnen oder anordnen lassen alles, was er für erforderlich hält, vgl. VO. v. 13. Jan. 1920 (RGBl. 207), 4. April 1920 (RGBl. 479), auch außerordentliche Kriegsgerichte einsetzen lassen, VO. v. 19. März 1920 (RGBl. 467), v. 30. Mai 1920 (RGBl. 1147), 20. März 1921 (RGBl. 371), s. auch Reichsverf. Art. 105. Es steht ihm auch frei, wo er seine Verordnungen publiziert, Arndt, RVR. 206, unten Anm. 2 zu Art. 70 und RGSt. 55, 119. Art. 68 a. Verf. ist aufgehoben, RGSt. 55, 117; s. Art. 178 u. DrucksNatVers. Nr. 1097.

Artikel 49.

Der Reichspräsident übt für das Reich das Begnadigungsrecht aus.

Reichsamnestien bedürfen eines Reichsgesetzes.

Da dem Reich nur die ihm ausdrücklich beigelegten Befugnisse zustanden und zustehen, hat das Reich nur auf Grund besonderer Gesetzesvorschriften des Begnadigungsrechts; vgl. Hahn, Materialien z. GVG. I 836, II 967 und zur StrPO. I 1138, II 1978, 1980, nämlich:

1. nach StrPO. §§ 484, 485 und § 146 GVG., wenn das Reichsgericht in erster und letzter Instanz erkannt hat;
2. nach G. über die Konsulargerichtsbarkeit vom 7. April 1900 (RGBl. 213) § 72 in Strafsachen, in denen der Konsul oder das Konsulargericht in erster Instanz erkannt hat;
3. desgl. bei Strafurteilen der Marine- und Feldgerichte,

Militärstrafgerichtsordnung v. 1. Dez. 1898 (RGBl. 1189) §§ 424 ff.;

4. der Prisengerichte nach V. v. 15. Febr. 1889 (RGBl. 5) § 27. Diese Gerichtsbarkeit ist weder Zivil- noch Straf-, sondern Verwaltungsgerichtsbarkeit; die Begnadigung ist Verzicht auf das zugesprochene Schiff oder Ladung, s. Pohl, Deutsche Prisengerichtsbarkeit 37;
5. in Disziplinar- (nicht Straf-) sachen der Reichsbeamten nach RBeamtenG. v. 18. März 1907 § 118;
6. bei den auf Grund Art. 48 eingesetzten außerordentlichen Kriegsgerichten;
7. G. zur Verfolgung von Kriegsverbrechen, v. 24. März 1920 RGBl. 341) — aber überall nur in Einzelfällen.

Das Recht zur Abolition, d. h. zur Niederschlagung von Untersuchungen, steht dem Reich nicht zu, es konnte und kann nur durch Gesetz ausgeübt werden. Da die Volksbeauftragten, oben S. 29, die uneingeschränkte Souveränität ausübten, konnten sie über die Zuständigkeit des Reichs hinaus und diese erweiternd mit Gesetzeskraft Amnestien und Niederschlagungen (Abolitionen) anordnen, RGSt. 53, 52. Begnadigungen bedürfen der Gegenzeichnung, ebenso Anschütz 109; Giese 150; s. StenBerRT. v. 3. Dez. 1906; Dambitsch 359.

Soweit dem Reich das Begnadigungsrecht gebührt, ist das der Einzelstaaten ausgeschlossen. Im übrigen sind die Befugnisse der Länder auf Begnadigung und Abolition bestehen geblieben und können auch noch vor dem Reichsgericht geltend gemacht werden (da sie einen Verzicht auf einen dem Staate zustehenden Strafanspruch darstellen), RGSt. 33, 204; s. auch Löwe-Hellweg-Rosenberg, StrPO. Anm. 12a zu Tit. 2 GVG. Das Begnadigungsrecht steht den Einzelstaaten zu, auch wenn die Tat gegen das Reich (StrGB. § 80) oder gegen die Reichsfinanzen gerichtet war, Poetsch 101. Letzteres ist in Art. 18 des Zollvereinigungsvertr. v. 8. Juli 1867 (BGBl. 81) anerkannt. Die Begnadigungsbefugnis kann der Präsident, delegieren, s. auch RGSt. 53, 65. Begnadigung muß ausdrücklich sein.

Durch Reichsgesetz kann in allen Strafsachen, auch wenn der Strafanspruch den Ländern zusteht, Amnestie und Abolition erklärt werden, s. Ges. v. 4. Aug. 1920 (RGBl. 1487).

Artikel 50.

Alle Anordnungen und Verfügungen des Reichspräsidenten, auch solche auf dem Gebiete der Wehrmacht, bedürfen zu ihrer Gültigkeit der Gegenzeichnung[1]) durch den Reichskanzler oder den zuständigen Reichsminister. Durch die Gegenzeichnung wird die Verantwortung übernommen[2]).

[1]) Früher bedurften sog. Armeebefehle in Preußen nicht der Gegenzeichnung; s. hierzu Appel, „Armeebefehl" bei Fleischmann; Arndt, „Armeebefehl" in Dietz Wörterbuch des Militärrechts, desgleichen im AMR. 1910, 81; Marschall von Bieberstein, Verantwortlichkeit und Gegenzeichnung, Berlin 1910. Unterlassung der Gegenzeichnung hat Nichtigkeit und Nichtvollziehbarkeit, nicht bloß Fehlerhaftigkeit (Ansicht v. Marschall) zur Folge.

[2]) Die Verantwortlichkeit bezieht sich nicht nur auf die Gesetzmäßigkeit, greift also weiter als Art. 59 und bezieht sich auch auf die Zweckmäßigkeit, auf honesty, justice und ultility, sie ist keine disziplinare, keine rein oder allgemein strafrechtliche, sondern eine staatsrechtliche, bis zum Erlaß des in Art. 59 vorbehaltenen Gesetzes nur eine politische. Bloßer „Prügelknabe" sind die Minister nicht. Sie können und müssen, wenn sie mit einer Handlung oder Unterlassung des Präsidenten oder der Reichsregierung nicht einverstanden sind und dafür nicht die Verantwortung tragen zu können glauben, vorher zurücktreten. S. auch VA. 236, 390, wer gegenzeichnen soll.

Artikel 51.

Der Reichspräsident wird im Falle seiner Verhinderung zunächst durch den Reichskanzler ver-

treten[1]). Dauert die Verhinderung voraussichtlich längere Zeit[2]), so ist die Vertretung durch ein Reichsgesetz zu regeln.

Das gleiche gilt für den Fall einer vorzeitigen Erledigung der Präsidentschaft bis zur Durchführung der neuen Wahl.

[1]) An Stelle des Reichspräsidenten tritt der Kanzler, nicht sein Stellvertreter, and. Ans. Anschütz 110; Poetzsch 103; ebenso Giese A. 1; da die Stellvertretung des Präsidenten eine besonders dem Reichskanzler übertragene Befugnis ist. Soweit der Reichskanzler den Reichspräsidenten vertritt, hat er auch kraft der Reichsverf. die diesem zustehenden Rechte und obliegenden Pflichten, alle seine Anordnungen und Verfügungen bedürfen der Gegenzeichnung, Art. 50. S. zu Art. 51 und 53 noch DJZ. 20, 384.

[2]) Was hier als längere Zeit zu gelten hat, bestimmt sich nach den Umständen, also nach dem freien Ermessen des Reichstags. Wen es will, kann das Gesetz bestellen.

Artikel 52.

Die Reichsregierung besteht aus dem Reichskanzler[1]) und den Reichsministern[2]).

[1]) Nach der Verf. v. 1871 war der Reichskanzler der allein verantwortliche Reichsminister. Nach dem G. v. 17. März 1878 (BGBl. 7) wurden auf Antrag des Kanzlers vom Kaiser verantwortliche Stellvertreter (Staatssekretäre) ernannt; doch blieb dem Kanzler die historische Verantwortlichkeit und konnte er stets in die Tätigkeit der Stellvertreter eingreifen (§ 3 des G. v. 17. März 1878). Die heutige Stellung des Kanzlers ergibt sich aus den Art. 51 Abs. 1, 53, 55, 56, 57. Er ist somit mehr als ein primus inter pares VA. 300, Delbrück und Preuß, StenBer. 291, 388, 473, 478.

[2]) Innerhalb ihres Geschäftskreises sind die Minister gemäß Art. 56 selbständig, s. auch StenBer. 473.

Artikel 53.

Der Reichskanzler und auf seinen Vorschlag die Reichsminister werden vom Reichspräsidenten ernannt und entlassen.

Er kann indes nur solche ernennen und jedenfalls behalten, die das Vertrauen des Reichstags haben und bewahren, s. Art. 51. Ernennung und Entlassung bedürfen der Gegenzeichnung, Art. 50.

Artikel 54[1]).

Der Reichskanzler und die Reichsminister[2]) bedürfen zu ihrer Amtsführung des Vertrauens des Reichstags. Jeder von ihnen muß zurücktreten, wenn ihm der Reichstag durch ausdrücklichen Beschluß sein Vertrauen entzieht[3]).

[1]) Zu Art. 54 und 55 s. StenBer. 1339f. Diese Artikel legen das parlamentarische System, die Parlamentsherrschaft fest, das nicht verlangt, daß die Minister den Mehrheitsparteien entnommen werden, sondern nur, daß sie jederzeit das Vertrauen des Parlaments genießen und jederzeit zurücktreten müssen, wenn das Parlament ihnen das Vertrauen entzieht. Das System läßt Fachminister zu, die das Vertrauen des Parlaments haben; s. Heinze, Preuß, v. Delbrück, Quarck l. c.

[2]) und zwar jeder einzelne.

[3]) ausdrücklich.

Artikel 55.

Der Reichskanzler führt den Vorsitz in der Reichsregierung und leitet ihre Geschäfte nach einer Geschäftsordnung, die von der Reichsregierung beschlossen und vom Reichspräsidenten genehmigt wird.

Der Reichskanzler ist hiernach auch für alle Minister verantwortlich, zwar nicht für jede Einzelhandlung, wohl aber für deren Politik und kann in jede Sache, wenn auch nicht befehlend, so doch mahnend eingreifen, Delbrück, VA. 300; s. auch Art. 56.

Artikel 56.

Der Reichskanzler bestimmt die Richtlinien der Politik und trägt dafür gegenüber dem Reichstag die Verantwortung. Innerhalb dieser Richtlinien leitet jeder Reichsminister den ihm anvertrauten Geschäftszweig selbständig und unter eigener Verantwortung gegenüber dem Reichstag.

S. auch Art. 55.

Außer bei Gegenzeichnung und anderen Ausnahmefällen Art. 51, namentlich innerhalb ihres Geschäftskreises können sich die Minister durch Staatssekretäre, Direktoren, Räte vertreten lassen, s. auch Poetzsch 105; Drucksachen RT. 1920 Nr. 183. Prot. d. RR. 1920 Nr. 736.

Artikel 57.

Die Reichsminister haben der Reichsregierung alle Gesetzentwürfe[1]), ferner Angelegenheiten, für welche Verfassung oder Gesetz dieses vorschreiben[2]), sowie Meinungsverschiedenheiten über Fragen, die den Geschäftsbereich mehrerer Reichsminister berühren, zur Beratung und Beschlußfassung zu unterbreiten[3]).

[1]) Die entsprechende Vorschrift galt für das preußische Staatsministerium nach der KVO. v. 27. Okt. 1810 (GS. 3), wohingegen im Kaiserreich der Reichskanzler allein entschied; doch wurden die Vorlagen als preußische beim Bundesrat eingebracht und gingen evtl. als solche des Bundesrats an den Reichstag; s. Art. 16 der früheren Verf., Laband 455; Arndt, §§ 16, 17.

[2]) Dies ist das Kollegium; s. Art. 15, 55, 66 Abs. 1, 77, 88 Abs. 3, 91.

[3]) Soweit Art. 57 nicht gilt, verfügt jeder Minister allein und selbständig.

Artikel 58.

Die Reichsregierung faßt ihre Beschlüsse mit Stimmenmehrheit. Bei Stimmengleichheit entscheidet die Stimme des Vorsitzenden.

Da jeder Minister für seinen Geschäftsbereich persönlich verantwortlich ist, enthält die Vorschrift, daß die Stimmenmehrheit bei Meinungsverschiedenheiten entscheidet, die man aus Art. 58 entnehmen kann, eine gewisse Anomalie, jedenfalls bleibt jeder Minister, auch wenn er in der Reichsregierung überstimmt wird, verantwortlich und muß, wenn er die Verantwortung nicht übernehmen kann, zurücktreten. Abgesehen von der Gegenzeichnung und unbeschadet ihrer Verantwortlichkeit kann sich jeder Minister durch seine Untergebenen vertreten lassen, s. Drucks. d. RR. 1920 Nr. 183; Poetzsch 105; Arndt zu Art. 15 und 17 a. Reichsverf.; s. auch Delbrück VA. 296; Preuß das. 300. A. zu Art. 56.

Artikel 59.

Der Reichstag ist berechtigt, den Reichspräsidenten, den Reichskanzler und die Reichsminister vor dem Staatsgerichtshof für das Deutsche Reich anzuklagen, daß sie schuldhafterweise die Reichsverfassung oder ein Reichsgesetz verletzt haben. Der Antrag auf Erhebung der Anklage muß von mindestens hundert Mitgliedern des Reichstags unterzeichnet sein und bedarf der Zustimmung der für Verfassungsänderungen vorgeschriebenen Mehrheit. Das Nähere regelt das Reichsgesetz über den Staatsgerichtshof.

Die Anklage kann nur auf Gesetzesverletzung gegründet werden, nicht auf Verletzung der Zweckmäßigkeit oder der Politik; s. auch Art. 43, 50, 108 u. 172. Bis zum Erlaß des G. über den Staatsgerichtshof kann dieser nicht auf Strafe, sondern nur dahin erkennen, daß bzw. ob eine schuldhafte Verletzung der Reichsverf. oder eines ReichsG. vorliegt; Heinze, VA. 305; s. auch Art. 116; Wittmayer, AöR. 39, 335.

Vierter Abschnitt.
Der Reichsrat.

Der Reichsrat tritt an die Stelle des Staatenausschusses (s. oben S. 41) und des Bundesrats. Der Bundesrat war die Vertretung der Bundesstaaten im Organismus des Reichs, also neben dem Kaiser die Vertretung des Souveräns (Arndt §§ 17, 18; Meyer-Anschütz § 123; Seydel I 202; Laband I 233; v. Jagemann, Die Deutsche Reichsverfassung 80; Herwegen, Reichsverfassung und Bundesrat 1902; Knorr, Das Verordnungsrecht des Bundesrats, Dessau 1906; Rosenberg in HA. 1902, 13f.; Dambitsch 191f.). Der Bundesrat war nicht zugleich Organ des Reichs und der Bundesstaaten (Ansicht u. a. von Laband I 235), sondern nur Organ des Reichs, indes das durch Organe der Bundesstaaten gebildete; ebenso Dambitsch 197. Die Bundesratsmitglieder waren Organe des Staates, der sie entsandte, in ihrer Gesamtheit als Bundesrat bildeten sie kein Organ der einzelnen Bundesstaaten, sondern das Organ des Reichs, welches die Bundesregierungen vertrat; Laband I 235 legt dem Bundesrat eine Doppelnatur bei, ebenso Brie bei Grünhut 11, 140; s. dagegen O. Gierke bei Schmoller 7, 50; Arndt 114. Durch den Bundesrat wurden die Gesetze des Reichs sanktioniert (Art. 7 Z. 1) und die Verordnungen des Reichs, soweit nicht Ausnahmen gegeben waren, beschlossen (Art. 7 Z. 2). Der Bundesrat entsprach dem ehemaligen deutschen Bundestage, wie dieser war er ein Gesandtenkongreß. Er war eine politische

Körperschaft, keine bloße Reichsbehörde, RGSt. 5, 282, und zwar war der Bundesrat erstens Gesetzgebungsorgan des Reichs, Art. 5 u. 7, Ziff. 1 und zweitens das Verordnungsorgan, wenn nicht anderes bestimmt war, Art. 7 Z. 2, drittens oberstes Reichsgericht; Art. 7 Z. 3. Der Bundesrat war kein Reichsministerium und kein Oberhaus, Bismarck, StenBerRT. 1878, 378; 1871, 298; Staatenhaus war er insoweit, als seine Mitglieder nicht die Bundesratsbevollmächtigten, sondern die Bundesstaaten selbst waren. Zur Charakteristik s. H. v. Sybel, StenBerRT. 1867, 325 und Bismarck das. S. 430; s. auch E. Kaufmann, Bismarcks Erbe S. 9 und v. Keudell 328; Bergsträßer 68.

Nach der heutigen Reichsverfassung stellt der Reichsrat die organische Verbindung zwischen Reich und den Ländern dar. In dieser Hinsicht sagt der Berichterstatter Haußmann, StenBerRT. 1342 f., daß der Reichsrat eine Einrichtung des Reichs ist, die „zur Vertretung der deutschen Länder bei der Gesetzgebung und Verwaltung des Reichs gebildet wird". „Der Reichsrat, den man danach wohl als ein Organ des Reichs im Sinne des Art. 5 bezeichnen darf, ist zugleich auch ein Organ der Gesamtheit der Länder; im Sinne des Art. 5 sind die einzelnen Mitglieder Organe und Vertreter ihrer Länder. Er ist eine Schöpfung der Reichsverfassung." Wenn hierauf Haußmann fortfährt: Der Reichsrat habe staatsrechtlich eine vollständige Doppelstellung, ähnlich Poetzsch 110, so möchte demgegenüber zu bemerken sein, daß er als Reichsrat rechtlich nur Organ des Reichs ist wie es der Bundesrat war, ebenso Anschütz 119; Giese 166. Der Reichsrat ist ebenso wie der Staatsrat in Preußen Gesetzgebungsorgan; s. Arndt, PrV. 80; Anschütz 134; and. Ans. Giese 230; jedenfalls politische Körperschaft i. S. StGB. § 197.

Artikel 60.

Zur Vertretung der deutschen Länder bei der Gesetzgebung und Verwaltung des Reichs wird ein Reichsrat gebildet.

Die Befugnisse des Reichsrats sind sehr abgeschwächt gegenüber denen des Bundesrats. Er nimmt an der Souveränität des Reichs geringen Anteil. Bei der Gesetzgebung hat er am letzten Ende nur aufschiebende Kraft; so auch Preuß aaO., StenBerNatVers. 1361: „Aus diesem Artikel (60) ergibt sich, daß der Reichsrat eine Vertretung der Länder beim Reich zu Reichszwecken und nicht etwa eine Organisation der Länder zu Länderzwecken ist, insbesondere kein partikularistisches Gesamtorgan"; so richtig Quarck l. c. 1344.

Funktionen des Reichsrats in Art. 69, 74, 76, 85 Abs. 4 bei der Gesetzgebung, andere bes. in Art. 77, 88 Abs. 3, 91, 93, 98, 179 und in vielen Sondergesetzen; der RR. entscheidet auch darüber, ob Landes- oder Gemeindesteuer geeignet sind, die Steuereinnahmen des Reichs zu schädigen, und ob überwiegende Interessen der Reichsfinanzen der Erhebung der Steuern entgegenstehen, auf Antrag des R. oder eines Landesfinanzministers, Landessteuergeſ. v. 30. März 1920 (RGBl. 402 § 6 Abs. 2); s. auch oben zu Art. 11.

Die Geschäftsordnung des Reichsrats v. 19. Nov. 1919 ist RGBl. 1919 und Jahrb. d. ö. R. 1920 S. 93 abgedruckt.

Artikel 61.

Im Reichsrat hat jedes Land mindestens eine Stimme[1]). Bei den größeren Ländern entfällt auf 70000 Einwohner eine Stimme[2]). Ein Überschuß von mindestens 350000 Einwohnern wird 70000 gleichgerechnet. Kein Land darf durch mehr als zwei Fünftel aller Stimmen vertreten sein.

Deutschösterreich erhält nach seinem Anschluß an das Deutsche Reich das Recht der Teilnahme am Reichsrat mit der seiner Bevölkerung entsprechenden Stimmenzahl. Bis dahin haben die Vertreter Deutschösterreichs beratende Stimme[3]).

Die Stimmenzahl wird durch den Reichsrat nach jeder allgemeinen Volkszählung neu festgesetzt[4]).

[1]) In der Vollversammlung bei Ausschüssen s. Art. 63.

[2]) Abs. 1 beruht auf G. v. 24. März 1921 (RGBl. 440).

[3]) Die Bestimmung bezüglich Österreichs wäre in der Deutschen Verfassung der Ausdruck der Hoffnung auf den Anschluß Deutsch-Österreichs; sie sollte „Losung der Bürgschaft" ihrer Erfüllung in der Zukunft sein, l. c. 1343. Der Antrag Beyerle, zu setzen „mit der seinen Ländern und seiner Bevölkerung entsprechenden Stimmenzahl" wurde abgelehnt, um offen zu lassen, ob Österreich in Zukunft als „Ganzes oder als Teile und in welchem Verhältnis" in Betracht käme (Haußmann 1343). Da Abs. 2 in Art. 61 nach Ansicht der Entente mit dem Frieden zu Versailles v. 28. Juni 1919 (s. auch Art. 178) in Widerspruch steht, mußte das Reich authentisch seine Unwirksamkeit erklären; s. StenBerNatVers. 4152; doch ist die fr. Verf.-Vorschrift an sich nicht entfernt; Anschütz 121.

[4]) Zurzeit hat Preußen 26, Bayern 10, Sachsen 7, Württemberg 4, Baden 3, Thüringen, Hessen und Hamburg je 2, alle übrigen je 1 Stimme.

Artikel 62.

In den Ausschüssen, die der Reichsrat aus seiner Mitte bildet, führt kein Land mehr als eine Stimme.

Hieraus ergibt sich, daß der Reichsrat Ausschüsse bildet; s. auch Art. 8 der früheren Verfassung. Da die Mitglieder des Bundesrats und Reichsrats nicht die Bevollmächtigten, sondern die Staaten selbst sind (Bundesratsprotokolle 1872 § 87), kann in den Ausschüssen jeder Staat nur eine Stimme führen und bei vereinigten Ausschüssen so viele, wie oft das Land Mitglied der Ausschüsse ist; § 37 der Geschäftsordnung des RR. Die Länder, welche Mitglieder eines Ausschusses sind und als solche gewählt werden, ernennen die Mitglieder des Ausschusses aus ihren Bevollmächtigten.

Artikel 63.

Die Länder werden im Reichsrat durch Mitglieder ihrer Regierungen vertreten[1]). Jedoch wird die Hälfte der preußischen Stimmen nach Maßgabe eines Landesgesetzes von den preußischen Provinzialverwaltungen bestellt[2]).

Die Länder sind berechtigt, so viele Vertreter in den Reichsrat zu entsenden, wie sie Stimmen führen[3])[4]).

[1]) Auch aus Art. 63 ergibt sich, daß die Länder als solche die Mitglieder des Reichsrats sind. Die Hegemonialprivilegien Preußens sind im Reichsrat wie in seinen Ausschüssen beseitigt.

[2]) Von der Vorschrift in Art. 63 ist eine Ausnahme bezüglich Preußens gemacht, insofern die preußischen Stimmen nicht vom Staate Preußen ganz geführt werden, vielmehr nur zur einen Hälfte, zur anderen Hälfte durch die preußischen Provinzen. Die nähere Regelung ist ausdrücklich einem preußischen Landesgesetz vorbehalten, das auch bestimmen kann, ob trotzdem die preußischen Stimmen einheitlich abgegeben werden können; s. Katzenstein, Koch und Delbrück 2113, 2114. Ein solches Gesetz ist nicht ergangen. Die preußischen Provinzen können beliebig stimmen lassen.

[3]) Die Vorschrift der früheren Reichsverfassung, daß die Stimmen jedes Landes einheitlich abgegeben werden müssen (Art. 6 Abs. 2), ist nicht mit aufgenommen, sogar abgelehnt, S. 2114, dies dürfte jedoch stets erfolgen, ebenso Anschütz 123; Poetzsch 117; s. auch Arndt PrV. 82 f. Eine Ausnahme besteht bezüglich Preußens; s. Anm. 2. In allen anderen Ländern wird die einheitliche Stimmenabgabe zwar nicht ausdrücklich ausgesprochen, ergibt sich aber als Konsequenz des ganzen Institutes (Haußmann l. c. 1342); so auch die Praxis s. Poetzsch 117.

[4]) Der Bundesrat konnte die Legitimation, nicht aber die Instruktion seiner Mitglieder prüfen. Das gleiche gilt für den Reichsrat. Die Instruktion, die ein Bundes- (Reichs-) ratsbevollmächtigter von seiner Regierung erhalten hat, ist ein Internum zwischen dieser und ihm. Die Stimme galt und gilt nicht wie sie instruiert, sondern wie sie abgegeben wird (Bismarck, StenBerRT. 1871, 298; Laband I 250; Seydel 133; G. Meyer § 123; Arndt 92); Poetzsch 117. Die Reichsratsmitglieder sind ihrem Lande bzw. der Provinz nach Maßgabe des Landesrechts für die Abgabe der Stimme verantwortlich. Nähere Bestimmungen hierüber sowie darüber, ob die Stimmen der Reichsratsmitglieder einheitlich abgegeben werden müssen oder nicht, kann das Landesgesetz treffen; s. auch Haußmann 1342; s. auch Art. 168.

Artikel 64.

Die Reichsregierung muß den Reichsrat auf Verlangen von einem Drittel seiner Mitglieder einberufen.

Der Reichsrat und seine Ausschüsse werden von der Reichsregierung einberufen. Er hat kein Selbstversammlungsrecht. Der Bundesrat ist seit Berufung v. 21. Aug. 1883 permanent. Auch der Reichsrat ist dauernd, GeschO. § 2. Für den Bundesrat wie für den Reichsrat gilt nicht das Prinzip der sog. Diskontinuität, d. h. sie können nach jeder Unterbrechung die Verhandlungen in der alten Geschäftslage wieder aufnehmen.

Ein „Drittel seiner Mitglieder" bedeutet ein Drittel seiner Stimmen (Berichterstatter Haußmann 1342), Poetzsch 118; BA. 157.

Artikel 65.

Den Vorsitz im Reichsrat und in seinen Ausschüssen führt ein Mitglied der Reichsregierung[1]). Die Mitglieder der Reichsregierung haben das Recht

und auf Verlangen die Pflicht, an den Verhandlungen des Reichsrats und seiner Ausschüsse teilzunehmen. Sie müssen während der Beratung[2]) auf Verlangen jederzeit gehört werden.

[1]) Der Vorsitz ist nicht mit Stimmrecht verbunden. Der Vorsitzende als solcher hat kein Stimmrecht, Haußmann 1342.

[2]) Nicht mehr nach deren Schluß und während der Abstimmung, auch nicht außerhalb der Beratung, während dieser zu jeder Zeit, auch außerhalb der Rednerliste. VA. 157.

Artikel 66.

Die Reichsregierung sowie jedes Mitglied des Reichsrats sind befugt, im Reichsrat Anträge zu stellen.

Der Reichsrat regelt seinen Geschäftsgang durch eine Geschäftsordnung[1]).

Die Vollsitzungen des Reichsrats sind öffentlich. Nach Maßgabe der Geschäftsordnung kann die Öffentlichkeit für einzelne Beratungsgegenstände ausgeschlossen werden[2]).

Bei der Abstimmung entscheidet die einfache Mehrheit der Abstimmenden[3]).

[1]) S. oben A. zu Art. 60.

[2]) Für die Ausschußsitzungen des Reichsrats ist die Öffentlichkeit nicht vorgeschrieben. Eine solche findet nach GeschO. §§ 17, 30, 35 nicht statt. Eine qualifizierte Mehrheit besteht nur für Verfassungsänderungen; Art. 76. Eine bestimmte Mitgliederzahl (ein sog. quorum) ist für die Beschlußfähigkeit nicht vorgeschrieben.

[3]) Stimmengleichheit bedeutet Ablehnung.

Artikel 67.

Der Reichsrat ist von den Reichsministerien über die Führung der Reichsgeschäfte auf dem

laufenden zu halten. Zu Beratungen über wichtige Gegenstände sollen von den Reichsministerien die zuständigen Ausschüsse des Reichsrats zugezogen werden.

Der erste Satz ist eine Muß-, der zweite eine Sollvorschrift. Aus ersterem folgt jedenfalls die Pflicht der Regierung zur Auskunfterteilung auf Anfragen.

Fünfter Abschnitt.

Die Reichsgesetzgebung.

Arndt, Reichsstaatsr. 156ff.; Arndt, Das selbständige Verordnungsr. in Preußen, Berlin 1902; Arndt, PrV., Einleitung und Vorbemerkung zu Art. 62 a. PrV., nun zu Art. 29 neue PrV.; Arndt, VerwA. 23, 175; 25, 173; ferner JW. 1916, 809, 1524; 1918, 682; Anschütz, Gegenwärtige Theorien über den Begriff der gesetzgebenden Gewalt; Laband, Reichsstaatsr. §§ 54 bis 66; G. Meyer, Staatsr. §§ 163—169; Zorn § 15; Hänel, Studien II; Knorr, Das Verordnungsr. des Bundesrates usw. (Dessau 1906); Thoma, Festgabe f. Otto Mayer 167; Triepel, JW. 1918, 341; Triepel, AÖR. 39, 456f.

Zur Feststellung dessen, was die Verfassungen unter Gesetzgebung verstehen, namentlich ob dies im materiellen (Anordnung irgendeines Rechtssatzes) oder wie das französisch-belgische Recht im formellen (gleich Souveränitätsakt, expression de la volonté générale) Sinne zu verstehen ist, muß man auf die Lehre der Trennung der drei Gewalten zurückgreifen. Zwar ist die Staatsgewalt eine eine und unteilbare, aber es braucht nicht notwendig eine und dieselbe Person zu sein, welche die Staatsgewalt ausübt. Es handelt sich um „les grandes fonctions distinctes de l'Etat", Esmein, Rousseau p. 395. Die Lehre der Trennung der drei Gewalten, wie sie Montesquieu, Esprit des lois, livre XI lehrte und wie sie Blackstone, Commentaries on English law I 146 als für England, Kent, Commentaries on American law, part II lecture XI, Story, Commentaries on the Constitution of the United States I §§ 518 bis 544 und „The Federalist“ on the Constitution Nr. 23—47 ff. als für die Nordamerikanische Union anwendbar hinstellten, will nicht die Staatsgewalt zerreißen, sondern nur vorschreiben, daß nicht alle Befugnisse der Staatsgewalt, die richterliche, vollziehende und gesetzgebende, von einer und derselben Person, dem Monarchen oder Präsidenten, ausgeübt werden, und zwar aus dem Grunde, weil sonst die bürgerliche Freiheit gefährdet sein würde.

Die Gewaltentrennung ist nicht so zu verstehen, daß die Gewalten gleich sind, vielmehr ist die Gesetzgebung mehr und mehr die höchste, die souveräne geworden, der die beiden anderen, die sich untereinander gleichstehen, unbedingt unterworfen sind; s. Jèze, Franz. Verw. 168 f., 404 ff.; Rousseau, contrat social II ch. 6; Blackstone, Comm. II Nr. 146, 147, 155, 267; Locke, Two treatises of government Vol. 2 p. 207; Arndt, AöR. 1903, 150 f.; E. v. Meier, Französische Einflüsse usw. 1907, 86 (anders in Nordamerika); Errera, Belgisches Staatsrecht § 74; Duguit, Traité de droit const. I 32; Haurion, Droit public 643 aaO.; s. auch O. Mayer, DVR. I 67 aaO. II 64; Kant, Metaphysische Anfangsgründe der Rechtslehre S. 373, 389. Die gesetzgebende ist „suprême et souverain“, ihre Handlungen sind „actes de souveraineté“, die der Verwaltung und der Justiz ihr untergeordnet und nur „actes de magistrature“. Die Lehre der Trennung der drei Gewalten ist allerdings nicht vollständig, aber doch größtenteils mit vollem Vorbedacht und erklärterweise (z. B. Broicher und Justizminister Simons am 26. Jan. 1850 in den StenBer. II. Kammer 1849, 2119 f.; Arndt im AöR. 1903, 156 f., Annalen des Deutschen Reichs 1903, 721, Komm. zur PreußVerf. f. VerwA. 26, 267) in die Verfassungsurkunden der deutschen

Staaten als Teilung nicht der Staatsgewalt, wohl aber seiner Funktionen übergegangen; s. auch Loening, Art. „Staat" im Handwörterbuch der Staatswissenschaften; Anschütz, Staatsr. 608; Fleiner, Institutionen 9.

Was verstand man unter Gesetzgebung? Nach der heutigen Theorie in Deutschland: Rechtssetzung, Erlaß eines Rechtssatzes, und zwar Erlaß jedes Rechtssatzes, im Gegensatz zum Gewohnheitsrecht (Laband § 54); in Wahrheit verstand man aber unter der Loslösung einer gesetzgebenden Gewalt von der vollziehenden, daß gewisse Anordnungen, und zwar die obersten, die für jeden, auch das Oberhaupt der vollziehenden Gewalt, verbindlichen Anordnungen nicht vom Könige allein, sondern vom Gesetzgeber (den Kammern oder nur vom Könige mit den Kammern) erlassen werden sollen. Gesetz bedeutet einzig und allein, daß die Beschlüsse der gesetzgebenden Faktoren überall und unter allen Umständen gelten, Gesetzgebung gleich höchste Gewalt, also nicht schlechthin Erlaß irgendeines Rechtssatzes; so wiederholendlich der Urheber des Art. 106 a. PrV. Broicher, StenBer. II Revisionskammer 1849, 2119.

Im französisch-belgischen Recht muß sich jede An- oder Verordnung, mag sie die deutsche Theorie als Rechts- oder Verwaltungsnorm bezeichnen, auf ein Gesetz, d. i. une déclaration solennelle de la volonté du souverain (volonté générale), also am letzten Ende auf den Volkswillen, gründen, widrigenfalls sie unverbindlich ist.

Die in Deutschland herrschende Theorie scheitert schon daran, daß darüber, was Rechtsnormen sind, die Meinungen unendlich auseinandergehen; vgl. auch Laband II § 84; Fleiner, Institutionen 58, 64; Arndt im Recht 1913 Nr. 2; Thoma l. c.; Schön, Handbuch der Politik 292; Triepel, Reichsaufsicht 584f.

In Preußen hieß vor der Verfassung nicht jede Anordnung eines Rechtssatzes Gesetz, sondern nur die unbedingt verbindliche, nämlich die vom Landesherrn getroffene und in bestimmter Form verkündete Anordnung*). (Näheres Arndt, PreußVerf. 3ff.; Arndt, Reichsverordnungsr. 22, 36 aaO.; s. ferner Einl. z. ALR. § 2, RegInstr. v. 23. Okt. 1817 (GS. 248), § 11, V. v. 27. Okt. 1810 (GS. 3), OVG. I 173, StVHH. 1879, 668). Es ist ein Irrtum, zu glauben, wie dies von Anschütz, Gegenwärtige Theorien 168, Staatsr. 595 aaO. geschieht, daß das G. v. 5. Juni 1823 (GS. 129) mit „allgemeinen Gesetzen, welche Veränderungen in Personen- und Eigentumsrechten zum Gegenstande haben", eine Begriffsbestimmung des Gesetzes gegeben habe; vielmehr hebt dieses Gesetz nur einzelne Gesetze heraus; ebenso Hubrich, Bornhak und neuerdings Fr. Rosin, ferner F. Rachfahl bei Schmoller 1909, 89f.; Walz, Fleiner, Thoma l. c. Das Grundlagegesetz v. 6. April 1848 (GS. 87) § 6 bestimmte nun, daß zu jedem Gesetze, also zu jeder höchsten unbedingt verpflichtenden Anordnung, auch zu den bisher nicht den Ständen vorzulegenden, die Zustimmung der Stände eingeholt werden soll; s. Arndt, Selbständiges Verordnungsr.; s. auch Rehm in HA. 1901, 655.

Abs. 1 und 2 in Art. 62 der PreußVerf. — denen Art. 5 der alten RV. v. 16. April 1871 entspricht —: „Die gesetzgebende Gewalt wird gemeinschaftlich durch den König und durch zwei Kammern ausgeübt. — Die Übereinstimmung des Königs und beider Kammern ist zu jedem Gesetze erforderlich" sind nur formell, d. h. dahin zu verstehen, daß überall, wo ein Akt der gesetzgebenden Gewalt erforderlich ist, dieser Akt fortan vom Könige nur noch in Gemeinschaft mit dem Landtage vorgenommen werden darf. Art. 62 ist lediglich Über-

*) Damit ist nicht behauptet, daß jede Äußerung des Königs ein Gesetz, noch weniger, daß ein Gesetz keine Rechtsnorm ist, sondern daß Gesetz im absoluten Staate nicht jede, sondern nur die vom Könige gesetzte Rechtsnorm bedeutet habe (Arndt in HA. 1905, 448), VerwA. 27 Heft 3; Manteuffel, Denkwürdigkeiten I 8.

setzung der Belgischen Verf. Art. 26 und zwar Abs. 2 des Wortes „collectivement". Daß die gesetzgebende Gewalt nicht bloß beraten, sondern auch beschließen darf (Smend, Thoma), folgte von selbst aus Namen und Begriff wie schon aus dem Grundlagegef. v. 6. April 1848.

Ebenso bedeutet Art. 68 der RV. nicht, daß jeder Rechtssatz und nur ein Rechtssatz durch den Reichstag und Reichsrat gemeinschaftlich erlassen werden muß. Daß Gesetz im Sinne der Art. 2 und 5 der Verf. v. 10. April 1871 nicht schlechtweg jede Rechtsnorm und lediglich ein formeller Begriff ist, erkennt das RGZ. 48, 84 an; nunmehr auch Thoma l. c. und Triepel l. c. Daß man beim Gesetzbegriff in Preußen nicht die mittelstaatliche Eigentums- und Freiheitsklausel mit übernehmen wollte (Thoma), erhellt schon daraus, daß diese Klausel in Art. 5 u. 9 grundrechtlich und besonders übernommen wurde. Noch weniger hat man, namentlich Reichensperger, von dem die Fassung des Art. 62 herrührt, an § 7 Einl. z. ALR., noch an die längst verschollene Gesetzeskommission gedacht; Arndt VA. 25, 173, s. auch Arndt PrV. 11, JW. 1918, 682; gegen Triepel JW. 1918, 341 und Bornhak 144; s. auch Giese pr. Rechtsgeschichte 4, Anschütz u. a. m.

Während man aber für das preußische Staatsrecht behaupten kann (Arndt, Selbständiges Verordnungsr., Berlin 1902); Bornhak, Grundriß des deutschen Staatsr. (5) 144 ff.; v. Stengel, PreußStaatsr. I 167; Zorn I 482 f., Preuß.-Staatsr. § 111; v. Daniels, PreußPrivatr. V 142 u. a. m.), daß, wo die Verfassung kein Gesetz erfordert, die Krone noch das Recht hat, rechtsverbindliche Anordnungen (Rechtssätze) allein (im Verordnungswege) zu erlassen*), läßt sich für das

*) Wo die Kirchenverfassungen nicht ausdrücklich den Gesetzweg fordern, gilt die Verordnung (auch für kirchenrechtliche Normen) als zulässig; Friedberg, Kirchenrecht (6), 298; Stutz in v. Holtzendorffs Enzykl. II 906; Riedner, VerwArch. 11, 46; Theinert, das. 16, 76.

Reichsstaatsrecht nicht behaupten, daß ohne reichsgesetzliche Ermächtigung rechtsverbindliche Anordnungen erlassen werden dürfen; s. auch oben zu Art. 5; Arndt, Reichsverordnungsr. 16f.; Arndt in HA. 1885, 701; Arndt, Reichsstaatsr. 199f.; ebenso G. Meyer § 165, 603; Hänel, Deutsches Staatsr. 276; Seydel, Komm. 140; v. Jagemann 94; Rosenberg in HA. 1902, 16; Bornhak, PreußVerwBl. 22, 188; Knorr 16f.; Dambitsch 227; Laband, Reichsstaatsr. II 90.

Daß die Reichsregierung oder der Reichsrat kein selbständiges Verordnungsrecht praeter legem hat, folgt daraus, daß wie das Reich selbst, so auch keines seiner Organe andere Rechte als am letzten Ende vom Reichsgesetzgeber übertragene hat; folgt auch aus Art. 5.

Jedes (formelle) Gesetz enthält auch einen Rechtssatz. Nach Ansicht von Laband II 62f.; Anschütz, Staatsr. 594; O. Mayer 72; Jellinek, Gesetz und Verordnung 248f.; G. Meyer, Staatsr. § 155; Seligmann, Der Begriff des Gesetzes 1f.; Hubrich, HA. 1904, 720f.; Poetzsch 148; Anschütz 152; Giese 178; F. Stier-Somlo, PrVerf. 144f. u. a. gibt es Gesetze, welche keinen Rechtssatz aufstellen, z. B. Etats-, Anleihegesetze, welche Gesetze formelle Gesetze genannt werden. Richtig ist, s. namentlich Hänel, Das Gesetz im formellen und materiellen Sinne, Leipzig 1886; v. Martitz, ZStaatsw. 36, 241f.; Zorn, Staatsr. I 404 aaO.; Triepel, Reichsaufsicht, daß es sich um eine Rechtsvorschrift bei jedem Gesetze handeln muß; s. auch unten zu Art. 67.

Im übrigen gibt es in „Gesetzen" wie in „Verordnungen" und „Verwaltungsvorschriften" Muß- und bloße Soll- (instruktionelle) Vorschriften; die Verletzung der ersteren, nicht der letzteren, obgleich auch diese oft Rechtsnormen sind, gibt einen Revisionsgrund. Manche Gesetze und Verordnungen wollen für immer (bis auf weiteres), manche nur für ein Jahr gelten (Etatsgesetze), manche wollen jedermann binden, manche, z. B. die Etatsgesetze, nur die Staatsregierung, s. zu Art. 85. Es kommt überall auf den Willen des Anordnenden an. Auch

Gesetze und Verordnungen, die sich nur an Behörden wenden, z. B.: ob Zeugen zu vernehmen sind oder nicht, ob öffentlich oder mündlich verhandelt werden soll, enthalten zweifellos Rechtsnormen; s. auch RGZ. 48, 84. Zweifellos enthalten StGB., ZPO. Rechtsnormen, obgleich sie wenigstens direkte Befehle nur den Gerichten geben.

Gesetz i. S. der RVf. ist nicht = Rechtssatz, Gesetzgebung nicht = Rechtssatzung (Anschütz), sondern Gesetz = höchster Rechtssatz, Gesetzgebung = höchste (souveräne) Rechtssatzung.

Durch Landesgewohnheitsrecht kann ein Reichsgesetz nicht geändert werden; s. A. Mayer, DVR. I 131; Seydel 118; Riedel, RVf. 41; R. Mohl, RVf. 168; Laband II 75; G. Meyer, Lehrb. § 267; O. Gierke, DPrivatr. § 189; Fleiner, Instr. 76; F. Endemann, Lehrb. d. BürgR. I § 9 u. a. m.; and. Ans. u. a. Hänel, StR. 250; Cosack, Lehrb. d. BürgR. § 20. S. auch Schön, VA. 281; Hatschek, Inst. 67.

Artikel 68.

Die Gesetzesvorlagen werden von der Reichsregierung oder aus der Mitte des Reichstags eingebracht[1]).

Die Reichsgesetze[2]) werden vom Reichstag beschlossen[3]).

[1]) Die Gesetzesinitiative steht sowohl dem Reichstag wie der Reichsregierung (d. i. das Gesamtministerium, Art. 57, und dem Reichsrat, Art. 69, für sozial- und wirtschaftliche auch dem Reichswirtschaftsrate (Art. 165) zu, wie endlich einem Zehntel der Stimmberechtigten, Art. 73.

[2]) Im Sinne nicht von Rechtsnorm schlechthin, sondern von Souveränitätsakten; s. oben S. 122; ebenso Giese 181.

[3]) Berichterstatter Oberbürgermeister Koch bemerkte, StenBer. 1344 f.: „Im Gegensatz zu der alten Reichsverfassung stellt die neue den Reichstag in den Mittelpunkt der Gesetzgebung. Als erster und wichtigster Artikel in dem Abschnitt über die

Reichsgesetzgebung ist demnach der Artikel anzuführen, der das Gesetzgebungsrecht in die Hände des Reichstags legt. Daneben bestehen ausschlaggebende Rechte der Reichsregierung und des Reichspräsidenten im allgemeinen nicht. Es beschränkt sich ihre Tätigkeit auf die Vorbereitung und die Verkündigung der Gesetze. Der Präsident hat außerdem noch das eine Recht, einen Volksentscheid über die vom Reichstag beschlossenen Gesetze herbeizuführen. Gleichberechtigte Faktoren sind aber weder Präsident noch Regierung. jedoch hat man sich mit dem Umstande auseinander zu setzen, daß das Reich auch in seiner neuen Ordnung ein Bundesstaat bleibt, und daß infolgedessen ein Organ, der Reichsrat, geschaffen ist, das bis zu einem gewissen Grade ein Mitwirkungsrecht in der Gesetzgebung hat. Selbstverständlich geht dieses Recht nicht so weit wie das des alten Bundesrats, der die Regierung des konstitutionellen Staates und deshalb gleichberechtigter Faktor der Gesetzgebung war, während der Reichsrat nur der Vertreter der Länder bei der Reichsregierung ist."

Artikel 69.

Die Einbringung von Gesetzesvorlagen der Reichsregierung bedarf der Zustimmung des Reichsrats[1]). Kommt eine Übereinstimmung zwischen der Reichsregierung und dem Reichsrat nicht zustande, so kann die Reichsregierung die Vorlage gleichwohl einbringen, hat aber hierbei die abweichende Auffassung des Reichsrats darzulegen[2]).

Beschließt der Reichsrat eine Gesetzesvorlage, welcher die Reichsregierung nicht zustimmt, so hat diese die Vorlage unter Darlegung ihres Standpunkts beim Reichstag einzubringen[3]).

[1]) Kein Gesetzentwurf der Reichsregierung kann an den Reichstag gelangen ohne zunächst den Reichsrat zu passieren.

Indessen ist das keine Sperrfrist, wie es bisher der Fall war (Koch ebendort).

²) Wenn der Reichsrat dem Gesetzentwurf der Regierung nicht zustimmt, so kann die Reichsregierung ihn fallen lassen oder unter Darlegung der abweichenden Auffassung des Reichsrats ihn gleichwohl beim Reichstag einbringen.

³) Die Reichsregierung muß Gesetzesvorlagen des Reichsrats unter allen Umständen beim Reichstage einbringen. Der Reichsrat ist nicht wie einst der Bundesrat in der Lage, die Vorlegung eines Gesetzentwurfs der Reichsregierung an den Reichstag zu verhindern. Der Reichstag kann über Gesetzesvorlagen des Reichsrats nicht zur Tagesordnung übergehen (Geschäftsordnung § 25). Nicht der Reichsrat als solcher, wohl aber, was praktisch auf das gleiche herauskommt, ein Vertreter des Landes kann den Standpunkt des Reichsrats vor dem Reichstage vertreten s. Art. 33. Über das weitergehende Recht des Reichswirtschaftsrats s. Art. 165.

⁴) Jeder Beschluß des Reichstages enthält zugleich die Sanktion, s. Anm. 3 zu Art. 70; Anschütz 182.

Artikel 70.

Der Reichspräsident hat die verfassungsmäßig zustande gekommenen Gesetze auszufertigen[1]) und binnen Monatsfrist im Reichs-Gesetzblatt[2]) zu verkünden[3]).

¹) Er hat das Recht und, wenn er nicht binnen eines Monats nach seiner Verabschiedung es zum Volksentscheid bringt (Art. 73) die Pflicht. Triepel, AöR. 39, 529. Nach der Theorie, Laband II 45; Anschütz 129 u. a., bedeutet die Ausfertigung die nicht nachprüfbare Verbindlichkeit des Gesetzes auch für die Gerichte. Dagegen Hänel, Studien I 262; Seydel 174; Dyroff 852; Triepel, AöV. 39, 534; s. auch VA. 534f., unten zu Art. 102; ferner Arndt, JW. 1916, 590; 1917, 719; 1918, 516; s. auch VA. 483f.

[2]) Das Reichsgesetzblatt dient nicht bloß zur Aufnahme von Reichsgesetzen; auch Verordnungen können dort bekannt gemacht werden, brauchen dies aber nicht. Wie Verordnungen bekannt zu machen sind, bestimmt die Reichsverfassung nicht, Wo eine ausdrückliche Vorschrift fehlt, ist es dem Verordnungsberechtigteu freigestellt, wo und wie er eine Reichsverordnung, auch wenn diese eine Rechtsnorm enthält, bekannt machen will; Arndt, RVerordnungsr. 193, Recht 1905, 121; JW. 1917, 1278; DJZ. 1915, 174; RGZ. 48, 84; RGSt. 51, 218; 55, 119. Häufig dient als Publikationsorgan für Reichsverordnungen das Zentralblatt für das Deutsche Reich. Dies genügt auch (Arndt, Reichsverordnungsr. 208f., RGZ. 48, 84; RGSt. 34, 368; 35, 262). Die Publikation von Landesverordnungen zur Ausführung von Reichsgesetzen richtet sich nach Landesrecht; Arndt l. c.; Dambitsch 57; Laband 202.

[3]) Das Datum des Gesetzes ist das der Ausfertigung, nicht das des Zustandekommens, noch das des Inkrafttretens (Arndt 189). Publiziert als Gesetz braucht nur der Gesetzesbefehl zu sein. Der befohlene Inhalt kann wo anders publiziert werden; vgl. Art. 40 und 61 der früheren Reichsverf.; Arndt im „Recht" 1903 Nr. 12; ebenso Laband II 58. Eine Sanktion der Reichsgesetze im Sinne Art. 7 Z. 1 der früheren oder Art. 45 der alten PreußVerf. besteht nicht mehr, etwa durch den Reichsrat oder den Reichspräsidenten; s. auch Triepel bei Schmoller 1919, 498 u. AöR. 39, 534f. Sie haben nur ein Einspruchsrecht, auch von ihnen vorgelegte Gesetzentwürfe können sie nicht einseitig zurücknehmen. Vor Ablauf der Einspruchsfrist kann der Reichspräsident das Gesetz nur verkünden, wenn der Reichsrat dem Gesetz zugestimmt, d. h. erklärt hat, daß er keinen Einspruch erheben wird.

Artikel 71.

Reichsgesetze treten, soweit sie nichts anderes bestimmen, mit dem vierzehnten Tage nach Ablauf

des Tages in Kraft, an dem das Reichs-Gesetzblatt in der Reichshauptstadt ausgegeben worden ist.

Das Reichsgesetz kann auch schon vor seiner Verkündigung gelten, wenn es dies vorschreibt, d. h. es kann sich rückwirkende Kraft beilegen; Arndt 176, woselbst Beispiele; Dambitsch 57 f.; s. auch RGZ. 71, 33; ebenso Laband II 81 f. Das Datum des Gesetzes ist das der Ausfertigung, nicht das des Zustandekommens (der Sanktion) noch das des Inkrafttretens (Arndt 189). Wegen Redaktionsfehler, Druckfehler und Berichtigungen vgl. Nieberding in den StenBerRT. 1898, 1863; s. auch 1907, 1673; Arndt 185 f.; s. ferner G. Meyer 568 „der, welcher den Fehler begangen", darf nötige Berichtigungen bewirken; s. auch RGZ. 41, 34, wonach zweifellose Redaktionsfehler, ohne Rücksicht darauf, in welchem Stadium der Entstehung des Gesetzes die Fehler entstanden, durch eine einfache, im RGBl. veröffentlichte Erklärung des Reichskanzlers berichtigt werden dürfen, und dagegen Laband II 60 und wiederum Lindemann im AÖR. 14, 161; Lukas, Gesetzespublikation 232 f.; s. auch Lobe, DJZ. 21, 603; Hatschek bei Marquardsen 56. Bloße Druckfehler kann der Reichskanzler korrigieren; Nieberding l. c.; s. auch Dambitsch 52 f.; Ausfertigungsfehler muß der Präsident im RGBl. korrigieren (unter Gegenzeichnung des Reichskanzlers), (viele Berichtigungen s. RGBl. 1915), Redaktionsfehler des Reichstags oder Bundesrats müssen im Gesetzeswege berichtigt werden; Laband II 60. Bloße Druckfehler im Text kann der Richter korrigieren; bei Parlamentsfehlern ist Gesetz nötig.

Der Tag der Ausgabe des Reichsgesetzblattes, nach dem die 14 Tage bzw. 2 oder 4 Monate (s. unten) berechnet werden, ist gemäß § 2 der Präsid. V. v. 26. Juli 1867 (BGBl. 1) auf dem Blatte angegeben. Verordnungen gelten im Zweifel vom Tage der Bekanntmachung; s. DJZ. 1917, 1467; Leipziger Zeitschr. 1912, 98.

„Neue Gesetze erlangen in den Konsulargerichtsbezirken, die in Europa, in Ägypten oder an der asiatischen Küste des

Schwarzen oder des Mittelländischen Meeres liegen, mit dem Ablaufe von zwei Monaten, in den übrigen Konsulargerichtsbezirken mit dem Ablaufe von vier Monaten nach dem Tage, an dem das betreffende Stück des Reichsgesetzblattes oder der Preußischen Gesetzsammlung in Berlin ausgegeben worden ist, verbindliche Kraft, soweit nicht für das Inkrafttreten ein späterer Zeitpunkt festgesetzt ist oder für die Konsulargerichtsbezirke reichsgesetzlich ein anderes vorgeschrieben wird." (§ 30 des KG. v. 7. April 1900, RGBl. 213.) Für sonst im Auslande befindliche Personen gilt das allgemeine Recht; Arndt 176f.; Binding, Handbuch des Strafrechts I 229; Seydel 47; G. Meyer, Staatsr. § 163 Anm. 20; Dambitsch 59; and. Ans. Laband II 80, der zu den 14 Tagen noch den Zeitraum hinzurechnet, der erforderlich ist, daß das fragliche Gesetzblatt zu dem bez. ausländischen Gebiete gelangen kann. Über das Prüfungsrecht der Richter gegenüber Gesetzen und Verordnungen s. zu Art. 102.

Artikel 72.

Die Verkündung eines Reichsgesetzes ist um zwei Monate auszusetzen, wenn es ein Drittel[1]) des Reichstags verlangt[2]). Gesetze, die der Reichstag und der Reichsrat für dringlich erklären, kann der Reichspräsident[3]) ungeachtet dieses Verlangens verkünden[4]).

[1]) Das Drittel wird nach der gesetzlichen Zahl berechnet, ebenso Giese 188.

[2]) Hat ein Drittel des Reichstags die Aussetzung der Verkündigung verlangt, so muß ein Zwanzigstel des Volks dem Antrage beitreten, wenn es den Volksentscheid herbeiführen will (Art. 73 Abs. 2). Die Frist rechnet von der Verabschiedung im Reichstage, Giese 188; s. auch Anschütz 131.

[3]) Da es eilige Fälle gibt, in denen es nicht möglich ist, mit der Verkündung eines Gesetzes zu warten, bis zwei Monate

verstrichen und die Frage, ob ein Volksentscheid herbeigeführt wird, entschieden ist, sieht die Verfassung vor, daß solche Fälle nicht aufgeschoben zu werden brauchen und das Gesetz alsbald verkündigt werden kann. Aber auch in diesen Fällen ist die Möglichkeit des Volksentscheids gegeben, wenn ein Zehntel der Stimmberechtigten die Aufhebung des Gesetzes durch ein neues Gesetz verlangt (Art. 73 Abs. 3); Koch, StB. 1346; oder, wenn der Präsident den Volksentscheid, was er kann, herbeiführt, s. zu Art. 73 BA. 310 und Anschütz 131.

[4]) Nach der Verkündung könne ein Volksentscheid nicht herbeigeführt werden. Triepel l. c. 508; s. auch Zöphel, RVf. Anm. 4 zu Art. 73.

Artikel 73.

Ein vom Reichstag beschlossenes Gesetz ist vor seiner Verkündung zum Volksentscheid zu bringen, wenn der Reichspräsident binnen eines Monats es bestimmt[1]).

Ein Gesetz, dessen Verkündung auf Antrag von mindestens einem Drittel des Reichstags ausgesetzt ist, ist dem Volksentscheid zu unterbreiten, wenn ein Zwanzigstel der Stimmberechtigten es beantragt[2]).

Ein Volksentscheid ist ferner herbeizuführen, wenn ein Zehntel der Stimmberechtigten das Begehren nach Vorlegung eines Gesetzentwurfs stellt[3]). Dem Volksbegehren muß ein ausgearbeiteter Gesetzentwurf zugrunde liegen. Er ist von der Regierung unter Darlegung ihrer Stellungnahme dem Reichstag zu unterbreiten. Der Volksentscheid findet nicht statt, wenn der begehrte Gesetzentwurf im Reichstag unverändert angenommen worden ist[4]).

Über den Haushaltsplan, über Abgabengesetze und Besoldungsordnungen kann nur der Reichspräsident einen Volksentscheid veranlassen[5]).

Das Verfahren beim Volksentscheid und beim Volksbegehren regelt ein Reichsgesetz[6]).

[1]) S. Art. 70. Dies gilt auch für verfassungsändernde Gesetze. Die Volksentscheidung wird auch Referendum genannt. Man spricht dann von plebiszitärer im Gegensatz zu parlamentarischer Gesetzgebung: Waldstein, NatVers. 2157. Die Frist des Art. 73 rechnet von der Verabschiedung im Reichstag, Giese 188. Bei Einspruch muß Verkündigung ausgesetzt werden. Die Reichsverf. kennt kein obligatorisches Referendum, Giese 190; Anschütz 137.

[2]) S. Art. 72.

[3]) S. Anm. 3 zu Art. 72.

[4]) Auch in diesem Falle muß dem Volksentscheid eine Entscheidung des RT. vorhergehen. Die Regierung muß zunächst den Entwurf dem RT. vorlegen. Nimmt dieser den Entwurf unverändert an, so ist das Volksbegehren damit befriedigt und erledigt. Nimmt er ihn nicht an oder ändert er ihn, so tritt das Referendum ein (Waldstein l. c.).

[5]) S. zu Abs. 4 Art. 85. In diesen Fällen ist auch ein Volksentscheid unzulässig, außer auf Veranlassung des RPräsidenten, Triepel l. c. 495; s. auch BA. 310; Anschütz 134.

[6]) Das Gesetz über den Volksentscheid erging am 27. Juni 1921 (RGBl. 798). Über das Stimmrecht kann es nicht verfügen, nur über das Verfahren.

Artikel 74.

Gegen die vom Reichstag beschlossenen Gesetze steht dem Reichsrat der Einspruch zu.

Der Einspruch muß innerhalb zweier Wochen nach der Schlußabstimmung im Reichstag bei der

Reichsregierung eingebracht und spätestens binnen zwei weiteren Wochen mit Gründen versehen werden.

Im Falle des Einspruchs wird das Gesetz dem Reichstag zur nochmaligen Beschlußfassung vorgelegt. Kommt hierbei keine Übereinstimmung zwischen Reichstag und Reichsrat zustande, so kann der Reichspräsident binnen drei Monaten über den Gegenstand der Meinungsverschiedenheit einen Volksentscheid anordnen. Macht der Präsident von diesem Rechte keinen Gebrauch, so gilt das Gesetz als nicht zustande gekommen. Hat der Reichstag mit Zweidrittelmehrheit entgegen dem Einspruch des Reichsrats beschlossen, so hat der Präsident das Gesetz binnen drei Monaten in der vom Reichstag beschlossenen Fassung zu verkünden oder einen Volksentscheid anzuordnen.

Der Reichspräsident ist nicht verpflichtet, die Meinungsverschiedenheit zwischen Reichstag und Reichsrat einem Volksentscheid zu unterbreiten, in welchem Falle ein Gesetz nicht zustande gekommen ist. Die Zweidrittelmehrheit des Art. 74 berechnet sich nicht nach der gesetzlichen Zahl, sondern nach der Zahl der Abstimmenden. S. zu Art. 74 bes. Triepel, AÖR. 39, 512 f. Nicht rechtzeitig begründeter Einspruch gilt als nicht eingelegt, Giese 221; Anschütz 135. Der Volksentscheid kann nur für den RT. oder den RR. ergehen, Anschütz 136. Der Einspruch kann auch noch nach Schluß der Tagung eingelegt werden, Triepel, AÖR. 39, 544. Daß der Vorsitzende des RR. Kenntnis von dem Einspruch hat, gilt als Einbringen des Einspruchs § 28 GeschO. d. RR. Wenn wegen Ablaufs der Tagung es nicht zur Beschlußfassung des RT. über den Einspruch des RR. kommt, ist dieser durchgedrungen, Triepel l. c 516 Anm. 86, Poetzsch 137.

Artikel 75.

Durch den Volksentscheid kann ein Beschluß des Reichstags nur dann außer Kraft gesetzt werden, wenn sich die Mehrheit der Stimmberechtigten an der Abstimmung beteiligt.

S. auch Triepel, AöR. 39, 501.

Artikel 76.

Die Verfassung kann im Wege der Gesetzgebung geändert werden[1]). Jedoch kommen Beschlüsse des Reichstags auf Abänderung der Verfassung nur zustande, wenn zwei Drittel der gesetzlichen Mitgliederzahl anwesend sind und wenigstens zwei Drittel der Anwesenden zustimmen. Auch Beschlüsse des Reichsrats auf Abänderung der Verfassung bedürfen einer Mehrheit von zwei Dritteln der abgegebenen Stimmen. Soll auf Volksbegehren durch Volksentscheid eine Verfassungsänderung beschlossen werden, so ist die Zustimmung der Mehrheit der Stimmberechtigten erforderlich.

Hat der Reichstag entgegen dem Einspruch des Reichsrats eine Verfassungsänderung beschlossen, so darf der Reichspräsident dieses Gesetz nicht verkünden, wenn der Reichsrat binnen zwei Wochen den Volksentscheid verlangt[2])[3]).

[1]) Der Berichterstatter Koch, StenBer. 1346, bemerkte hierzu: „Von dem bisher geltenden Grundsatz der alten Reichsverfassung, daß Verfassungsänderungen im Wege der einfachen Gesetzgebung beschlossen werden können, ist abgewichen. Wir sind der Meinung, daß heute, wo der Weg der Gesetzgebung wesentlich erleichtert ist, nicht durch einfachen Mehrheitsbeschluß des Reichstags und des Reichsrats eine Verfassungsänderung

vorgenommen werden kann. Wir haben deshalb vorgesehen, daß überall da, wo bei einer einfachen Gesetzgebung eine einfache Mehrheit des Reichstags und des Reichsrats erforderlich ist, hier eine Zweidrittelmehrheit vorgeschrieben werden muß. Das hindert natürlich nicht, daß in denjenigen Fällen der einfachen Gesetzgebung, wo ein Mehrheitsbeschluß des Reichstags umgangen werden kann, auch hier ein Beschluß des Reichsrats, der mit Zweidrittelmehrheit gefaßt ist, umgangen werden kann. Das führt also zu dem Zustande, daß, wenn der Reichstag mit Zweidrittelmehrheit beschließt, der Präsident berechtigt ist, — — das Gesetz zu verkünden oder auch eine Volksabstimmung herbeizuführen. Das hindert weiter auch nicht, daß ein Beschluß des Reichstages, der also hier mit Zweidrittelmehrheit beschlossen werden müßte, dadurch umgangen werden kann, daß eine Volksabstimmung auf Grund Volksbegehrens stattfindet, so daß hier das Volk in die Lage gesetzt wird, auch eine Verfassungsänderung mit einfacher Mehrheit zu beschließen. Man würde auf den Gedanken kommen können, auch dafür eine qualifizierte Mehrheit im Volke vorzuschreiben, wie das beim Reichstag und Reichsrat vorgeschrieben ist, aber das würde doch wohl dem Grundgedanken der Demokratie widersprechen. Es geht nicht gut an, daß, wenn das Volk einmal befragt ist, eine Willensäußerung des Volkes, die es vielleicht mit Dreifünftelmehrheit faßt, unbeachtet bleibt"; s. auch Waldstein 256. Verfassung im Sinne Art. 76 ist nur die Verfassungsurkunde, ebenso Giese 198. Satz 2 in Art. 76 enthält die Erschwerung, daß, wenn auf Volksentscheid eine Verfassungsänderung beschlossen werden soll, mindestens die Hälfte des Volks (die Mehrheit der Stimmberechtigten) der Abänderung zustimmen muß. „Dann liegt die Sache so, daß ein Beschluß des Reichstags vorangegangen sein muß, in welchem er die Verfassungsänderung ablehnt. Liegt der vor, dann wird man mit Recht sagen können, daß gegenüber dem Beschluß des Reichstags, der eine Verfassungsänderung nicht will, ein Beschluß des Volkes auf Verfassungsänderung nur dann Kraft haben darf, wenn wenigstens die Hälfte des Volkes dieser Anderung zustimmt"; Waldstein l. c.

[2]) Da immer dem verfassungsändernden Gesetz die Verfassungsänderung vorausgehen oder daß ein solches Ges. als im Text verfassungändernbes bezeichnet werden muß, ist nicht nötig, Arndt, RStR. 190; Meyer-Anschütz § 164; Laband II § 53; Triepel l. c. 543; Poetzsch 139, und die herrschende Meinung. Wenn ein Drittel oder mehr im RR. oder im RT. gegen eine Verfassungsänderung stimmt, ist diese gescheitert; doch kann, wenn zwei Drittel Mehrheit im RT. und nicht im RR. vorhanden ist, der Präsident den Volksentscheid herbeiführen, vgl. Triepel 523; Giese 200; Poetzsch 139.

[3]) Die Vorschrift in einem Ges., daß sie nur wie eine Verfassungsänderung abgeändert werden kann, s. § 46 Ges. über die Finanzverwaltung v. 10. Sept. 1919, RGBl. 1591) oder nur mit Zustimmung eines Dritten, § 259 Branntweinmonopolgesetz v. 26. Juni 1918 (RGBl. 887), ist gültig und selbst keine Verfassungsvorschrift, da sie selbst stets durch einfaches Ges. aufgehoben werden kann, s. dagegen E. Kaufmann, JW. 1919, 901; Poetzsch 131, AÖR. 40, 156; Triepel, AÖR. 39, 465 und dafür Arndt, JW. 49, 371; 50, 498; übrigens ständige Praxis.

Artikel 77.

Die zur Ausführung der Reichsgesetze[1]) erforderlichen allgemeinen[2]) Verwaltungsvorschriften[3]) erläßt, soweit die Gesetze nichts anderes bestimmen[4]), die Reichsregierung. Sie bedarf dazu der Zustimmung des Reichsrats, wenn die Ausführung der Reichsgesetze den Landesbehörden zusteht[5]).

[1]) Auch der Reichsverfassung und der Gesetze des Deutschen Zollvereins, nicht der Landesgesetze; Arndt, Reichsstaatsr. 109; Seydel 144; Dambitsch 232; Hänel 281.

[2]) Das heißt für das ganze Reich gültige. Allgemein drückt

zugleich den Gegensatz zum Spezialfall aus. Die Reichsgesetze ermächtigen nicht selten auch die Landesbehörden zum Erlasse von Verordnungen; Arndt, Reichsstaatsr. 202; Reichsverordnungsr. 92; Seydel, Komm. 102; s. auch Zorn I § 17. Allgemeine Verwaltungsvorschriften im Sinne der Art. 7 und 37 der alten Verf. waren die, welche der Bundesrat für das ganze gemeinschaftliche Zoll- und Steuergebiet erlassen hat, z. B. Bundesratsbeschluß v. 6. Juli 1878 (RZBl. 935) und v. 17. März 1913 über die Abgabefreiheit der sog. Kalisalze, im Gegensatze zu denen, die von den Einzelregierungen ergehen, z. B. Bestimmungen des preußischen Finanzministers v. 18. Juli 1872 (PrAbgZBl. 316). Aus dem Umstande, daß die Reichsregierung nur allgemeine Verwaltungsvorschriften erlassen darf, folgt nicht, daß die Landesregierungen beliebig die besonderen für ihre Untertanen treffen dürfen. Überall, wo die Gesetzgebungsbefugnis des Reichs ausschließlich war (z. B. Zölle und Steuern Art. 35), oder soweit auch innerhalb seiner fakultativen Zuständigkeit der Reichsgesetzgeber vollständig erschöpfend eine Materie regeln wollte, sind die Landesverordnungen zur Ausführung von Reichsgesetzen nur statthaft, wo sie besonders zugelassen sind; s. Arndt, Reichsverordnungsr. 92 aaO. Seydel 141 meint mit Recht, daß „Verwaltungsvorschriften“ in dem Sinne von bloßen Anweisungen an die Behörde selbst auf dem Gebiete der ausschließlichen Reichsgesetzgebung von den Einzelstaaten nicht erlassen werden durften; solche Anweisungen begreift man aber nicht unter Verwaltungsvorschriften, welche nicht allein für die Behörden, sondern auch für alle Bürger bestimmt sind, z. B. Ein- und Ausfuhrverbote, Vorschriften über Denaturierung von Salz und Spiritus, Begleitscheinregulativ-, Post- und Telegraphenordnungen, Eisenbahn-, Verkehrs- und Betriebsordnungen, Anstellungsbedingungen der Militäranwärter, Versorgung der Militärpersonen; s. RZBl. 1871, 275; 1875, 149 usw.; ebenso Hänel 394; s. auch oben zu Art. 15. Der Erlaß von Rechtsnormen (Einfuhrverboten) ist in veterinär-polizeilichen Gesetzen (RinderpestG.

v. 7. April 1867 u. a.) vom Reiche den Einzelstaaten übertragen worden; s. auch über die Zulässigkeit solcher Delegationen selbst bei der ausschließlichen Zuständigkeit der Reichsgesetzgebung, Kahl, StenBerNatVers. 2000.

Ausführung bezieht sich auf Handhabung wie Erfüllung des Gesetzes; Triepel, Reichsaufsicht 374 Anm. 4.

[3]) Verwaltungsvorschriften (aus Art. 7 Z. 2, 37 u. 38 der alten Verfassung übernommen) sind nicht bloß Vorschriften, die nur für die Verwaltungsbehörden gelten, sondern auch solche, welche von der Verwaltung im Unterschiede von der Gesetzgebung erlassen werden. Verwaltungsvorschriften (auf Grund des Art. 7 Nr. 2 erlassen) sind z. B. die Aus- und Einfuhrverbote. Näheres s. Arndt, Reichsverordnungsrecht 97, im „Recht" 1901, 35ff.; Selbständiges Verordnungsr. 247f.; Meyer-Anschütz § 159 aaO. Alles, was nicht die Form des Gesetzes hat, bezeichnet man als Verordnung, wofür das französisch-belgische Recht den Ausdruck „Verwaltungsvorschrift", règlement administratif oder règlement d'administration hat. Aus dem französisch-belgischen Recht ist diese Bezeichnung in den deutschen Sprachgebrauch übergegangen, schon in die Nassauische Verfassung von 1814. Wie in Frankreich und Belgien unter Verwaltungsvorschriften alle von der Verwaltung erlassenen Vorschriften bezeichnet werden; so bezeichneten Stahl, Rechtslehre (3) II. Abt. § 112 S. 386, ferner Fischer und Kisker in der II. Revisionskammer 1849/50 für Ein- und Ausfuhrverbote, später Goldschmidt*), die heutige Verkehrsordnungen

---

*) Zeitschr. f. Handelsrecht 4, 461; s. auch Arndt in Preuß. Jahrb. 1901, 340. Auch G. Meyer, Staatsr. § 165 Anm. 2; Rosenberg in HA. 1902, 16; Zorn, ebenda 1885, 13, Staatsr. II 482; Bornhak, PreußStaatsr. 446f.; Anschütz, Staatsr. 606; Riedel 22; Hubrich, HA. 1907 16; Löwe-Rosenberg zu § 376 StPO.; H. Rosin, VerwArch. 21, 347; Andruschen, AÖR. 22, 82; Lahusen bei Grünhut 24, 365; Bäseler, Eisenbahnverkehrsordnung 52; Paschke,

als „Administrativmaßregeln“. Zweifellos sind Verwaltungsvorschriften im Sinne des Art. 38 der alten Verf. Rechtsnormen. So sind die unzähligen Ein- und Ausfuhrverbote nach Delbrück, dem Urheber des Art. 7, früher 37, der „Art. 40 der Reichsverf.“, S. 24 auf Grund Art. 7^2a Reichsverf. erlassen; die Ansicht des RGSt. 47, 293; 49, 191; 50, 52, daß sie auf Grund des BRVereinszollgesetzes v. 1. Juli 1869 erlassen sind, wird dadurch widerlegt. Auch die Post- und Telegraphenordnungen („administrative Anordnungen“) RGSt. 238; RGZ. 19, 104; 43, 99; RGSt. 26, 118, die Eisenbahnreglements ROHG. 21, 60; RGSt. 10, 326; 27, 377; s. auch in RGZ. 47, 33; 55, 145 u. v. a., ferner die Begleitscheinregulative, Denaturierungsvorschriften usw. sind Rechtsnormen. RGZ. 48, 84 hat ausgesprochen, daß in dem Sinne wie die Theorie diese Worte gebrauche: Rechtsnorm gleich Vorschrift, welche die Rechtsbeziehungen der einzelnen Staatsbürger regele, Verwaltungsvorschrift dagegen nur Anweisung an Behörden, Rechts- und Verwaltungsvorschriften keine Gegensätze seien; s. auch RGSt. 34, 57; s. auch Löwe-Hellweg, StPO. zu § 376. Daß die auf Grund Art. 7^2 vom Bundesrat erlassenen Vorschriften Rechtsnormen sein können, hat auch das Kammergericht (KJ. 20, 122C) anerkannt; RGZ. 72, 257, wo richtig gesagt wird, daß auf Grund Art. 7^2 erlassene Vorschriften des Bundesrates Gesetze erläutern und ergänzen (nicht abändern) können,

---

Eisenbahnverkehrsornung 27; Loening, VerwR. 229 erkennen an, daß „Verwaltungsvorschriften“ auch Rechtsnormen enthalten können; dagegen Laband I 91; O. Mayer, DVR. I 346; diese widersprechen sich; s. O. Mayer, DVR. I 368 und Laband IV 411; Giese 205; Poetzsch 139.

Auch OVR. 37, 457; 71, 471; s. auch 1, 173, nimmt an, daß Verwaltungsvorschriften Rechtsnormen sein können. Dies ergibt sich auch aus den Reden von Lasker und Delbrück v. 7. Dez. 1870 (StenBerRT. 122); Lasker am 10. Mai 1880 (StenBer. 1909).

s. auch RGZ. 72, 370; dagegen RGSt 22, 48 und RGZ. 40, 76; 76, 19; nicht ganz klar RGSt. 47, 293; 49, 191.

Selbstredend gibt es wie in den Gesetzen so auch in den „Verwaltungsvorschriften" bloße Sollvorschriften, und sodann sind alle den Gesetzen zuwiderlaufenden Bestimmungen der Verwaltungsvorschriften ungültig; s. RGSt. 22, 48.

Es gibt aber endlich Vorschriften von der Verwaltung nur für den internen Dienst der Verwaltung, so z. B. die Allgemeinen Dienstvorschriften für die Post- und Telegraphie, in Frankreich sogenannte Zirkularverfügungen; s Arndt, Reichsstaatsr. 207; A. Giron, Le droit administratif de la Belgique, 1881 Nr. 86; Löwe-Hellwig (11) 797; RGSt. 1, 125; 4, 13; 29, 180; s. auch RGSt. v. 16. Febr. 1904 in DJZ. 1904, 556, und zu Art. 15.

Unzweifelhaft ist, daß in Art. 38 Nr. 1 der alten Reichsverf. „Verwaltungsvorschriften" im Sinne von Rechtsvorschriften gebraucht ist und daß alle Verordnungen über Steuervergütungen und Ermäßigungen auf gesetzlichen Ermächtigungen beruhen; s. auch RGSt. 45, 410.

Auf Grund Art. 7 Ziff. 2 ergingen (früher) die Verordnungen im Gebiete des Eisenbahnwesens, später nur noch auf Grund Art. 42 f., ergehen die Ein- und Ausfuhrverbote (Delbrück, „Art. 40", 24), die Verordnungen zur Ausführung des Gesetzes, betr. die Erhebung einer Abgabe von Salz v. 12. Okt. 1867 (BGBl. 49), in dem eine ausdrückliche Ermächtigung fehlt, z. B. über Steuerfreiheit der Kalisalze, Denaturierung von Speisesalz usw. (RZBl. 1888, 613; 1900, 12; 1902, 422; 1904, 274; ferner Bestimmungen zur Ausführung des Militärpensions G. v. J. 1871 v. 22. Febr. 1875 (RZBl. 142), nebst Nachtrag v. 9. Mai 1877 (RZBl. 253); Instruktion zur Strandungsordnung v. 24. Nov. 1875 (RZBl. 750); Bestimmungen über die Behandlung nachgemachter Reichsmünzen v. 9. Mai 1876 (RZBl. 260); s. auch Knorr 43 f.

Selbstredend ist, daß die Verordnungen der Reichsregierung niemals contra legem noch praeter legem, sondern stets nur intra legem sein dürfen; sie dürfen detaillieren, entwickeln usw. RGZ. 56, 376, nicht über den erklärten oder stillschweigend kundgegebenen Willen des Gesetzes hinausgehen; s. auch RG. v. 7. Juni 1912, im „Recht“ Nr. 15, 16; s. auch Arndt, Reichsverordnungsr. 74 f.; Rosin, Polizeiverordnungsr. (2) 35; Schön, Handbuch I 249; Anschütz, Staatsr. 606; Fleiner usw.; Arndt, Reichsstaatsr. 203; Dambitsch 227; RGZ. 72, 257.

Ein Notverordnungsrecht wie in Art. 55 PreußVerf. besteht im Reiche nicht; ebenso Dambitsch 229; Arndt, Reichsstaatsr. 107 und Anm. zu Art. 5; Laband II 90; Zorn I 485; v. Rönne II 1, 56; s. indes auch Art. 48 Reichsverf. Von Reichsgesetzen kann nur auf Grund reichsgesetzlicher Ermächtigungen dispensiert werden. Daß die Gesetzgebung frei befugt ist, was, wie und wann sie will und durch wen sie will, im Verordnungswege regeln zu lassen, folgt aus der Souveränität des Gesetzgebers und ist heute kaum noch streitig, dazu hat stets ein einfaches Gesetz genügt; s. Arndt, Reichsverordnungsr. 16 ff.; Esmein, Éléments de droit constitutionnel I p. 240; Thoma, Polizeibefehl 218; Jellinek 383; Laband II 96, 187; Seydel in HA. 1874, 1145 und RGZ. 48, 84; Arndt, LZ. 1920, 20; Arndt, JW. 1921, 498; Triepel, AÖR. 39, 456 f. Die sog. vereinfachte Gesetzgebung, s. z. B. G. v. 1. Aug. 1920 (RGBl. 1493) ermöglicht nur Verordnungen, z. B. RGBl. 1919, 1473, 1700; 1909, 1925, 1961 (was zulässig), keine Gesetze s. Arndt, JW. 50, 498; Triepel, AÖR. 32, 470; Giese, Anschütz u. a. m., and. Ans. Poetzsch 125, AÖR. 40, 156, RR. Prot. 1920 Nr. 680; s. auch StVRT. 1920, S. 250, 461; v. Rönne, Reichsstaatr. II 113 f.

Im Zweifel ist das Verordnungsrecht delegierbar (so die Praxis im Reich, Preußen, im Ausland); Arndt, Reichsverordnungsr. 203, Reichsstaatsr. 180 ff., in der ZStrW. 1902, 384; Arndt, DJZ. 1901, 230; 1914, 1152; Aschenborn, Postgesetz 14; Sydow im Postarchiv 1821, 519; Schön, Handbuch I 295, 300; s. auch Bornhak, PreußStaatsr. 454;

Anschütz, Staatsr. 567 § 26; v. Stengel, PreußStaatsr. 172; ebenso Dambitsch 230; vgl. dagegen Laband II 10; Seydel 291; Fleiner, Institutionen 65. S. auch RGZ. 55, 150 und KG. in Egers Eisenbahnrechtlichen Entsch. 27, 434 (für Subdelegation).

Mit den vorstehenden Ausführungen zu Art. 5 und 77 deckt sich, wenn Koch, StenBer. 3146 ausführt, daß ein ursprüngliches, aus sich heraus bestehendes (selbständiges) Recht der Reichsregierung (oder des Reichsrats), Rechtsverordnungen zu erlassen, nicht besteht, daß dagegen der Reichsgesetzgeber zum Erlasse von Rechtsverordnungen die Befugnis übertragen kann. Wenn Koch dann fortfährt, daß Art. 77 nur Verwaltungsverordnungen betrifft, so ist ihm zu widersprechen, wenn er unter solchen den in der Sache kaum feststellbaren Gegensatz zu Rechtsverordnungen meint. Daß unter Verwaltungsvorschriften im Sinne Art. 77 Rechtsvorschriften verstanden werden können, spricht Spahn 1463 unzweideutig aus. Steinkopf, StenBer. 1362 versteht unter Verwaltungsverordnungen solche nur für „die inneren Betriebe".

Der Richter hat zu prüfen, ob Verordnungen bzw. Verwaltungsvorschriften gültig sind. Das sind sie nicht, wenn sie contra oder praeter legem sind, also sich als selbständige Verordnungen darstellen; s. auch v. Rönne-Zorn I 409; G. Meyer § 179; Laband II § 61; s. oben zu Art. 5. Verwaltungsvorschriften in Art. 77 der jetzigen und in Art. 7[2] und 38 der alten Verf. bedeutet nicht mehr als (unselbständige) Ausführungsverordnungen. Aus den Beratungen des Verf.-Ausschusses und der NatVers. ergibt sich nun eine Fülle von Widersprüchen, s. Prot. 167 f., 326, 340 f., 427, 428, Vollvers. 1346 f., 1366. Man kann beide Ansichten daraus ableiten. Die Autorität Spahns, Heinzes, Düringers wiegt wohl ebensoviel wie die von Sinzheimer und Zweigert; doch hat Anschütz 139 seine frühere mit Arndt übereinstimmende Ansicht geändert. Wenn Giese l. c. sagt: unter Verwaltungsvorschriften können unmöglich Rechtsvorschriften begriffen werden, so ist zu bemerken, daß unter Ein- und Ausfuhrverboten unmöglich keine Rechtsvorschriften begriffen werden können. Wie der sächsische Reichsratsbevollmächtigte Poetzsch ADR. 40, 169 mitteilte, erklärte der Staatssekretär Preuß: „Ich komme aus der Wissenschaft zum Amte und wollte mich hier an den wissenschaftlichen Unterschied zwischen Recht und Verwaltungsverordnungen halten. Darauf sagten mir die Herren, die sich auf die langjährige Staatspraxis beriefen, diese Unterscheidung sei in der Staatspraxis nicht üblich. Man habe nie anders operiert als mit Ausführungsverordnungen und damit seien die Rechtsverordnungen gemeint."

[4]) S. z. B. RVf. Art. 176, 177 (Präsident), 88 (Reichspostminister) Art. 90 (Reichsverkehrsminister).

[5]) S. zu Art. 14.

Sechster Abschnitt.

Die Reichsverwaltung.

Artikel 78[1]).

Die Pflege der Beziehungen zu den auswärtigen Staaten[2]) ist ausschließlich Sache des Reichs.

In Angelegenheiten, deren Regelung der Landesgesetzgebung[3]) zusteht, können die Länder mit auswärtigen Staaten Verträge schließen; die Verträge bedürfen der Zustimmung des Reichs[4]).

Vereinbarungen mit fremden Staaten über Veränderung der Reichsgrenzen werden nach Zustimmung des beteiligten Landes durch das Reich abgeschlossen[5]). Die Grenzveränderungen dürfen nur auf Grund eines Reichsgesetzes erfolgen, soweit es sich nicht um bloße Berichtigung der Grenzen unbewohnter Gebietsteile handelt[6]).

Um die Vertretung der Interessen zu gewährleisten, die sich für einzelne Länder aus ihren besonderen wirtschaftlichen Beziehungen oder ihrer benachbarten Lage zu auswärtigen Staaten ergeben, trifft das Reich im Einvernehmen mit den beteiligten Ländern die erforderlichen Einrichtungen und Maßnahmen[7]).

[1]) S. zum 6. Abschnitt die Ausführungen des Berichterstatters Dr. Quarck, StenBer. 1363f. S. ferner oben zu Art. 2. Die Länder verzichten zugunsten des Reichs auf auswärtige Gesandtschaften. Die Mehrheit des Verfassungsausschusses erklärte sich gegen Landeskonsulate, ohne einen ausdrücklichen Beschluß zu fassen. Nach Art. 56 der früheren Reichsverfassung konnte nur das Reich Konsuln ins Ausland entsenden, die Länder konnten beieinander Konsuln bestellen und ausländischen Exequatur erteilen Das Deutsche Reich hat auf die Jurisdiktionskonsulargerichtsbarkeit in der Türkei durch besonderes Abkommen und auf die in Marokko, Siam, Persien und China im Frieden zu Versailles 1919 verzichtet.

[2]) Nicht zur römischen Kurie, noch der Staaten untereinander, VA. 34, 36.

[3]) S. zu Art. 7, 8, 9, 10.

[4]) Die Zustimmung kann vorher oder nachher durch die Reichsregierung erteilt werden, VA. 35, soweit nicht Reichsgesetz erforderlich ist, Poetzsch 143.

[5]) Bei Friedensschlüssen ist Genehmigung des Landes unnötig; Anschütz 143.

[6]) S. auch Art. 2 Satz 2 (Selbstbestimmungsrecht).

[7]) S. Preuß im VA. 34; Poetzsch 143.

Artikel 79.

Die Verteidigung des Reichs ist Reichssache[1]). Die Wehrverfassung des deutschen Volkes wird unter Berücksichtigung der besonderen landsmannschaftlichen Eigenarten durch ein Reichsgesetz[2]) einheitlich geregelt[3]).

[1]) Es gibt also keine sog. Heereskontingente und Kontingentsverwaltungen oder Kontingentherren mehr. Auch die Militärkonventionen sind aufgehoben. StenVerNatVers. 1365. Früher war streitig, ob das deutsche Heer ein Einheits- oder ein Kontingentsheer war; s. hierzu Arndt §§ 55 f.; G. Meyer, §§ 195 f.; Zorn §§ 37 f. Richtig ist: es war beides, es war eine von Landesregierungen (Kontingentsherren) geführte Reichsverwaltung, RGZ. 97, 263; dagegen (unzutreffend) OVG. 73, 255. Bei der dritten Lesung erklärte am 30. Juli 1909 der preußische Kriegsminister, die Reichsregierung sei mit den Ländern übereingekommen, daß im zukünftigen Heer den kleineren und mittleren Ländern geschlossene Militärverbände zuzuteilen, die einzelnen Truppeneinheiten, die in einem bestimmten Landesteil untergebracht sind und sich aus diesen ergänzen, landsmannschaftlich zu gestalten und eine besonders enge Beziehung zwischen den dort stehenden Truppenteilen und den dortigen Regierungen zu schaffen. Die deutsche Wehrmacht ist durch den Frieden zu Versailles sowohl zu Land wie zu Wasser nach oben genau begrenzt.

[2]) Jetzt v. 23. März 1921 (RGBl. 329), s. oben zu Art. 47 § 12: In den Ländern werden auf ihr Verlangen Landeskommandanten bestellt. Die Befehlsverhältnisse werden dadurch nicht berührt. Sie haben innerhalb ihres Dienstbereichs die Landesinteressen und besonders die landsmannschaftliche Eigenart und die wirtschaftlichen Bedürfnisse der Länder zu berücksichtigen. Sie werden durch den Reichspräsidenten auf Vorschlag der Landesregierungen ernannt und erfüllen ihre Aufgaben neben ihren sonstigen Dienstobliegenheiten. Der Landeskommandant in Bayern ist zugleich Befehlshaber des bayerischen Verbandes. In den Ländern sind geschlossene Verbände oder, wo dies nicht möglich ist, kleinere Truppenteile zu bilden, bei denen in der Regel Führer und Beamte dem Lande entstammen, die Mannschaften, soweit es der Zustrom

der Freiwilligen ermöglicht. Der bayerische Anteil bildet hierbei einen in sich geschlossenen Bestand des Reichsheeres unter einheitlicher Führung. Die Truppen erhalten grundsätzlich in dem Lande ihren dauernden Standort, zu dessen Landsmannschaft sie gehören. Die Standorte sollen im Einvernehmen mit den Landesregierungen bestimmt werden. In der Beziehung der Truppen (Stäbe und Behörden) ist neben der Bezeichnung als Reichstruppe die landsmannschaftliche Zugehörigkeit zum Ausdruck zu bringen. Anstalten und Betriebe der Wehrmacht sind sowie als möglich auf die Länder zu verteilen. Im Falle öffentlicher Notstände oder einer Bedrohung der öffentlichen Ordnung hat die Wehrmacht auf Erfordern den Landesregierungen und den von diesen bestimmten Behörden Hilfe zu leisten. Selbständiges militärisches Eingreifen ist nur zulässig, wenn die Behörden durch höhere Gewalt außer Stande gesetzt sein sollten, das militärische Einschreiten herbeizuführen oder wenn es sich um eine Zurückweisung von Angriffen oder Widersetzlichkeit gegen die Wehrmacht handelt.

[3]) S. zu Art. 47 und 79 noch Art. 133 nebst A.

Artikel 80.

Das Kolonialwesen ist ausschließlich Sache des Reichs.

Das Deutsche Reich hat durch Art. 23 des Friedens zu Versailles auf seine sämtlichen Kolonien verzichtet, die unter die Aufsicht des Völkerbundes gestellt sind.

Artikel 81.

Alle deutschen Kauffahrteischiffe bilden eine einheitliche Handelsflotte.

Es gibt dem Auslande gegenüber keine preußische, hanseatische, oldenburgische, sondern nur eine deutsche Handelsmarine, so schon Art. 54 a. V., s. auch Laband III 266.

Aus diesem Satze in Verbindung mit Art. 4 Nr. 7 a. Reichsverf. folgt (Hänel 629; Seydel 303; Laband (4) III 245), daß das Reich ermächtigt war, die rechtlichen Anordnungen für die Benutzung des Meeres und für den Betrieb der Seeschiffahrt zu treffen. Zu bemerken sind hierzu G., betr. das Flaggenrecht der Kauffahrteischiffe v. 22. Juni 1899 (RGBl. 319), abgeändert durch G. v. 29. Mai 1901 (RGBl. 184), s. hierzu Ausführungsverordnung auf Grund Art. 7² der a. Reichsverf. v. 21. Aug. 1900, betr. Zeigen der Nationalflagge durch Kauffahrteischiffe (RGBl. 807); s. Arndt, RVR. 142 f. Nur solche Schiffe dürfen die deutsche Flagge führen, die im alleinigen Eigentum deutscher Reichsangehöriger stehen, s. auch oben Art. 3, ferner VO. über die deutschen Flaggen v. 22. April 1921 (RGBl. 483) über die National-, die Handels- und die Reichskriegsflagge, die Gösch, die Standarte des Reichspräsidenten, die Flagge des Reichswehrministeriums, die Reichspostflagge und die Dienstflagge der übrigen Reichsbehörden.

Hier ist noch zu beachten die Seemannsordnung v. 2. Juni 1902, RGBl. 175, deren § 52 Abs. 2 Nr. 2 durch G. v. 23. März 1903 (RGBl. 57), §§ 59, 61 durch G. v. 12. Mai 1904 (RGBl. 167) abgeändert sind.

Die Konsuln überwachen die Innehaltung der wegen Führung der Reichsflagge gegebenen Bestimmungen, Konsulatsgesetz v. 8. Nov. 1867, BGBl. 88, § 30. Das Seeschiff ist ein wandernder Gebietsteil des Deutschen Reichs, die Flagge ist sein äußeres Zeichen; s. BG. v. 25. Oktober 1867 (BGBl. 35).

Artikel 82.

Deutschland bildet ein Zoll- und Handelsgebiet, umgeben von einer gemeinschaftlichen Zollgrenze[1]).

Die Zollgrenze[2]) fällt mit der Grenze gegen das Ausland zusammen. An der See bildet das Gestade des Festlandes und der zum Reichsgebiet gehörigen Inseln die Zollgrenze. Für den Lauf der Zollgrenze an der See und an anderen Gewässern können Abweichungen bestimmt werden.

Fremde Staatsgebiete oder Gebietsteile können durch Staatsverträge oder Übereinkommen dem Zollgebiete angeschlossen werden[3]).

Aus dem Zollgebiete können nach besonderem Erfordernis Teile ausgeschlossen werden[4]). Für Freihäfen kann der Ausschluß nur durch ein verfassungsänderndes Gesetz aufgehoben werden.

Zollausschlüsse können durch Staatsverträge oder Übereinkommen einem fremden Zollgebiet angeschlossen werden[3]).

Alle Erzeugnisse der Natur sowie des Gewerbe- und Kunstfleißes, die sich im freien Verkehre des Reichs befinden, dürfen über die Grenze der Länder und Gemeinden ein-, aus- oder durchgeführt werden. Ausnahmen sind auf Grund eines Reichsgesetzes zulässig[4]).

[1]) Diese Vorschrift, die Helgoland nicht mit umfaßt, RG. v. 15. Dez. 1890 (RGBl. 207) § 2, bedeutet, daß nur, soweit die Verfassung selbst Ausnahmen gestattet, Gebietsteile des Deutschen Reichs aus der Zoll- und Handelsgemeinschaft ausgeschlossen sein dürfen, BA. 463f. Das Fortbestehen des Zollvereins neben der Reichsverfassung hatte Fürst Bismarck 1881 behauptet; s. dagegen auch Delbrück in den StenBerRT. 1881, 470f. Das Deutsche Zoll- und Handelsgebiet umfaßte das Großherzogtum Luxemburg, durch den Frieden von Versailles v. 28. Juni 1919 Art. 40 aufgehoben, s. auch Art. 178 dies. Verfassung. Seit der Reichsverfassung können Zollanschlüsse nur vom Reiche genehmigt werden und es bedarf dazu eines Gesetzes; s. Hänel, Staatsr. 676; Seydel, Komm. 225; Dambitsch 521; Delbrück, Art. 40 RV. 46. Ein solcher Anschluß ist rücksichtlich der österreichischen Gemeinden

Jungholz, BayrRegBl. 1868, 1183, 1241 und Mittelberg an das bayerische Zoll- und indirekte Steuersystem erfolgt durch deutsch-österreichischem Vertr. v. 2. Dez. 1890 (RGBl. 1891, 59).

²) Die Zollgrenze gegen das Meer fällt nicht mit der völkerrechtlich anerkannten zusammen; vielmehr gilt Abs. 2 bzw. Vereinszollgesetz v. 1. Juli 1869 (RGBl. 317) § 16 Abs. 2. „Wo das Vereinsgebiet durch das Meer begrenzt wird, bildet die jedesmalige den Wasserspiegel begrenzende Linie des Landes die Zollinie. Das gleiche gilt, wo das Vereinsgebiet an andere Gewässer grenzt, sofern deren Stand von Ebbe und Flut abhängig ist." Dies dürfte sich mit Art. 2 decken.

³) Die Ausschlüsse beruhen auf Art. 6 des Zollvereinigungsvertrags v. 8. Juli 1867. Neue Ausschlüsse sind gemäß Abs. 4 statthaft. Die alten können gemäß Abs. 5 aufgehoben werden; s. Delbrück Art. 40, 46; Arndt, Reichsverordnungsr. 98; Seydel 226; dagegen Hänel 675 f. Nur Freihafenstellung begründet das Recht, daß nicht ohne verfassungsänderndes Reichsgesetz Zollanschluß an das Reich erfolgen darf. Ein solches Gesetz genügt auch, Zustimmung des bez. Landes ist nicht mehr erforderlich, nach Art. 34 a. V., s. auch VN. 130 f., 464. Ausgeschlossen sind, s. Art. 6 des Vertrages v. 8. Juli 1867, a) von Preußen Helgoland, die Hafenanlagen nebst angrenzenden Petroleumlagerplätzen bei Geestemünde; b) von Baden Gemeinde Büsingen, Höfe Pittenhard, Gemeinden Altenburg, Baltersweil, Verwangen, Dettinghofen, Jestetten, Lottstedten, Ort Albführen; c) von Bremen die Hafenanlagen zu Bremerhaven, die angrenzenden Petroleumlagerplätze und ein Freibezirk im Nordwesten der Stadt Bremen am rechten Weserufer; d) von Hamburg das Freihafengebiet von Hamburg, die Hafenanlagen von Cuxhaven (die Schiffsbevölkerung und einige Häuser am Hafen in Cuxhaven); s. auch RGBl. 1904, 27. S. auch Art. 270, 328 bis 336 u. 363 des Versailler Friedens (Freihafengebiete vor Stettin und Danzig).

⁴) Der in Abs. 6 aufgestellte Grundsatz findet seine nähere

Ausführung und zugleich gewisse Beschränkungen in den Vor-Vorschriften (Art. 7) des Zollvereinigungsvertr. v. 8. Juli 1867. In den freien Verkehr treten zollpflichtige Gegenstände erst nach Berichtigung des Zolles, steuerpflichtige erst nach erfolgter Bezahlung der Steuer.

Lotterielose gehören nicht zu den Gegenständen, welche im freien Verkehr stehen; s. auch Art. 10 des Zollvereinigungsvertr. v. 16. Mai 1865; ist das Gesetz, betr. das Spiel in außerpreußischen Lotterien v. 29. Aug. 1904 (PrGS. 255) auch ungeachtet § 286 StrGB. und § 2 EG. z. StrGB. gültig; OVG. 40, 303 f.; RGSt. 33, 129; 36, 260; 39, 1; KGJ. 21 C, 52; and. Ans. v. Liszt, Finger u. a.; s. auch RGSt. 42, 431. Dies ergibt sich daraus, daß die Zoll- und Handelseinheit, soweit Monopole (früher Salz, Lotterielose) bestanden, von Beginn des Zollvereins an ausgeschlossen bleiben sollte. Jedoch hat das Verbot für das ganze Reichsgebiet keine privatrechtliche Wirkung; s. RGZ. 48, 175; 58, 280 und JW. 1901, 479. Jetzt sind noch die preußischen Verträge über Lotteriegemeinschaft zu beachten, namentlich Vertrag mit Württemberg, Baden, Bayern, v. 29. Juni 1911 (GS. 1912, 117) usw.

Durch Art. 170 des Friedens von Versailles ist die Ausfuhr von Waffen, Munition und Kriegsmaterial irgendwelcher Art nach Deutschland verboten. Das gleiche gilt für die Herstellung und die Ausfuhr dieser Gegenstände für fremde Länder.

Artikel 83.

Die Zölle und Verbrauchssteuern werden durch Reichsbehörden verwaltet[1]).

Bei der Verwaltung von Reichsabgaben durch Reichsbehörden sind Einrichtungen vorzusehen, die den Ländern die Wahrung besonderer Landesinteressen auf dem Gebiete der Landwirtschaft, des Handels, des Gewerbes und der Industrie ermöglichen[2]).

[1]) Früher durch die Landesbehörden, Art. 36 der früheren Verfassung; s. auch Art. 169 Abs. 1, wonach das Inkrafttreten der Vorschrift in Art. 83 Abs. 1 erst von der Reichsregierung bestimmt wurde. Bis dahin waren die Zoll- und Steuerbeamten nur Landesbeamte, s. auch RGZ. 87, 317, die der Reichsaufsicht unterstanden; s. auch Triepel, Reichsaufsicht 187. Bis dahin blieb der Zoll- und Steuerfiskus Landesfiskus, RGZ. 83, 314, während der Militärfiskus schon nach älterem Recht der Reichsfiskus war, RGZ. 20, 148; 24, 37; 35, 13; 42, 66; 43, 12; 53, 242; 54, 20; 66, 43; 77, 356; Triepel, Reichsaufsicht 314. Auch die nicht in Art. 83 genannten Steuern kann das Reich, wenn sie ihm ganz oder teilweise zufließen, in die eigene Verwaltung nehmen durch einfaches Reichsgesetz; s. Art. 14 nebst Anm., ebenso Anschütz 149; s. Arndt, JW. 1920, Juliheft; s. auch VA. 143, 469, StenBer. 1363, and. Ans. Düringer in Wirtschaft u. Recht 1920, Heft 1. S. auch Arndt im PrVBl. 49 Nr. 41.

[2]) Dies steht im alleinigen Ermessen des Reichs, s. auch Reichsabgabenordnung v. 13. Dez. 1919 (RGBl. 1993) §§ 12, 16, 21, 24.

Artikel 84.

Das Reich trifft durch Gesetz die Vorschriften über:

1. die Einrichtung der Abgabenverwaltung der Länder, soweit es die einheitliche und gleichmäßige Durchführung der Reichsabgabengesetze erfordert;
2. die Einrichtung und Befugnisse der mit der Beaufsichtigung der Ausführung der Reichsabgabengesetze betrauten Behörden;
3. die Abrechnung mit den Ländern;
4. die Vergütung der Verwaltungskosten bei Ausführung der Reichsabgabengesetze.

Diese Rechtsnormen enthaltenden Vorschriften erließ als Verwaltungsvorschriften nach der alten Verfassung der Bundesrat; s. Art. 36 bis 39 der a. Reichsverf. Nach Gesetz über die Reichsfinanzverwaltung v. 10. Sept. 1919 (RGBl. 1591) u. Reichsabgabenordnung v. 13. Dez. 1919 werden die Reichssteuern (d. s. die, die ganz oder teilweise in die Reichskasse fließen) von Reichsbehörden: Finanzämtern, Landesfinanzämtern, Reichsfinanzminister verwaltet; Rechtskontrolle durch Reichsfinanzhof München. Zwar rechtlich, aber im finanziellen Endergebnis ist nichts geändert. Art. 84 ist nicht bloß aus Vergeßlichkeit stehen geblieben (E. Kaufmann, Wirtschaft und Recht 1919, 211), denn es gilt und gilt fort die Vorschrift, daß die fr. Vorschriften nicht mehr durch Verordnungen wie früher gegeben werden dürfen, s. Arndt l. c., s. auch StenBer. 4715.

Artikel 85.

Alle[1]) Einnahmen und Ausgaben des Reichs müssen für jedes Rechnungsjahr veranschlagt und in den Haushaltsplan eingestellt werden[2]).

Der Haushaltsplan wird vor Beginn des Rechnungsjahrs durch ein Gesetz festgestellt.

Die Ausgaben werden in der Regel für ein Jahr[3]) bewilligt[4]); sie können in besonderen Fällen auch für eine längere Dauer bewilligt werden. Im übrigen sind Vorschriften im Reichshaushaltsgesetz unzulässig, die über das Rechnungsjahr hinausreichen oder sich nicht auf die Einnahmen und Ausgaben des Reichs oder ihre Verwaltung beziehen.

Der Reichstag kann im Entwurfe des Haushaltsplans ohne Zustimmung des Reichsrats Ausgaben nicht erhöhen oder neu einsetzen[5]).

Die Zustimmung des Reichsrats kann gemäß den Vorschriften des Artikel 74 ersetzt werden[6]).

[1]) Alle, d. h. auch die auf Gesetz beruhenden.

[2]) Die Einnahmen des Reichs beruhen fast ganz auf den Zöllen und Steuern. Die auf den Zoll- und Steuergesetzen beruhenden Einnahmen sind ebenso wie in Preußen unabhängig von der Bewilligung im Etatsgesetze. Art. 85 spricht nicht von einer Bewilligung, sondern nur von „Veranschlagen", „Einstellen" und „Feststellen"; ebenso Anschütz, Enzykl. l. c.; Dambitsch 632; s. auch StenBerRT. v. 9. April 1867 648. S. auch Anschütz, Giese und Poetzsch zu Art. 83. Es fehlt der Satz in Art. 111 der belgischen Verfassung: „les impots au profit de l'état sont votés annuellement. Les lois qui les établissent n'ont de force que pour un an, si elles ne sont renouvelées." Die Vorschrift in Art. 84 pr. V. (Arndt 131) und Art. 109 a. Prverf.: „Die bestehenden Steuern werden forterhoben, bis sie durch Gesetz aufgehoben sind", gilt hiernach auch für das Reich, oder anders ausgedrückt: Jede neue Steuer unterliegt der Bewilligung durch das Parlament. Bestehende Steuern kann der Reichstag nicht verweigern, da er Steuergesetze nicht einseitig aufheben kann.

Einnahmequellen hat die Regierung im Reiche nur durch Zustimmung des Reichstags. Sie bedarf, abweichend vom preußischen Recht, zu außerbudgetmäßigen Einnahmen durch Veräußerung von Reichsvermögen der Genehmigung: Anerkannt ist dies u. a. im Gesetz, betr. die französische Kriegskosten-Entschädigung v. 8. Juli 1872 (RGBl. 290) Art. IV; Gesetz, betr. die Gründung und Verwaltung des Reichs-Invalidenfonds v. 23. Mai 1873 (RGBl. 122) § 15; G. v. 25. Mai 1873 (RGBl. 113) § 10. Die privatrechtliche Gültigkeit des Rechtsgeschäftes ist durch die Genehmigung des Reichstags nicht bedingt; ebenso Anschütz, JW. 1910, 99f.; die Genehmigung braucht erst im zweiten Jahre nach der Vereinnahmung nachgesucht zu werden. Würde die Regierung eine Einnahme in solchen Fällen machen, wo sie annehmen muß, daß der Reichstag sie bzw. das zugrunde liegende Geschäft nicht will, so handelt sie ev. verfassungswidrig, ohne daß die Gültigkeit des Geschäfts dadurch berührt wird; s. Arndt §§ 43, 44.

Die Reichssteuern müssen erhoben werden; das Recht auf Einnahmen des Reichs zu verzichten (s. auch § 8 des G. v. 11. Mai 1898, GS. 77), wurde tatsächlich vom Bundesrat ausgeübt; s. auch Arndt l. c., ferner Triepel, Reichsaufsicht 183, 398, Erl. v. 16. Aug. 1914 (RGBl. 379) BRBeschl. v. 19. Aug. 1914 (RGBl. 380). Jedoch wird angenommen, daß der Kaiser (also jetzt der Reichspräsident) dem Reich zugedachte Erbschaften und Vermächtnisse ausschlagen, Ansprüche, z. B. auf Konventionalstrafe, aufgeben (ganz oder teilweise), auch Gerichtskosten, z. B. für die Reichsgerichtsinstanz niederschlagen kann (s. Arndt 331, 400, 408, 426).

[3]) Die Finanzperiode des Deutschen Reichs ist die einjährige. Es ist unstatthaft, daß für mehrere Jahre durch ein Gesetz der Etat geregelt wird. Es ist dagegen nicht verboten, daß in einer Sitzungsperiode des Reichstags die Etats der beiden folgenden Jahre in zwei besonderen, je ein Jahr betreffenden Gesetzen festgestellt werden. Das Etatsjahr beginnt im Reiche wie in Preußen mit dem 1. April und endet mit dem 31. März; G., betr. das Etatsjahr für den Reichshaushalt v. 29. Febr. 1876 (RGBl. 121).

[4]) Die Verfassung spricht nicht von einer Bewilligung der Ausgaben. Indes darf die Regierung keine Ausgabe leisten ohne vorgängige oder nachträgliche gesetzliche Genehmigung. Dies ist die Theorie und Praxis unstreitig. Wird die Regierung die Leistung von gesetzlich oder sonst notwendigen Ausgaben nicht zugestanden, so muß sie diese den Gläubigern des Staates gleichwohl leisten, sie kann nicht einen Einwand einem Lieferanten, einem Kouponinhaber oder einem von ihr angestellten Beamten gegenüber aus dem Umstande entnehmen, daß der Etat nicht zustande gekommen ist. Die Verpflichtung des Reichs, Gehälter und Löhne zu bezahlen, ent-

springt nicht aus dem Etatsgesetze, sondern aus dem zugrunde liegenden Rechtsverhältnis, Anstellung, Vertrag u. dgl. Dem Reichstage gegenüber bedarf die Regierung zu jeder Ausgabe der Genehmigung, mag diese vorher im Etatsgesetze oder später gewährt werden. Seine Zustimmung zu gesetzlichen Ausgaben kann der Reichstag nicht vorenthalten. Eine Verweigerung ist im Rechtssinne kein actus inanis, indes ohne praktische Bedeutung, daher sagt der Berichterstatter Quarck, daß die notwendigen Ausgaben weiterlaufen. Auch für das Reichs-Etatsgesetz gilt der Satz in § 8 des preuß. sog. Komptabilitätsgesetzes vom 11. Mai 1898, daß durch die Etats die Rechte Dritter nicht betroffen werden; ebenso Dambitsch 623, 635; Laband (4) IV 481; Seydel 386; Zorn I 445; Arndt 332, 405.

[5]) Fraglich war, ob der Reichstag einseitig Etatspositionen erhöhen kann, z. B. die für den Reichszuschuß bei Invaliden- und Altersrenten; dafür u. a. Lenzmann, StenBerRT. v. 14. Febr. 1902, 4210, dagegen Posadowsky das. 4203 D; s. auch ebenda 4204 D, 4205 D, 4290 C; sodann Verhandl. v. 18. März 1907 StenBer. 577, 580, 582, und Staatssekretär Sydow v. 30. März 1908, StenBer. 4424 A. Jetzt ist bestimmt, daß ev. der Reichsrat zustimmen muß, doch kann dessen Zustimmung durch Zweidrittelmehrheit im Reichstage oder Volksentscheid ersetzt werden. Der Reichsrat kann über den Haushaltsplan, über Abgabengesetze und Besoldungsordnungen keinen Volksentscheid herbeiführen, wohl aber der Reichspräsident; Art. 73 Abs. 4.

Das Etatsgesetz verliert mit Ablauf des Jahres seine Kraft; ebenso Dambitsch 623. Als Normaletat gilt der bisherige Etat nicht weiter; s. auch Quarck l. c. Wenn auch im Haushaltsgesetz Vorschriften unzulässig sind, die über das Rechnungsjahr hinausgehen, so kann doch eine Ausgabe in „Raten" bewilligt werden, woraus für den Reichstag die „Bindung" folgt, die späteren Raten in den folgenden Jahren zu bewilligen. Sog. „bepackte" Haushaltsgesetze, tacked bills, d. s. mit Dingen bepackt, die nicht auf den Haushalt Bezug haben, sind durch den Schlußsatz in Abs. 3 verboten.

Kommt das Etatsgesetz nicht zustande, so bleibt die Regierung dem Reichstage für die Einnahmen aus der Veräußerung von Reichsvermögen, s. oben S. 152, sowie für alle Ausgaben verantwortlich und bedarf der nachträglichen Genehmigung; s. auch Dambitsch 637. Für die Gläubiger und Schuldner des Reichs ist dies ohne Einfluß. Die Reichsregierung muß von den Schuldnern, z. B. Steuerzahlern, alles beitreiben oder beitreiben lassen, was das Reich zu fordern hat und muß den Gläubigern (Beamten, Soldaten usw.) alles bezahlen, was diese sonst vom Reiche einklagen könnten. Willkürliche Ausgaben für neue, nicht bewilligte Bauten, Ämter usw., muß sie unterlassen. Die Indemnität muß aber für alle Ausgaben nachgesucht werden. Eine (von der Theorie gemachte) Unterscheidung zwischen Ausgaben zur Ausführung der bestehenden Reichsgesetze und anderen ist dem positiven Rechte fremd; s. Arndt l. c. und Dambitsch 638.

Auch die Etatsgesetze sind wirkliche, nicht bloß formelle, oder bloße Monologe (Anschütz Enc. 186), s. Anschütz, Giese und Poetzsch zu Art. 85, Gesetze (Art. 64), d. h. höchster Wille, Souveränitätsakte. Dieser Wille geht nicht dahin, daß nur die und alle die Einnahmen und Ausgaben, so wie sie im Etatsgesetze aufgeführt sind, gemacht werden müssen, noch, daß er die Rechte der Gläubiger oder Schuldner des Reichs schaffen, aufheben oder ändern will, sondern nur, daß dem Reichsrat und Reichstag gegenüber die Reichsregierung befugt und verpflichtet ist, die Einnahmen und Ausgaben (indes nur sofern sie an sich gerechtfertigt sind) zu machen, und zwar in dem betr. Zeitraum, bei der betr. Etatsposition, in der angegebenen Höhe, aus bzw. zu den bzgl. Fonds usw.; s. Arndt, PrVerf. 110, Komm. zu Art. 99 der a. PrVerf.

Artikel 86.

Über die Verwendung aller Reichseinnahmen legt der Reichsfinanzminister in dem folgenden

Rechnungsjahre zur Entlastung der Reichsregierung dem Reichsrat und dem Reichstag Rechnung. Die Rechnungsprüfung wird durch Reichsgesetz geregelt.

Die preußische Oberrechnungskammer führt unter der Benennung „Rechnungshof des Deutschen Reichs" die Kontrolle des gesamten Haushalts des Deutschen Reichs. Durch von Zeit zu Zeit ergehende Reichsgesetze (zuerst G. v. 4. Juli 1868, RGBl. 433) wurde die Kontrolle durch den Rechnungshof und zwar seit G. v. 11. Febr. 1875, RGBl. 61) nach Maßgabe der in Preußen darüber geltenden Regeln, insbesondere dem Gesetz über die Oberrechnungskammer v. 27. März 1872 (GS. 278), Reglement v. 22. Sept. 1873 (GS. 458) nebst Nachtrag v. 27. April 1874 (GS. 294) und 11. Mai 1877 (GS. 130); s. auch Oberrechnungskammerinstruktion v. 18. Dez. 1824 in v. Kamptz Ann. IX 2, endlich Ausführungsanweisungen zum (sog. Komptabilitäts-) Gesetz v. 4. Mai und 8. Juni 1898 (BMBl. 135) vorgeschrieben; s. diese Regeln bei Arndt l. c.; s. insbesondere auch preuß. Gesetz über den Staatshaushalt (Komptabilitätsgesetz) v. 11. Mai 1898 (GS. 77). Jetzt gilt Reichskontrollgesetz v. 21. März 1910 (RGBl. 521), nach welchem die preußischen Vorschriften, namentlich Oberrechnungskammergesetz v. 25. März 1872 maßgebend bleiben; s. auch § 29 BankG. v. 24. März 1875 (RGBl. 177); s. auch G. v. 4. April 1915 (RGBl. 215), s. auch Thrän in HA. 1907, 481 f.; 1903, 1 f., 81 f.

Die Entlastung wird vom Reichsrat und Reichstage erteilt nach zuvoriger Prüfung und unter Berücksichtigung der vom Rechnungshof gezogenen Monita. Die Decharge hat lediglich staatsrechtlich-politische, nicht privatrechtliche Bedeutung. Für die Rechte und Pflichten der Staatsgläubiger und Staatsschuldner ist sie unwesentlich. Etatsüberschreitungen (s. G. v. 22. März 1912, GS. 29), nämlich Mehrausgaben und außeretatsmäßige Ausgaben, desgleichen außeretatsmäßige Einnahmen (s. oben S. 152) muß der Rechnungshof dem Reichstag und Reichsrat mitteilen und solche bedürfen der nachträglichen Genehmigung. Die Genehmigung braucht nicht in der Form eines Gesetzes zu erfolgen; s. auch Arndt, Komm. zur a. Preuß Verf. Art. 104. Die Versagung der Decharge durch den Rechnungshof kann zur Folge haben, daß die Einziehung des fraglichen Betrages von dem schuldigen Beamten verfügt wird; Arndt, Komm. zu Art. 104 a. PrVerf.

Artikel 87.

Im Wege des Kredits dürfen Geldmittel nur bei außerordentlichem Bedarf und in der Regel nur für Ausgaben zu werbenden Zwecken beschafft werden[1]). Eine solche Beschaffung sowie die Übernahme einer Sicherheitsleistung zu Lasten des Reichs dürfen nur auf Grund eines Reichsgesetzes erfolgen[2]).

[1]) Der Art. 87 unterscheidet nicht, ob die Anleihe zu Verwaltungs- oder Finanzzwecken gemacht wird. In beiden Fällen ist ein Gesetz erforderlich, mag der Kredit für die Anstellung von Beamten, für die Verpflegung der Truppen, für die Erbauung von Kasernen oder einer Reichseisenbahn erfolgen; and. Ans. früher Laband. Auch unverzinsliche Schatzanweisungen gegen Zinsabzug (Diskont) zur vorübergehenden Verstärkung der erforderlichen Betriebsmittel der Reichshauptkasse fallen unter Art. 87; s. auch Reichsschuldenordnung § 1.

Die Ausgabe von Kassenscheinen (Reichsschulden) ohne Gesetz stellt eine Verfassungsverletzung dar. Dagegen kann nicht behauptet werden, daß solche Kassenscheine nicht eingelöst zu werden brauchen.

Zu Art. 87 ist noch die Reichsschuldenordnung v. 19. März 1900 (RGBl. 125), geändert durch G. v. 22. Febr. 1904 (RGBl. 66) zu berücksichtigen, deren § 9 bestimmt: „Für die Verwaltung sind die Vorschriften des preußischen G. v. 24. Febr. 1850 (GS. 57) maßgebend." — Die Verwaltung der Reichsanleihe führt die preußische Hauptverwaltung der Schulden unter der Bezeichnung „Reichsschuldenverwaltung"; diese führt das Reichsschuldbuch, s. jetzt auch „Reichsschuldbuchgesetz" in Fass. RGBl. 1910, 810, s. auch § 188 RG. über die freiwillige Gerichtsbarkeit (RGBl. 1898, 771). Die obere Leitung steht dem Reichskanzler zu. Vgl. auch Arndt 441 f. und Koch, Münzgesetzgebung (6) 387 f. Während früher das Reich (Postfiskus) die Unfallrenten zu verauslagen hatte und erst nach längerer Zeit deren Erstattung verlangen konnte, bestimmt § 6 G. betr. Änderungen im Finanzwesen v. 15. Juli 1909 (RGBl. 745), daß die Träger der Unfallversicherung der Post entsprechende Vorschüsse leisten müssen.

[2]) Eine Garantie ist z. B. durch Gesetz, betr. die Bürgschaft des Reichs für die Zinsen einer ägyptischen Staatsanleihe v. 14. Nov. 1886 (RGBl. 301) und (nicht selten) für Eisenbahnen in den Schutzgebieten übernommen worden.

Artikel 88.

Das Post- und Telegraphenwesen[1]) samt dem Fernsprechwesen ist ausschließlich Sache des Reichs[2]).

Die Postwertzeichen sind für das ganze Reich einheitlich.

Die Reichsregierung erläßt mit Zustimmung des Reichsrats die Verordnungen[3]), welche Grundsätze und Gebühren für die Benutzung der Verkehrseinrichtungen festsetzen[4]). Sie kann diese Befugnis mit Zustimmung des Reichsrats auf den Reichspostminister übertragen.

Zur beratenden Mitwirkung in Angelegenheiten des Post-, Telegraphen- und Fernsprechverkehrs und der Tarife errichtet die Reichsregierung mit Zustimmung des Reichsrats einen Beirat[4]).

Verträge über den Verkehr mit dem Ausland schließt allein das Reich[5]).

[1]) Die Geschäfte der Post- und Telegraphenverwaltung, d. i. die entgeltliche Beförderung von Personen und Sachen und die entgeltliche Übermittlung von Nachrichten, sind solche, die auch ein Privater vornehmen könnte. Aber daraus folgt nicht, daß sie, wenn sie ein Staat betreibt, Handelsgeschäfte oder gewerbliche Leistungen darstellen. Auch der Umstand, daß der Staat die Geschäfte der Post und Telegraphie nicht unentgeltlich besorgt, beweist nicht, daß diese Geschäfte Handelsgeschäfte oder gewerbliche Leistungen sind. Denn der Staat leistet auch die Rechtspflege nicht unentgeltlich. Das Entscheidende ist der prävalierende Zweck, das ist bei der Post und Telegraphie, zum gemeinen Besten zu dienen, Tit. 15 II § 142 PrALR., und den öffentlichen Verkehr zu fördern, wenn auch Erwerbszwecke nicht ausgeschlossen sind. Post und Telegraphie sind lediglich Verkehrsanstalten, auf welche die Vorschriften des BGB. oder Handels- und Gewerberechts nach keiner Richtung, auch selbst subsidiär nicht Anwendung finden. Derselben Ansicht sind Aschenborn, Das Postwesen des deutschen Reichs 10; O. Mayer, Deutsches Verwaltungsr. II 321; Goldschmidt, ZHR. 23, 304ff.; Zorn, Staatsr. II 313; G. Meyer, Verwaltungsr. I § 177; E. Loening, Verwaltungsr. 600 Anm. 3; s. auch Fleiner, Inst. 313; Nawiawski, Deutsches und Österreichisches Postrecht 3 aaO.; RGZ. 60, 27. Entgegengesetzter Ansicht sind u. a. das Reichs-Ober-Handelsgericht, Entsch. 12, 411; 17, 127; 23, 11; Labandt III 48ff.; Dernburg, PrPrivatr. II 9. Mit Recht nimmt daher OVG. 4, 11; 15, 427; 20, 403; 25, 151; 39, 93; 62, 243, s. auch RGSt. 25, 15; 39, 431, daß die Post nach ihrem prävalierenden Zwecke nicht als Gewerbetreibender anzusehen (s. auch OberTr. v. 19. Dez. 1857, JMBl. 1858, 74) und daher staats- und gemeindesteuerfrei ist. Die gegenteilige Theorie ist dadurch als gesetzlich aufgegeben zu betrachten, daß § 452 des HGB.

v. 10. Mai 1897 vorschreibt: „Auf die Beförderung von Gütern durch die Postverwaltungen des Reichs finden die Vorschriften dieses Abschnitts keine Anwendung. Die bezeichneten Postverwaltungen gelten nicht als Kaufleute im Sinne dieses Gesetzbuchs.“ S. auch § 633. Dies ist deswegen geschehen, weil es „nicht dem Wesen und den Aufgaben der Post entspricht, wenn ihr Betrieb, für welchen keineswegs der Erwerb das Entscheidende ist, als ein kaufmännisches Gewerbe behandelt wird“ (Denkschrift zum Entwurfe des HGB., Druckf. des RT. 1895/97 Nr. 632); s. auch RGZ. 73, 270; 83, 25. Von Chausseegeld, Brückengeld usw. ist die Post frei nach §§ 16, 22 des PostG. v. 28. Okt. 1871. Post- und Eisenbahnbeamte sind „in Ausübung der ihnen anvertrauten öffentlichen Gewalt“ tätig im Sinne § 1 des G. über die Haftung des Reichs für seine Beamten v. 22. Mai 1910 (RGBl. 798); and. Ans. Delius, Die Beamtenhaftpflichtgesetze (2) 6.

Das Reichsgericht nimmt an, daß die Post Verträge (d. h. Werkverträge) abschließt (RGSt. 17, 141; 20, 436), anderseits erkennt es an (RGSt. 25, 25), daß Zweck und Inhalt des Postmonopols nicht „aus den beschränkten Gesichtspunkten eines bloßen Gewerbebetriebes des Deutschen Reichs“ zu beurteilen ist, und daß die ganze Post Staatstätigkeit ist (RGSt. 54, 208, 260; s. auch RGSt. 49, 112; ferner JW. 1916, 1020; 1920, 556. Gegen Verträge nur Aschenborn 13; Zorn 274 ff.; Schott, Die Post 539; und Arndt l. c.; O. Mayer, Franz. Verwaltungsr. 323; Fleiner, Institutionen (313 f.); Nawiawski, Deutsches und Österreichisches Postrecht. Wenn der Staat Postwagen kauft, schließt er Privatverträge ab, desgleichen, wenn er als Betreiber von Bergwerken, Brauereien, Porzellanfabriken, Domänen, Forsten usw., Kohlen, Porzellan, Holz verkauft oder Domänen verpachtet. Wird unrichtige Auslegung der Bedingungen für solche Geschäfte behauptet, so läßt sich daraus, obwohl Normativbestimmungen bekannt gegeben sind (abgesehen von Eisenbahnfrachtgeschäften), keine Revision stützen, wohl aber, wenn die Post oder Telegraphenordnung unrichtig angewendet sind (RGSt. 12, 326; 17, 145; 30, 238; RGZ. 43, 99; 48, 85; 60, 27 aaO.; Aschenborn 9, 13. Dagegen Giese, Anm. 4 u. Anschütz, Anm. 7 zu Art. 88; ebenso aber Poetzsch, Anm. 5 zu Art. 88 und Wachenfeld VA. 340.

Post- und Telegraphengebühren sind publici juris und im Verwaltungszwangswege einziehbar. Der im preußischen Recht ausgeschlossene Rechtsweg darüber ist durch positive Vorschriften der Reichsgesetzgebung (Gesetz über das Postwesen des Deutschen Reichs v. 28. Okt. 1871 § 25 und Fernsprechgebührenordnung v. 20. Dez. 1899 § 8, RGBl. 711) nunmehr zugelassen. Die Postgebühren sind durch G. v. 29. April 1920 u. v. 22. März 1921 (RGBl. 237, 1683), die Telegraphen- und Fernsprechgebühren durch G. v. 6. Mai 1920 (RGBl. 894) u. v. 24. März 1921 (RGBl. 243, neu geregelt. S. auch u. a. Postscheckgesetz in Fass. v. 22. März 1921 (RGBl. 247). Durch G. v. 29. April 1920 (RGBl. 678) sind die Gebührenfreiheiten im Post- und Telegraphenverkehr aufgehoben.

[2]) Das Postwesen ist geregelt durch Gesetz über das Postwesen des Deutschen Reichs v. 28. Okt. 1871 (RGBl. 347)o teilweise abgeändert v. 1. April 1900 ab durch G. v. 20. Dez. 1899 (RGBl. 715).

Der Post allein steht das Recht zu (Postmonopol), verschlossene Briefe und politische Zeitungen (die öfter als einmal wöchentlich erscheinen) von Orten mit einer Postanstalt (das ist auch eine Postagentur) nach Orten mit einer Postanstalt (auch wenn die beiden Orte tatsächlich eine Ortschaft bilden) gegen Bezahlung zu befördern, vom 1. April 1900 ab „auch innerhalb der Gemeindegrenzen ihres mit einer Postanstalt versehenen Ursprungsortes". Frei ist die Beförderung von Briefen und Zeitungen durch expresse Boten oder Fuhren, wenn nur von Einem abgesandt, der nicht zugleich im Auftrage Dritter schickt und dem Postzwange unterliegende Gegenstände weder von anderen mitnimmt noch für andere zurückbringt. Die Beförderung von geschlossenen Briefen, Karten, Drucksachen, Zeitungen, Zeitschriften oder Warenproben im Ursprungsort gegen Bezahlung ist durch Boten statthaft, welche weder die Einsammlung gewerbsmäßig betreiben, noch im Dienste einer Privatbeförderungsanstalt stehen. Privatbeförderungsanstalten dürfen in eigener Angelegenheit verschlossene Briefe durch ihre Bediensteten befördern lassen. Anstalten zur gewerbsmäßigen Beförderung oder Verteilung von unverschlossenen Briefen, Karten, Drucksachen und Warenproben, die mit der Aufschrift bestimmter Empfänger versehen sind, dürfen v. 1. April 1900 ab nicht betrieben werden; s. RGSt. 44, 300. Frei ist die Beförderung von Zeitungen in zweimeiligem Umkreise (berechnet nach der Luftlinie, RGSt. 4, 337) ihres Ursprungsortes. Dem Postmonopol entspricht die Pflicht der Postverwaltung, Zeitungen und andere zur Postbeförderung geeignete Gegenstände, selbst wenn sie dem Postzwange nicht unterliegen, zu den ihr vorgeschriebenen Sätzen zu befördern. Wann, unter welchen Bedingungen die Post eine Sendung befördern muß, in welchen Fällen und in welchem Umfange sie für verspätete oder mangelhafte Beförderung (Beschädigung oder Verlust der Sendung) haftet, ist im Postgesetze und den vom Reich erlassenen Verordnungen vorgeschrieben. Auch das Publikum ist nicht frei. Denn ihm gegenüber gelten die gesetzlichen Anordnungen, schon weil sie Gesetz sind, und die für die Post ergangenen Verordnungen, jetzt Postordnung v. 28. Juli 1917 (RGBl. 763) nebst Abänderungen, weil vorgeschrieben ist, § 50 des G. v. 28. Okt. 1871 (RGBl. 347), daß sie als Bestandteil des zwischen dem Absender und der Postverwaltung eingegangenen Vertrags gelten sollen. Man hat sagen wollen, die Postordnung habe die nämliche Kraft, als ob sie vertragsmäßig festgesetzt ist; auch die Telegraphenordnung — jetzt v. 16. Juni 1904 nebst Änderungen — gilt genau so wie die Postordnung, trotzdem eine dem § 50 des Postgesetzes entsprechende Vorschrift fehlt. Zudem finden sich in der Postordnung Vorschriften, z. B. §§ 42, 49, 50, die nach ihrem Inhalt gar kein Vertrag zwischen Post und

Absender sein können, so z. B. die Verpflichtung des Empfängers, das Porto zu zahlen, Postsendungen abzuholen; Aschenborn 13. Die Post- und Telegraphenordnungen, welche nicht Ausführungsverordnungen zum Postgesetze sind, müssen als Rechtsvorschriften aufgefaßt werden (und werden in der Rechtsprechung so behandelt), die auch für das Publikum wie für die Post- und Telegraphenverwaltungen zwingende Normen darstellen; vgl. auch Ernst Meier, Über den Abschluß von Staatsverträgen 270–300; ebenso das RGSt. 12, 326; 17, 145; 30, 238; RGZ. 43, 99; 48, 85; 60, 27 aaO.; Aschenborn 9f.; Städler bei Grünhut 57, 146; Poetzsch 150; Wachenfeld im VA. 340. Wenn Laband (ähnlich Giese 225; Anschütz 157) sagt, sonst befehle (oder verbiete) der Staat, bei der Post biete er nur seine Dienste an, so befiehlt und verbietet der Staat auch bei der Post, andererseits befiehlt er niemandem, Klagen bei Gericht einzureichen, Auflassungen vorzunehmen, Testamente vor Gericht zu errichten usw. Die Allgemeine Dienstanweisung für Post und Telegraphie, abgedruckt u. a. im Postamtsblatt, will dagegen dem Publikum gegenüber keine Rechtsordnung, sondern eine bloße interne Dienstvorschrift, s. Arndt 207. Darüber ist die Gerichtspraxis einig. Die Tarifbestimmungen der Postordnung sind auch maßgebend für die Höhe der Strafe auf Portodefraudationen; s. Aschenborn 13; folglich müssen sie Rechtsnormen sein. Die Eigenschaft als Anstaltsordnung schließt die Rechtsnormeigenschaft nicht aus, ZPO., StrPO. sind gleichfalls Anstaltsordnungen.

[3]) Andere Verordnungen erläßt die Reichsregierung allein.

[4]) Bezüglich des Telegraphenwesens bestand Streit, ob aus Art. 48 der a. Reichsverf. ein Telegraphenmonopol des Reichs gefolgert werden dürfe (dies war die Praxis) oder nicht (dies war die in der Theorie herrschende Ansicht) (Laband (4) III 54f.; E. Loening, Verwaltungsr. 611; G. Meyer, Verwaltungsr. I 563). Ein Telegraphenmonopol folgte in Preußen aus § 143 II 15 ALR., für Telegramme, die als verschlossene Briefe befördert und bzw. zugestellt werden,

Jetzt ist der Streit beseitigt durch G. über das Telegraphenwesen des Deutschen Reichs v. 6. April 1892 (RGBl. 467), abgeändert G. v. 7. März 1908 (RGBl. 79).

Für die Frage, auf welchen Gebieten der Gesetzes-, auf welchen der Verordnungsweg in Post- und Telegraphensachen stattfindet, ist nicht entscheidend, was in Preußen hierüber hätte maßgebend sein sollen, sondern was tatsächlich maßgebend war; s. StenBerRT. 1869, 515, 516; Seydel 286 und Thudichum 335; Arndt, Selbst. Verordnungsr. 178f.; Delbrück 24. April 1869 und 8. Mai 1869 StenBerRT. I 561; II 880. Zu beachten ist, daß eine Erhöhung der auf Verordnung beruhenden Telegraphengebühren seit G. v. 6. April 1892 (RGBl. 467) nur noch durch Gesetz zulässig ist; s. auch so Aschenborn 11f., 302f. Reichsregierung im Sinne des Abs. 3 ist das Kollegium.

[5]) Die Weltpost-, nicht die Welttelegraphenverträge sind mit Zustimmung der gesetzgebenden Faktoren abgeschlossen, weil letztere nicht in das Gebiet der Gesetzgebung eingreifen, keine Garantie übernehmen, keine Gebührengesetze ändern; s. auch StenBerRT. 1887, 519.

Artikel 89[1]).

Aufgabe des Reichs ist es, die dem allgemeinen Verkehre[2]) dienenden Eisenbahnen in sein Eigentum zu übernehmen[3]) und als einheitliche Verkehrsanstalt[4]) zu verwalten.

Die Rechte der Länder, Privateisenbahnen zu erwerben, sind auf Verlangen dem Reiche zu übertragen[5]).

[1]) Literatur: Arndt § 35; Arndt, RVR. 102f.; Arndt in den PreußJahrb. 1901, 302f.; Arndt im A. ö. R. 11, 373f.; Arndt, Selbständiges Verordnungsr. 193f.; Laband, Staatsr. § 74; Zorn, Staatsr. § 31; G. Meyer-Dochow, Verwal-

tungsr. §§ 106—109; Seydel, Komm. zu Art. 41 ff. Reichsverf.; Fischer in v. Holtzendorffs Jahrbuch I 412 f., II 211 ff., IV 421; Hänel, Staatsr. 634; Eger, Handbuch des Eisenbahnrechts (1886); Gleim, Recht der Eisenbahnen in Preußen 1891; Fritsch, Eisenbahnrecht in Fleischmanns Wörterbuch I 661 f.; Hornung, Das Recht des Bundesrats auf Grund Art. 7 Z. 2 Reichsverf., Leipzig 1906; Lahusen bei Grünhut 24, 357; Abramowski, Die Eisenbahnverkehrsordnung 1912; Paschke, Die Gültigkeit der Eisenbahnverkehrsordnung, Leipziger Dissertation 1903; Bäseler, Die rechtliche Natur der Eisenbahnverkehrsordnung, Tübingen 1912; v. d. Leyen im Handwörterbuch der Staatswissensch. I 679.

[2]) Siehe Anm. zu Art. 7 Ziff. 19; s. auch BA. 313, 327; Eger bei Fleischm. II 578.

[3]) S. Art. 171. Die Übernahme ist am 1. April 1920 erfolgt, G. v. 30. April 1920 (RGBl. 773).

[4]) Dies soll bedeuten, daß der vorwiegende Zweck der Eisenbahnen nicht Erwerb, sondern der öffentliche Nutzen sein soll.

[5]) Solche Rechte sind in dem preuß. Gesetz über Eisenbahnunternehmungen vom 3. Nov. 1838 (GS. 505) § 42 enthalten, s. auch Fritsch bei Fleischm. II 661. Ähnliche Bestimmungen finden sich auch in den anderen Ländern. Privateisenbahnen bedeutet hier nicht den Gegensatz zu Eisenbahnen für den allgemeinen Verkehr, sondern zu Staatseisenbahnen.

Artikel 90.

Mit dem Übergang der Eisenbahnen übernimmt das Reich die Enteignungsbefugnis[1]) und die staatlichen Hoheitsrechte, die sich auf das Eisenbahnwesen beziehen[2]). Über den Umfang dieser Rechte entscheidet im Streitfall der Staatsgerichtshof[3]).

[1]) Näheres über Enteignungsbefugnis und die staatlichen

Hoheitsrechte im G. v. 3. Nov. 1838 (GS. S. 505); s. auch Art. 7 Z. 19.

²) Das Recht aus Art. 90 beschränkt sich auf die den allgemeinen Verkehr dienenden Eisenbahnen, s. Art. 7 Z. 19 u. 94 Abs. 1; Anschütz 159.

³) S. Art. 13, 108, 172.

Artikel 91.

Die Reichsregierung erläßt mit Zustimmung des Reichsrats die Verordnungen[1]), die den Bau, den Betrieb und den Verkehr der Eisenbahnen[2]) regeln. Sie kann diese Befugnis mit Zustimmung des Reichsrats auf den zuständigen Reichsminister übertragen[3]).

¹) Diese Verordnungen erließ früher auf Grund Art. 42 bis 45 a. Reichsverf. der Bundesrat. Sie betreffen die Anlage, den Betrieb, die Bahnpolizei und die Ordnung des Verkehrs, z. B. Eisenbahnbau- und Betriebsordnung v. 4. Nov. 1904 (RGBl. 187) und Verkehrsordnung v. 26. Okt. 1899 (RGBl. 552). Die Gültigkeit dieser Verordnungen ist in der Theorie lebhaft bestritten, in der Rechtsprechung jedoch stets anerkannt; die Verkehrsordnung war vor dem HGB. nur gegenüber der Bahn, seit HGB. ist sie auch gegenüber dem Publikum Zwangs- und Rechtsnorm; s. namentlich Arndt l. c. Für das heutige Recht s. BA. 325; Poetzsch 150; s. auch Anschütz 160.

²) S. Art. 7 Z. 19. Andere Verordnungen erläßt die RRegierung auf Grund Art. 77 RVf. allein.

³) Ist geschehen, Poetzsch 191.

Artikel 92.

Die Reichseisenbahnen sind, ungeachtet der Eingliederung ihres Haushalts und ihrer Rechnung in den allgemeinen Haushalt und die allgemeine

Rechnung des Reichs, als ein selbständiges wirtschaftliches Unternehmen zu verwalten, das seine Ausgaben einschließlich Verzinsung und Tilgung der Eisenbahnschuld selbst zu bestreiten und eine Eisenbahnrücklage anzusammeln hat. Die Höhe der Tilgung und der Rücklage sowie die Verwendungszwecke der Rücklage sind durch besonderes Gesetz zu regeln.

S. VA. 314 f., 325 f. Das in Aussicht gestellte Gesetz fehlt noch.

Artikel 93.

Zur beratenden Mitwirkung in Angelegenheiten des Eisenbahnverkehrs und der Tarife errichtet die Reichsregierung für die Reichseisenbahnen mit Zustimmung des Reichsrats Beiräte.

S. VA. 326 f., Fleck bei Fleischmann I 686; v. d. Leyen, das. 673.

Artikel 94.

Hat das Reich die dem allgemeinen Verkehre dienenden Eisenbahnen eines bestimmten Gebiets in seine Verwaltung übernommen, so können innerhalb dieses Gebiets neue, dem allgemeinen Verkehre dienende Eisenbahnen nur vom Reiche oder mit seiner Zustimmung gebaut werden. Berührt der Bau neuer oder die Veränderung bestehender Reichseisenbahnanlagen den Geschäftsbereich der Landespolizei[1]), so hat die Reichseisenbahnverwaltung vor der Entscheidung die Landesbehörden anzuhören.

Wo das Reich die Eisenbahnen noch nicht in seine Verwaltung übernommen hat, kann es für den allgemeinen Verkehr[2]) oder die Landesverteidigung als notwendig erachtete Eisenbahnen kraft Reichsgesetzes auch gegen den Widerspruch der Länder, deren Gebiet durchschnitten wird, jedoch unbeschadet der Landeshoheitsrechte[3]), für eigene Rechnung anlegen oder den Bau einem anderen zur Ausführung überlassen, nötigenfalls unter Verleihung des Enteignungsrechts[4]).

Jede Eisenbahnverwaltung[5]) muß sich den Anschluß anderer Bahnen auf deren Kosten gefallen lassen[6]).

[1]) Diese kommt in Betracht z. B. für Veränderung der Vorflutverhältnisse. Die eigentliche Bahnpolizei, auch für Über- und Zugänge, geht auf das Reich über, doch sollen die Landespolizeibehörden angehört werden; s. auch Schunck, Das Bahnpolizeirecht 1910. Es kommt ferner die Bergpolizei in Betracht, OVG. 36, 281.

[2]) Siehe oben Anm. zu Art. 7 Ziff. 19.

[3]) D. h. die Landeshoheitsrechte sollen nur soweit, wie es die Anlegung und Betreibung der Eisenbahn erfordert, beeinträchtigt werden; ebenso Seydel 219; Arndt 306; Dambitsch 526. Es gilt bis zur Übernahme auf das Reich noch Art. 41 a. Reichsverf.

[4]) Das ist das Recht, nach Maßgabe des in dem Lande geltenden Enteignungsrechts den Grund und Boden auch gegen den Willen der Eigentümer und Besitzer zu erwerben.

[5]) Staats- oder Privatbahnverwaltung, gegenwärtige und zukünftige; Dambitsch 526; Giese (3) 233.

[6]) D. h. die Herstellung und den Betrieb der Anschlußstrecke, sowie die Überführung des rollenden Materials, nicht die Mitbenutzung einzelner Strecken noch der Bahnhöfe, auch nicht positive Handlungen ihrerseits vorzunehmen; OVG. 31, 379. Abs. 2 u. 3 entsprechen Art. 41 a. Reichsverf. und beziehen sich nicht auf Lokal- und Kleinbahnen, s. dagegen Anschütz 163.

Artikel 95.

Eisenbahnen des allgemeinen Verkehrs, die nicht vom Reiche verwaltet werden, unterliegen der Beaufsichtigung durch das Reich.

Die der Reichsaufsicht unterliegenden Eisenbahnen sind nach den gleichen vom Reiche festgesetzten Grundsätzen anzulegen und auszurüsten. Sie sind in betriebssicherem Zustand zu erhalten und entsprechend den Anforderungen des Verkehrs auszubauen. Personen- und Güterverkehr sind in Übereinstimmung mit dem Bedürfnis zu bedienen und auszugestalten.

Bei der Beaufsichtigung des Tarifwesens ist auf gleichmäßige und niedrige Eisenbahntarife hinzuwirken.

Siehe Art. 43 der früheren Verfassung, desgleichen Art. 45, ferner Triepel, Reichsaufsicht 195. Das Recht der Aufsicht gibt kein Verordnungsrecht. Die Reichsaufsicht wird gemäß G. über die Eisenbahnaufsicht v. 3. Jan. 1920 (RGBl. 13) durch den Reichsverkehrsminister ausgeübt und unter seiner Oberleitung durch die Eisenbahndirektionen und Eisenbahnpolizeibeamten. Das Recht zur Bestimmung der Tarife ist in Art. 95 so wenig wie in Art. 45 a. Reichsverf. enthalten.

Artikel 96.

Alle Eisenbahnen, auch die nicht dem allgemeinen Verkehre dienenden, haben den Anforderungen des Reichs auf Benutzung der Eisenbahnen zum Zwecke der Landesverteidigung Folge zu leisten.

Entspricht Art. 47 der früheren Verfassung, dessen Inhalt noch gilt, s. Art. 178 Abs. 2, Anschütz 164. Die Verpflichtung gilt im Kriege wie im Frieden, auch ohne Kriegsgefahr. StenBer. des verfassungber. RT. 1867, 509, 568; Dambitsch 543.

Artikel 97.

Aufgabe des Reichs ist es, die dem allgemeinen Verkehre[1]) dienenden Wasserstraßen[2]) in sein Eigentum und seine Verwaltung zu übernehmen[3]).

Nach der Übernahme können dem allgemeinen Verkehre[1]) dienende Wasserstraßen nur noch vom Reiche oder mit seiner Zustimmung angelegt oder ausgebaut werden.

Bei der Verwaltung, dem Ausbau oder dem Neubau von Wasserstraßen sind die Bedürfnisse der Landeskultur und der Wasserwirtschaft im Einvernehmen mit den Ländern zu wahren. Auch ist auf deren Förderung Rücksicht zu nehmen[4]).

Jede Wasserstraßenverwaltung hat sich den Anschluß anderer Binnenwasserstraßen auf Kosten der Unternehmer gefallen zu lassen[5]). Die gleiche Verpflichtung besteht für die Herstellung einer Verbindung zwischen Binnenwasserstraßen und Eisenbahnen.

Mit dem Übergange der Wasserstraßen erhält das Reich die Enteignungsbefugnis, die Tarifhoheit sowie die Strom- und Schiffahrtspolizei[6]).

Die Aufgaben der Strombauverbände[7]) in bezug auf den Ausbau natürlicher Wasserstraßen im Rhein-, Weser- und Elbgebiet sind auf das Reich zu übernehmen[8]).

[1]) S. Anm. zu Art. 7 Z. 19.

[2]) See- und Binnenwasserstraßen, natürliche wie künst-

liche, mit allen Rechten und Kräften. VA. 347 f., 486, StenBer. 1370, 2117 f.

[3]) Gegen Entschädigung, VA. 351. S. Art. 171 und VA. 352, 488, StenBer. 1828.

[4]) Z. B. auf die Stellung der Flüsse zur Abwässerung, Trink- und Wirtschaftswasserentnahme.

[5]) S. Anm. 5 zu Art. 94.

[6]) Sie untersteht nicht den Lokal-, sondern den Strompolizeibehörden (Regierungs-, Oberpräsident, Verkehrsminister).

[7]) S. Anm. 16 zu Art. 99.

[8]) Durch den Friedensvertrag zu Versailles v. 28. Juni 1919 (RGBl. 687) und zwar Art. 327 f., 331 f., 346 f., 354 f., sind Elbe, Oder, Memel und Rhein ent- und internationalisiert und europäischen Ausschüssen unterstellt.

Artikel 98.

Zur Mitwirkung in Angelegenheiten der Wasserstraßen werden bei den Reichswasserstraßen nach näherer Anordnung der Reichsregierung unter Zustimmung des Reichsrats Beiräte gebildet.

S. VA. 350, 351.

Artikel 99[1]).

Auf natürlichen Wasserstraßen[2]) dürfen Abgaben[3]) nur für solche Werke, Einrichtungen und sonstige Anstalten[4]) erhoben werden, die zur Erleichterung[5]) des Verkehrs[6]) bestimmt sind[7]). Sie dürfen bei staatlichen[8]) und kommunalen Anstalten die zur Herstellung[9]) und Unterhaltung[10]) erforderlichen Kosten nicht übersteigen. Die Herstellungs- und Unterhaltungskosten für Anstalten, die nicht ausschließlich zur Erleichterung des Verkehrs, sondern auch zur Förderung anderer Zwecke[11]) bestimmt sind, dürfen nur zu einem verhältnismäßigen Anteil durch Schiffahrtsabgaben aufgebracht werden. Als Herstellungskosten gelten die Zinsen und Tilgungsbeträge für die aufgewandten Mittel.

Die Vorschriften des vorstehenden Absatzes finden Anwendung auf die Abgaben, die für künstliche Wasserstraßen[12]) sowie für Anstalten an solchen und in Häfen[13]) erhoben werden.

Im Bereiche der Binnenschiffahrt[14]) können für die Bemessung der Befahrungsabgaben die Gesamtkosten einer Wasserstraße[15]), eines Stromgebiets[16]) oder eines Wasserstraßennetzes zugrunde gelegt werden.

Diese Bestimmungen gelten auch für die Flößerei[17]) auf schiffbaren Wasserstraßen.

Auf fremde Schiffe und deren Ladungen andere oder höhere Abgaben zu legen als auf deutsche Schiffe und deren Ladungen, steht nur dem Reiche zu.

Zur Beschaffung von Mitteln für die Unterhaltung und den Ausbau des deutschen Wasserstraßennetzes kann das Reich die Schiffahrtsbeteiligten auch auf andere Weise durch Gesetz zu Beiträgen heranziehen.

[1]) Für das ältere Recht s. namentlich Arndt, Schiffahrtsabgaben (2); M. Peters, Schiffahrtsabgaben; Arndt, VerwA. 17, 533f.; sodann die Abhandlungen von Piloty, Laband, O. Mayer, Netter über Schiffahrtsabgaben. Art. 99 u. 100 entsprechen dem G. v. 24. Dez. 1911 (RGBl. 1137). Kommentare von Graßmann, Peters und Geigel 1912; Zahn bei Fleischm. III 727.

[2]) Natürliche im Gegensatz zu künstlichen sind im Sinne des

jetzigen Art. 99: Seen, Haffe, Flußmündungen, alle der Vorflut dienenden Wasserläufe, soweit und solange sie zur Binnenschiffahrt benutzt werden. Kanalisierungen, Regulierungen, Gradlegungen, Seitenkanäle, selbst gänzliche Verlegung in ein künstlich gegrabenes Bett machen die Wasserstraße nicht zur künstlichen. Kein Unterschied mehr zwischen See- und Binnenschiffen; Peters 14. Mit der Übernahme der Wasserstraßen gehen auch die in ihnen ruhenden Wasserkräfte mit allen Rechten und Pflichten auf das Reich über; s. Schulze-Gävernitz und Unterstaatssekretär Peters, StenBer. 1370, 1371. Dabei hat eine finanzielle Auseinandersetzung zwischen Reich und Land stattgefunden; Peters das., Art. 99 ist gegenüber Art. 97 lex specialis, Peters l. c. abgesehen von Art. 100. Das Wasserrecht, insbesondere die Regelung dessen Gemeingebrauchs, Viehtränke, Wasserschöpfen, Schwimmen, Baden usw. ist deshalb als Gemeingebrauch nicht Gegenstand der Reichsgesetzgebung; nur Schiffahrt ist Reichssache, s. Art. 8 und Peters das.

[3]) D. h. hier außer den Befahrungsabgaben auch die Abgaben für die Benutzung von Häfen oder sonstigen Schiffahrtseinrichtungen, Hinterziehung strafbar nach Art. IV § 1 G. v. 24. Dez. 1911.

[4]) Körperliche oder unkörperliche, namentlich Schleusen, Durchstiche, Einengungen, Verbreiterungen oder Vertiefungen, Stauvorrichtungen, Höherlegungen, Staubecken, Baaken, schwimmende Tonnen, Leuchtfeuer; Geigel 6, Peters 14f.; z. B. Beseitigungen von Baumstämmen, Wracks usw. Pegelstandsmeldungen, Peilungen oder Wasserstandsmessungen, Bagger-, Eisbrecher-, Leuchtfeuer-, Lotsen-, Schlepp-, Signaldienst; Geigel 6; Peters 14.

[5]) Z. B. mittels Besserausnutzung der Tragfähigkeit oder Verlängerung der Schiffahrt, Ersparnis an Kohlen, Lotsen, Leichtern, Abkürzung der Fahrzeit.

[6]) Schiffs- oder Flößereiverkehr; Peters 17.

[7]) Und tatsächlich dienen. Den Abgaben soll eine ent-

sprechende Gegenleistung gegenüberstehen (Minister Breitenbach RT. 28. Dez. 1911 StenBer. 1911, 7915 aaO.). Der Nachweis eines individuellen Vorteils des Fahrenden ist nicht erforderlich; Geigel 7; KommBer. 29; Peters 17.

[8]) Staatlich ist auch vom Reich.

[9]) Nicht z. B. bloße Versuchsarbeiten, nach Fischpässe, Ersatz für Schäden, z. B. wegen Wasserentziehung, Fischereischädigung; Geigel 7, 9.

[10]) Laufende Instandhaltung, auch Verstärkung der Bauwerte, Betrieb der Wehre, Hebewerke, Fähren und Brücken, Dienstbezüge der hierfür verwendeten Beamten, nicht aber der oberen Aufsichtsbeamten, überhaupt nur Mehraufwand infolge der Verbesserung (Geigel 8), nicht Ersatz älterer Werke. Von der bisherigen Unterhaltslast wird niemand befreit.

[11]) Z. B. für Be- und Entwässerung von Wiesen, Äckern usw.; Uferschutz; den fraglichen Anteil bestimmten die Regierungen im Einvernehmen mit der Volksvertretung (Sten.-BerRT. 1911, 7905) bzw. die Strombeiräte gemäß Art. II § 7 Abs. 3[1], § 8 Abs. 7[1], jetzt gilt Art. 77. Rechtsweg ist ausgeschlossen, KommBer. 29, 158, Nr. 2 RT. 1911, 8070–8079.

[12]) D. h. nur noch Kanäle.

[13]) See- oder Binnenhäfen, Hafeneinrichtungen sind z. B. Krane, Lader, Stadeln, Lagerplätze, Schleppmotore; auch die Hafenpolizei, nicht die Oberleitung noch Verschönerungsbauten; Geigel 11; Peters 19.

[14]) Die Grenze zwischen See- und Binnengewässern bestimmte früher der Bundesrat, jetzt Art. 77; ersteres sind die, die ausschließlich oder überwiegend dem Seeverkehr dienen. S. auch G. v. 15. Juni 1895 (RGBl. 301) – privatrechtlich.

[15]) Wasserstraßennetz ist eine aus natürlichen, aus künstlichen oder aus beiden zusammengesetzte Gruppe von Schiffahrtswegen, die innerhalb eines gemeinsamen Wirtschafts- (nicht notwendig Strom-) Gebietes zusammenhängenden Verkehrszwecken (gleichviel aus einem oder mehreren Bundesstaaten) dienen, Mot. zum G. v. 24. Dez. 1911, 11.

[16]) Der Strom-(Rhein-, Weser-, Elb-)verband ist weder Korporation noch Gesellschaft, also nicht vermögensfähig; er ist Gemeinschaft zur gesamten Hand; Geigel 19.

Die Erhebung von Abgaben für den Flößereibetrieb auf nicht schiff-, bloß flößbaren natürlichen gemeinsamen Wasserstraßen (solchen, die mehreren Bundesstaaten gemeinsam sind), ist durch Gesetz über die Abgaben von der Flößerei v. 1. Juni 1870 (RGBl. 312) § 1 nur noch insoweit gestattet, als es sich dabei um die Benutzung besonderer zur Verkehrserleichterung bestimmter Anstalten handelt; s. hierzu auch BGBl. 1870, 314; 1871, 31; 1877, 14; s. auch Peters 68, 70; O. Mayer bei Fleischmann I 812.

[17]) Die Küstenfrachtfahrt (cabotage) (von deutschen Häfen zu deutschen Häfen) steht nur deutschen Schiffen, ausländischen dagegen nur auf Grund eines Staatsvertrages oder durch Kaiserliche Verordnung mit Zustimmung des Bundesrats zu, § 2 des G., betr. die Küstenfrachtfahrt v. 22. Mai 1881 (RGBl. 97), solche Verträge z. m. RGBl. 1881, 275, 276; 1883, 249; 1885, 31; 1886, 179; 1888, 249, 273; 1892, 6, 106; 1893, 20, 84; 1894, 163, 472, 506; 1897, 182. S. auch Versailler Friedensvertrag Art. 321, 327, 335, 384.

Schließlich ist zu beachten, daß für die unterschiedliche Behandlung deutscher und fremder Schiffe § 10 des Zolltarif G. v. 25. Dez. 1902 in Betracht kommt, s. oben Art. 82 und Versailler Frieden Art. 321, 337, daß einzelstaatlich auferlegter Verzicht auf Ersatz eines infolge staatlichen Verschuldens bei Benutzung öffentlicher Wasserstraßen entstandenen Schadens unwirksam ist, RGZ. 62, 204.

Artikel 100.

Zur Deckung der Kosten für Unterhaltung und Bau von Binnenschiffahrtswegen kann durch ein Reichsgesetz auch herangezogen werden, wer aus dem Bau von Talsperren in anderer Weise als durch Be-

fahrung Nutzen zieht, sofern mehrere Länder beteiligt sind oder das Reich die Kosten der Anlage trägt.

S. Hermes bei Fleischmann III 520 f. und über Talsperren Korn, Reichsverfassung 73.

Artikel 101.

Aufgabe des Reichs ist es, alle Seezeichen, insbesondere Leuchtfeuer, Feuerschiffe, Bojen, Tonnen und Baken in sein Eigentum und seine Verwaltung zu übernehmen. Nach der Übernahme können Seezeichen nur noch vom Reiche oder mit seiner Zustimmung hergestellt oder ausgebaut werden.

Die Zuständigkeit des Reichs beschränkt sich auf die Schiffahrt und Flößerei und bis auf weiteres nicht auf Gesundheits- und Veterinärpolizei, Graf Posadowsky, StenBerRT. 1901, 968. Die Zuständigkeit des Reichs nach Verkündung der Reichsverf. ist eine ausschließliche.

Zum Schluß des VI. Abschnitts ist zu bemerken, daß neuestens mit Rückwirkung vom 1. April 1921 die dem allgemeinen Verkehr dienenden Wasserstraßen auf das Reich vertragsmäßig übergehen. Als Abfindung zahlt das Reich 30 % vom Anlagekapital, das die Gesamtheit der deutschen Länder seit 100 Jahren auf die betr. Gegenstände aufgewendet hat. Die Hansastädte erhalten vorweg das durch Anleihen aufgebrachte und noch nicht getilgte Anlagekapital. Die Verkehrshäfen, im Unterschied von den Schutz- und Sicherheitshäfen, ferner die staatlichen Fischereien gehen nicht an das Reich über. Dagegen erhält das Reich gemäß Art. 97 das volle Privateigentum mit allen Rechten und Pflichten an den Wasserstraßen. Auch ein etwaiges Privateigentum Dritter tritt zugunsten des Reichs zurück. Hamburg und Bremen für Elbe und Weser und Preußen für Emden, Stettin und Königsberg haben Zusicherungen bezüglich der Unterhaltung und Vertiefung der Fahrwasserrinnen und Zufahrten erhalten..

Siebenter Abschnitt.
Die Rechtspflege.

Dieser Abschnitt wiederholt im wesentlichen das bestehende insbesondere im Gerichtsverfassungsgesetz festgesetzte Recht und hat die Bedeutung, solches reichsverfassungsmäßig zu verankern. Es bezieht sich in der Hauptsache auf die ordentliche Gerichtsbarkeit, d. i. auf die Justiz; ebenso Anschütz 170. Im allgemeinen beschränkt sich die ordentliche Gerichtsbarkeit auf reine Privatrechte und Strafsachen, s. RGZ. 25, 285; 53, 423; 59, 5; sie erstreckt sich aber auf alle Rechtsfragen, von deren Beantwortung die Entscheidung abhängt — auch öffentlich-rechtlicher Natur; RGZ. (Plenarbeschluß) 41, 267; s. auch RGZ. 76, 524; RGSt. 43, 373. Die Vorschriften des VII. Abschnitts gelten als solche nicht für die Verwaltungsgerichte. Zwar sprechen auch diese Recht nach Gesetz und sind in ihrer richterlichen Tätigkeit Anweisungen nicht unterworfen; OVG. 30, 453; 48, 16; Neukamp, A. ö. R. 4, 545; Friedrichs, Landesverwaltungsgesetz 68; Groeber, StenBer. 2142. Doch sind die Verwaltungsgerichte als Verwaltungsbehörden anzusehen; s. Schelcher, Verwaltungsgerichtsverfahren bei Fleischmann III 741f.; Anschütz 179. Die Tätigkeit der Staatsanwaltschaft ist nicht die einer Verwaltung, sondern einer Justizbehörde, Lukas, Festgabe für O. Mayer 225, doch gilt der Abschnitt 7 nicht für die Staatsanwaltschaft. Auch gilt der Abschnitt abgesehen von Art. 102 nicht für die Beamten- und Militärdisziplinarstrafgerichtsbarkeit, welche letztere eine solche über kleinere Straffälle darstellt und in ihrer Wirkung derjenigen der ordentlichen Gerichte insoweit gleichkommt, als ihre Entscheidungen im Unterschied zu denen der übrigen Disziplinargerichte res judicata machen; RGSt. 21, 1; Arndt, Anm. 4 zu Art. 37 der a. PreußVerf. Der Abschnitt bzw. die Reichsverfassung ändern den Rechtsstand bezüglich der Grenzscheidung zwischen Justiz und Verwaltung nicht und heben auch die landesgesetzlichen Vorschriften über den Konflikt und den

Kompetenzkonflikt nicht auf. Es bleibt also nach wie vor zulässig, daß der Kompetenzkonflikt erhoben wird und daß den ordentlichen Gerichten durch die Entscheidung des Kompetenzkonfliktsgerichtshofs das weitere Verfahren aus der Hand genommen wird. Siehe GVG. § 17 Abs. 2 f. und Verordn. betr. die Kompetenzkonflikte zwischen den Gerichten und den Verwaltungsbehörden vom 1. Aug. 1879 (GS. 573 f.). Das Konfliktsverfahren in Preußen nach § 11 GVG. u. G. v. 13. Febr. 1854 (GS. 86) ist nebst G. v. 1. Aug. 1909 beseitigt, G. v. 16. Nov. 1920 (GS. 65). Der Abschnitt galt auch nicht für die Verwaltung der Fideikommisse und Familienstiftungen, bei denen der Justizminister Anweisungen erteilen und in letzter Instanz entscheiden konnte; s. Verf. v. 16. Nov. 1899 (GS. 562). Endlich sind die Oberaufsichtsrechte gegenüber den Richtern in Ansehung der Disziplin, des Geschäftsbetriebes und Verzögerungen unberührt, v. Rönne I § 103.

Artikel 102.

Die Richter sind unabhängig und nur dem Gesetz unterworfen.

Art. 102 wiederholt § 1 GVG. und entspricht seinem Vorbilde Art. 86 PreußVerf. Letzterer hatte ursprünglich einen weiteren Sinn als GVG. § 1. Er beabsichtigte nach seinem Vorbilde Const. belge art. 107 vorzuschreiben, daß die Gerichte den Verordnungen nur unterworfen seien und diese nur anwenden sollen, wenn sie in Gemäßheit des formellen Gesetzes erlassen sind, daß sie insbesondere selbständige Verordnungen nicht anwenden dürfen. Letzterer Satz gilt von Ausnahmevorschriften abgesehen auch heute noch in Preußen; s. Arndt zu Art. 86 a. PreußVerf. und SelbstVerordnungsr. 104, StBAH. 1864, 2070; StBHH. 1879, 522; v. Daniels, Privatr. V 132. Mit Art. 86 ist ferner bestimmt, daß Ausführungsverordnungen zu sog. Rechtsgesetzen unstatthaft sind und daß Ausführungsvorschriften zu Rechtsgesetzen nur durch

Gesetze gegeben werden dürfen. Auch dies gilt heute fort gegenüber allen Gesetzen, die zur unmittelbaren Anwendung durch die Gerichte bestimmt sind. Zum BGB., StGB., ZPO. usw. können die Reichsregierung und der Reichsrat keine Verwaltungsvorschriften geben. Darin, wie diese Gesetze auszulegen sind, können die Gerichte nicht durch Anweisung bestimmt werden. Auch die Reichsaufsicht kommt hierbei nicht zur Anwendung.

Die Gerichte sind aber nach Art. 102 nicht bloß dem Gesetz, sondern auch den auf Grund ausdrücklicher gesetzlicher Ermächtigung erlassenen Verordnungen, „der Autorität des Gesetzes", a. PreußVerf. Art. 86, unterworfen. Indem sie dies sind, gehorchen sie nicht der Verordnung, sondern dem Gesetz, welches die Verordnung für zulässig erklärt. Sie haben deshalb zu prüfen, ob die Verordnung sich im Rahmen der gesetzlichen Ermächtigung hält, und die Verordnung nicht anzuwenden, soweit dies nicht der Fall ist. Mit Art. 102 steht nicht in Widerspruch, daß ein Gesetz den Richter an gewisse Verwaltungsakte und gewisse Erkenntnisse ausnahmsweise bindet, so z. B. an die Entscheidungen der Unfallberufsgenossenschaften und der Arbeiterschiedsgerichte in gewissen Fällen, z. B. Reichsversicherungsordnung v. 19. Juni 1911 (RGBl. 1900, 509 § 909), ferner in den Beamtengesetzen bei Frage der Anstellung, Pensionierung und Entlassung, z. B. Reichsbeamtengesetz § 155, s. auch RGZ. 6, 195; endlich, wenn in einem bestimmten Prozeß das Reichsgericht einen Rechtsgrundsatz aufgestellt hat, ZPO. § 363, für diesen Prozeß. Diese Ausnahmen sind nur scheinbare, da das Gericht in allen diesen Fällen nur den Gesetzen gehorcht, welche ihm befehlen, die Verordnung bzw. die Vorentscheidungen der richterlichen Tätigkeit zugrunde zu legen. Gemäß Art. 4 sind die Gerichte auch den anerkannten Regeln des Völkerrechts unterworfen.

Fraglich ist, ob Art. 102 auch auf Gerichtsschreiber und Gerichtsvollzieher Anwendung findet; dafür Hellwig, Lehrb. 2

II 154 und die Kommentare zu § 1 GVG.; dagegen (und meines Erachtens mit Recht) Hein, DJZ. 1910, 573 und Giese 246. Die neue PreußVerf. Art. 8, s. Arndt 56, gibt die Unabhängigkeit auch den Gerichtsschreibern und Gerichtsvollziehern, StenBer. des PreußLandt. 14058.

Mit Recht führt Spahn, Berichterstatter zum 7. Abschn. an, StenBer. 1462, daß die Vorschrift in Art. 102 der Dreiteilung der staatlichen Gewalt entspricht. Nicht weil irgend jemand das Gesetz ausfertigt, sondern weil das Gesetz höchster Staatswille, haben die Gerichte nicht das Recht, Gesetze auf ihr verfassungsmäßiges Zustandekommen zu prüfen; Jèze, Franz. VerwR. 18; Arndt, JW. 1916, 590; 1917, 719; 1918, 516; Schack, Die Prüfung der Rechtmäßigkeit von Gesetz und Verordnung 1918; Meyer-Anschütz (7) §§ 159, 161; s. auch OVG. 63, 169; 64, 297; s. ferner RGZ. 48, 89; 77, 29; ebenso décret, 16. Aug. 1790, Art. 11, 12 und Redslob, Die Staatstheorien der franz. NatVers. 333; Beltgens, Const. belge revisée 540; Errera, Das Staatsr. Belgiens § 155; Lukas, Gesetzespublikation 82; Hatschek, Staatsr. Englands bei Marquardsen 10; Schollenberger, Schweiz. Staatsr. 32. Nach Gneist hat das Gericht nur nicht die interna corporis zu prüfen, Gierke, Privatr. I 135; v. Rönne, Preuß. Staatsr. I 185, 408; Triepel, A. ö. R. 39, 535; Poetzsch 158; Kahn, HA. 1907, 481, 592 u. a. geben dem Gericht diese Befugnis. Landesgesetze, die Reichsrecht oder Kirchengesetze, die Staatsgesetzen widersprechen, haben die Gerichte nicht anzuwenden, OVG. 35, 422; 37, 433; 48, 205; RG. 55, 252; 61, 18; 64, 201; 77, 201; Loening, VerwA. 8, 104; Arndt, A. 10 zu Art. 106 a. PreußVerf. Reichsgesetze sind nach Vorstehendem, weil vom Souverän im Reich erlassen, ohne jedes Nachprüfungsrecht von jedermann mit Einschluß der Länder und Gerichte unbedingt zu befolgen; im Ergebnis überall ebenso Anschütz 171. S. auch zu Art. 102 noch Art. 13 u. 19 nebst Anmerkungen. S. auch VA. 263 f.

Artikel 103.

Die ordentliche Gerichtsbarkeit wird durch das Reichsgericht und durch die Gerichte der Länder ausgeübt.

Ein Antrag, die gesamte ordentliche Rechtsprechung dem Reich zu übertragen und alle Richter zu Reichsbeamten zu machen, wurde schon vom Verfassungsausschuß abgelehnt; auch Haußmann, RV. XVIII, VA. 354f., 475f. Die Amts-, Land- und Oberlandesrichter bleiben hiernach Landesbeamte (Spahn l. c.). Änderung ist nur durch Reichsverfassungsänderung möglich, s. Anschütz 173; s. auch ferner Kaufmann R. u. W. 8, 212. Soweit eine Sache vor dem Reichsgericht oder überhaupt vor einem Reichsgericht anhängig ist, kann ein Kompetenzkonflikt nicht mehr erhoben werden; RGZ. 44, 380; 48, 195; s. auch G. v. 22. Mai 1902 (GS. 145). Dies folgt daraus, wie der zitierte Plenarbeschluß des Reichsgerichts (RGZ. 48, 195) ausführt, daß das Reichsgericht seine Gewalt von der Justizhoheit des Reichs als eines den einzelnen Ländern gegenüber selbständig und übergeordneten Staatswesens ableitet; s. auch Vierhaus, Ztschr. f. Zivilprozeß 14, 208; Stein zu § 238 ZPO.; ferner RGSt. 28, 433; 33, 211.

Eine begriffliche Abgrenzung zwischen Gerichtsbarkeit und Gerichtssachen einer- und Verwaltungsgerichtsbarkeit und Verwaltungssachen andererseits ist nicht möglich; s. Vierhaus, VerwA. 1902, 223; Arndt, PreußVerf. zu Art. 8; Stein, ZPO. (10) 79; E. Kaufmann bei Fleischmann II 692; Kormann, Jahrb. d. ö. R. 1912, 1f. Es hängt vom Ermessen des Gesetzgebers ab, ob er einen Gegenstand der Entscheidung durch das Gericht oder durch Verwaltungsbehörden unterwerfen will; s. auch Oppenhoff, Ressortverhältnisse 24; Arndt i. VerwA. 1919, 267; 1918, 261; v. Rönne-Zorn I § 105, s. auch RGZ. 11, 71; 19, 70; 21, 204; 25, 330; 39, 331; 49, 279; StenVerRT. 1897, 2197. Unter die ordentliche Gerichtsbarkeit im Sinne Art. 103 u. 104 fallen nicht die Verwaltungsgerichte, die reichsgesetzlich bestellten oder zugelassenen Sondergerichte, GVG. § 13, die auf Grund Art. 48 errichteten außerordentlichen Kriegsgerichte, die Kriegs- und Standgerichte, Art. 105 Satz 3, die Militärgerichte im Falle Art. 106: das Wahlprüfungsgericht Art. 31, der Staatsgerichtshof Art. 108. Dies sind Sondergerichte.

Artikel 104.

Die Richter der ordentlichen Gerichtsbarkeit werden auf Lebenszeit ernannt. Sie können wider ihren Willen nur kraft richterlicher Entscheidung und nur aus den Gründen und unter den Formen, welche die Gesetze bestimmen, dauernd oder zeitweise ihres Amtes enthoben oder an eine andere Stelle oder in den Ruhestand versetzt werden[1]). Die Gesetzgebung kann Altersgrenzen festsetzen, bei deren Erreichung Richter in den Ruhestand treten[2]).

Die vorläufige Amtsenthebung, die kraft Gesetzes eintritt, wird hierdurch nicht berührt[3]).

Bei einer Veränderung in der Einrichtung der Gerichte oder ihrer Bezirke kann die Landesjustizverwaltung unfreiwillige Versetzungen an ein anderes Gericht oder Entfernungen vom Amte, jedoch nur unter Belassung des vollen Gehalts, verfügen.

Auf Handelsrichter, Schöffen und Geschworene finden diese Bestimmungen keine Anwendung[4]).

[1]) Die Vorschriften des Art. 104 können durch Landesgesetz nicht geändert werden. Die Bestellung durch Volkswahl ist dadurch ausgeschlossen, s. VA. 355 u. StenBer. 1466. Die Vorschrift steht der Beschäftigung von Assessoren in Richtergeschäften nicht entgegen, s. GVG. § 10, Reichsverf. Art. 178, RGSt. 54, 260; Wach, JW. 49, 4; Arndt, Recht 1920,

Heft 9/10. Die Richter sollen nicht gewählt, sondern ernannt werden. VA. 355, StB. 1466.

[2]) Die Festsetzung einer Altersgrenze kann durch einfaches Landesgesetz erfolgen; s. G. v. 15. Dez. 1920 (GS. 621), mit dem auf der Vollendung des 68. Lebensjahres folgenden 1. April oder 1. Oktober. Ein wohlerworbenes Recht wird dadurch nicht verletzt, auch kein Anspruch auf das volle Gehalt auf Lebenszeit erworben, s. auch zu Art. 129, Lewin bei Gruchot N. F. 2 Heft 2; s. indes auch Tiele, JW. 50, 657 und Wagner das.

[3]) Auch durch einfaches Landesgesetz kann bestimmt werden, daß und in welchen Fällen eine vorläufige Amtsentsetzung eines Richters stattfinden kann. Es gilt für Preußen und zwar für den ganzen Staat Gesetz, betreffend die Dienstvergehen der Richter und die unfreiwillige Versetzung derselben auf eine andere Stelle oder in den Ruhestand, v. 7. Mai 1851 (GS. 218); Änderung G. v. 26. März 1856 (GS. 201) und 9. April 1879 (GS. 345).

[4]) Auch Handelsrichter, Schöffen und Geschworene sind selbstredend bei ihrer richterlichen Tätigkeit ebenso wie die Verwaltungs- und Militärgerichte frei und keiner Anweisung unterworfen.

Artikel 105.

Ausnahmegerichte sind unstatthaft. Niemand darf seinem gesetzlichen Richter entzogen werden. Die gesetzlichen Bestimmungen über Kriegsgerichte und Standgerichte werden hiervon nicht berührt. Die militärischen Ehrengerichte sind aufgehoben.

S. hierzu die Kommentare zu § 16 GVG. Die auf Grund des Belagerungszustandes eingesetzten außerordentlichen Kriegsgerichte sind keine Ausnahmegerichte; Goldschmidt, Goltd. A. 62, 257; Poetzsch 160; Anschütz 176; Giese 251; s. auch RMilGer. 17. April 1919 in DJZ. 24, 487; E. Kaufmann, Untersuchungsausschuß und Staatsgerichtshof 50f. Ausnahmegerichte im Unterschiede von Sonder-, wie z. B. Kaufmanns-, Wuchergerichten (V. v. 27. Nov. 1920, RGBl. 1909) sind Gerichte, die ohne (formell-) gesetzliche Ermächtigung zur Entscheidung bestimmter Fälle eingesetzt werden, s. Kaufmann l. c., also sind auch die auf Grund Art. 48 eingesetzten Kriegs- und Standgerichte (RGSt. 55, 119) nicht Ausnahmegerichte; Einrichtung und Verfahren dieser Gerichte s. VO. v. 29. März und 14. Mai 1921, s. RGBl. 371, 689. Mitglieder und Vertreter der Anklagebehörde ernennt der Landesgerichtspräsident. Die Gerichte sind zuständig in den Fällen des Abschn. 1, 6, 7, 20, 27 Tl. II StGB., der §§ 211 bis 215 StGB., gegen Sprengstoffges. v. 9. Juni 1884 (RGBl. 61) und Entwaffnungsges. v. 7. August 1920 (RGBl. 1553), soweit Handlung nach 10. März 1921. Keine gerichtliche Voruntersuchung, Rechtsmittel unzulässig. Verfahren nur, wenn zur Zeit der Tat Täter über 18 Jahre.

Artikel 106.

Die Militärgerichtsbarkeit ist aufzuheben, außer für Kriegszeiten und an Bord der Kriegsschiffe. Das Nähere regelt ein Reichsgesetz.

Die Militär- (keine Ausnahme-) Gerichtsbarkeit, die sich auf Strafsachen beschränkte, indes auf alle nicht bloß militärische Strafhandlungen Anwendung fand (mit Ausnahme einzelner geringfügiger Zuwiderhandlungen), ist jetzt geregelt durch die Militärstrafgerichtsordnung v. 1. Dez. 1898 (RGBl. 1189). Sie gilt auch für die Angehörigen der Wehrmacht. Sie ist außer in Kriegszeiten und bei Bordverbrechen durch G. v. 17. Aug. 1920 (RGBl. 1579) aufgehoben.

Artikel 107.

Im Reiche und in den Ländern müssen nach Maßgabe der Gesetze Verwaltungsgerichte zum

Schutze der einzelnen gegen Anordnungen und Verfügungen der Verwaltungsbehörden bestehen.

Verwaltungsgerichte bestehen nur, soweit Zuständigkeit aufgezählt ist (OVG. 73, 431); sie sollen gegen fehlerhafte Rechtsanwendung und subjektive Rechte schützen; s. unten S. 187.

Artikel 108.

Nach Maßgabe eines Reichsgesetzes wird ein Staatsgerichtshof für das Deutsche Reich errichtet.

S. auch Art. 172. S. jetzt G. über den Staatsgerichtshof v. 9. Juli 1921 (RGBl. 905). Der Gerichtshof entscheidet in den Fällen des Art. 15 Abs. 3, Art. 18 Abs. 7 u. 19 Abs. 1, falls kein anderes Gericht bestimmt ist, ferner über den Umfang der Rechte des Reichs in Streitfällen der RV. in den Fällen der Art. 170 Abs. 1 u. 171 Abs. 2 RV. und bei Meinungsverschiedenheiten in bezug hierauf, Zusammensetzung des Gerichtshofs s. § 18. Vor allem entscheidet er über Anklagen des RT. gegen RPräs., RKanzler und Reichsminister (s. Art. 59). In diesem Fall besteht er aus dem Präsidenten des RG., je 1 Mitgliede des PrOVG., BayOberstLG. und des HansOLG., 1 von der Anwaltkammer des RG. gewähltem RA., 5 vom RT. und 5 vom RR. Gewählten. Der Gerichtshof kann auf Amtsverlust erkennen, § 12, s. auch zu Art. 59.

Zweiter Hauptteil.

Grundrechte und Grundpflichten der Deutschen.

Die frühere Reichsverf. hatte keine Grundrechte. Die Frankfurter und die Preußische haben solche. Lafayette hatte die Grundrechte aus den Vereinigten Staaten nach Frankreich gebracht (s. indes Beyerle, VG. 366), wo sie am 26. Aug. 1789 als droits de l'homme et du citoyen verkündet wurden. Diese Reichsverfassung stellt nicht nur Grundrechte, sondern auch Grundpflichten auf. Über deren Tragweite herrschen Meinungsverschiedenheiten. Von einigen Seiten wurde ihre Aufnahme bemängelt. Entscheidend für ihre Aufnahme und bedeutsam für ihre Auslegung ist nachfolgende Bemerkung des Berichterstatters Dr. Düringer, StenBer. 1496: „Zunächst die Bedeutung der verfassungsmäßigen Gewähr, die jedem der hier aufgenommenen Rechtssätze zuteil werde und die nicht unterschätzt werden dürfe. Sodann die erzieherische Funktion dieses Teils der Verfassung. Es war vielfach geklagt, daß es dem deutschen Volk an der erforderlichen staatsbürgerlichen Erziehung ermangele, hier sei nun eine Grundlage der Verfassung für einen gediegenen staatsbürgerlichen Unterricht geboten. Es wurde ferner auf die große soziale Bedeutung der Grundrechte in dem programmatischen Teil hingewiesen — — — — — —." Über die rechtliche Bedeutung der Grundrechte herrscht Streit. Nach der Ansicht u. a. v. Gerber Grundzüge eines Systems des deutschen Staatsrechts, § 11; Laband I 127; Seydel, Bayr. Staatsr. I 300; Bornhak, PreußStaatsr. I 268, 295 enthalten die Grundrechte keine subjektiven Rechte, sondern nur Reflexe objektiver Rechtsnormen. Andere Loening, Verwaltungsr. 13; Georg

Meyer § 217; Gierke bei Schmoller 7, 1154 sehen darin subjektive Rechte. S. ferner Jellinek, System der subjektiven öffentlichen Rechte; Fleiner, Inst. 159; Giese, Grundrechte 1905; v. Rönne-Zorn II 149; besonders Bühler, Subjektive öffentliche Rechte; dazu Wolzendorff, Verwaltungsarchiv 23, 125; O. Mayer, Deutsches Verwaltungsrecht I 109. Richtig ist, daß die Grundrechte einen verschiedenen Inhalt haben, teilweise nur Reflexe objektiver Rechtsnormen und nur Richtschnur und Schranken für die Gesetzgebung, Verwaltung und Rechtspflege darstellen (Art. 107 im Entwurf des Verfassungsausschusses). Teilweise enthalten sie subjektiv-öffentliche Rechte, namentlich dann, wenn zu ihrem Schutze das Verwaltungsstreitverfahren gegeben ist. Einzelne Grundrechte enthalten gegenwärtiges positives Recht, andere lediglich ein Programm für die Zukunft. Ihre Bedeutung ist also nach dem Wortlaut und Sinn jedes einzelnen zu bestimmen, Preuß, StB. 1502; Kahl 1558; Koch 1501; Düringer 1558; Anschütz 187; Poetzsch 163.

Die Grundrechte von Napoleon als idéologie tenébreuse von Naumann, StenBer. 2190 „der volkstümliche Staatskatechismus, der deutsche Leitfaden des öffentlichen Rechts" bezeichnet, gelten als solche nicht für die Ausländer, siehe Arndt, a. PreußVerf. (7) 61; Hubrich in HA. 1908, 752; Friedrichs, VerwA. 21, 330; v. Rönne-Zorn II 172; anderer Ansicht namentlich Anschütz, PreußVerf. 102, wonach die betreffenden Vorschriften „territorial" gelten, jetzt Reichsverf. 185 nicht ganz so bestimmt. Siehe ferner v. Frisch, Fremdenrecht; Loening, VerwA. 13, 30; Seydel, BayrStaatsr. I 344, III 54. Fest steht, daß die Ausländer die Sicherheit der Person und des Eigentums genießen, desgleichen den Schutz der Gerichte, daß sie nur auf Grund Gesetzes bestraft werden können. Das Gesetz über die Presse v. 7. Mai 1874 (RGBl. 65) macht keinen Unterschied zwischen In- und Ausländern. Das Vereinsgesetz v. 1. April 1908 (RGBl. 151) gibt das Vereins- und Versammlungsrecht nur Reichsangehörigen, s. indes zu Art. 123. Ein Verzicht auf Grundrechte ist unwirksam, doch kann man im Einzelfall von der Geltendmachung absehen, Fleiner 12, 162.

Viele (nicht alle) Grundrechte, namentlich die in der a. PreußVerf. gegebenen, haben die Bedeutung, vorzuschreiben, daß generelle oder spezielle Anordnungen der Verwaltung nur auf Grund Gesetzes (d. i. formellen) erfolgen müssen. Daß dies sich im Hauptamt nur auf spezielle beschränken soll, ist unrichtig (Theorie von Mayer, Anschütz, Fleiner, Thoma), da schon der Wortlaut, z. B. in Art. 114, 116, 117, 118 dies widerlegt und es sachlich gleich ist, ob der Eingriff generell oder speziell erfolgt. Viele, die meisten in der a. Preuß. Verf. enthaltenen Grundrechte stellen für die fr. Eingriffe das „Erfordernis" des Gesetzes auf, von der Theorie irrig Vorbehalt des Gesetzes genannt; s. Arndt, Der Vorrang und der Vorbehalt des Gesetzes im VerwA. 1917, 173. S. auch Koch, DJZ. 24, 614, s. auch Poetzsch 170, Abs. 2 u. a.

Bezüglich der Angehörigen der feindlichen Mächte s. Art. 276 f. des Friedensvertrages v. 28. Juni 1919.

Erster Abschnitt.

Die Einzelperson.

Artikel 109.

Alle Deutschen sind vor dem Gesetze gleich[1]).

Männer und Frauen haben grundsätzlich dieselben staatsbürgerlichen Rechte und Pflichten[2]).

Öffentlich-rechtliche Vorrechte oder Nachteile der Geburt oder des Standes sind aufzuheben[3]). Adelsbezeichnungen gelten nur als Teil des Namens und dürfen nicht mehr verliehen werden.

Titel dürfen nur verliehen werden, wenn sie ein Amt oder einen Beruf bezeichnen[4]); akademische Grade[5]) sind hierdurch nicht betroffen.

Orden und Ehrenzeichen[6]) dürfen vom Staat nicht verliehen werden.

Kein Deutscher darf von einer ausländischen Regierung Titel oder Orden annehmen.

[1]) Die Vorrechte der Mitglieder der vormaligen Herrscherhäuser und des hohen Adels (siehe diese bei Arndt und Anschütz zu Art. 4 der a. PreußVerf.) sind in Preußen durch V. v. 3. Nov. 1919 (G. 179) aufgehoben. Die Gleichheit gilt auch gegenüber Rechts- wie Verwaltungsverordnungen. Sie bedeutet nicht, daß die gleichen Gesetze für jedermann gelten, steht also nicht entgegen, daß für Kinder, Beamte usw. besondere Gesetze gelten; s. StenVerAbgh. 1902, 5403; 57, 66; 1908, 51, 66; ebenso RGZ. 73, 19. In Preußen G. über die Aufhebung der Standesvorrechte des Adels und der Aufhebung der Hausvermögen v. 23. Juni 1920 (GS. 367); s. auch V. über Familiengüter v. 15. März 1919 (GS. 39) und v. 22. Sept. 1920 (GS. 431). Uneheliche und Adoptivkinder von Adeligen haben jetzt in Preußen den Adel; s. auch Könnecke DJZ. 1920, 680; Opet das. 135; Piloty Recht 1920 Nr. 2 v. Blume DJZ. 1921, S. 126; Adler JW. 50, 669.

[2]) In privatrechtlicher Hinsicht ist die Verschiedenheit der Rechte und Pflichten zwischen Männern und Frauen bestehen geblieben, z. B. BGB. § 1354 s. auch VA. 496.

[3]) Dies bezieht sich nicht auf privatrechtliche Vorrechte, z. B. das den früheren Standesherren zugestandene Bergregal; siehe hierzu Art. 155 letzter Absatz. Als Titel dürfen nur Amtsbezeichnungen und diese nur dem Inhaber des Amts verliehen werden, Poetzsch 173. Stiftungssatzungen, die Rechte nur Adeligen einräumen, sind gültig, VA. 371.

[4]) Also auch nicht mehr den Titel Kommerzien- und Kommissionsrat (Düringer l. c.).

[5]) Der bloße Titel Professor darf also nicht mehr verliehen werden, s. auch VA. 498.

[6]) Auch nicht die Rettungsmedaille; s. auch Art. 175.

Artikel 110.

Die Staatsangehörigkeit im Reiche und in den Ländern wird nach den Bestimmungen eines Reichsgesetzes erworben und verloren[1]). Jeder Angehörige eines Landes ist zugleich Reichsangehöriger.

Jeder Deutsche hat in jedem Lande des Reichs die gleichen Rechte und Pflichten wie die Angehörigen des Landes selbst[2]).

[1]) Es gilt Staatsangehörigkeitsgesetz v. 22. Juli 1913 (RGBl. 583), das den Gegenstand erschöpfend regelt. Die Reichsangehörigkeit ist eine subjektive Befugnis, ein Inbegriff von Rechten und Pflichten, kein bloßer Status; siehe Gierke bei Schmoller 7, 1132; G. Meyer, Staatsr. § 217; Zorn § 371; Kormann, System 110; anderer Ansicht Seydel 51 u. a. m. Die Reichsangehörigkeit ist ohne weiteres Folge der Staatsangehörigkeit, doch gibt es Fälle einer Reichs- ohne Staatsangehörigkeit. Aufnahme und Einbürgerung sind Staatshoheitsakte; Arndt, Staatsr. § 13, nach Laband öffentlich-rechtliche Verträge.

[2]) Dies war früher nicht der Fall bezüglich der Staats- und Gemeindewahlen; s. auch Art. 17 letzter Satz u. Art. 178 (Helgoland).

Artikel 111.

Alle Deutschen genießen Freizügigkeit im ganzen Reiche. Jeder hat das Recht, sich an beliebigem Orte des Reichs aufzuhalten und niederzulassen[1]), Grundstücke[2]) zu erwerben und jeden Nahrungszweig zu betreiben. Einschränkungen bedürfen eines Reichsgesetzes[3]).

[1]) Der Artikel enthält geltendes Recht; s. Art. 3 der früheren Verfassung und Gesetz über die Freizügigkeit v. 1. Nov. 1867 (BGBl. 55). Die in letzterem enthaltenen Beschränkungen

aus dem Armenrecht bleiben bestehen. Die Erhebungen von Bürgerrechtsgeld, G. v. 24. Jan. 1860 (GS. 237) und 2. März 1867 (GS. 36), desgleichen von Kurtaxen, Warenhaussteuern usw. ist trotz des Freizügigkeitsgesetzes zulässig, OVG. 15, 22; 21, 129; 22, 34. Meldepflicht kann polizeilich vorgeschrieben werden.

[2]) Das Recht des freien Eigentumserwerbs ist ein absolutes, kein bloß „relativ-innerstaatliches"; Brie in HA. 1909, 366; Arndt, A. ö. R. 1909, 454. Dagegen kann die Eigentumsveräußerung landesgesetzlich beschränkt und an Bedingungen geknüpft werden; s. Art. 86 und 119 EG. z. BGB.; Planck, Komm. zu diesen Artikeln; Arndt l. c.; s. auch EG. z. BGB. Art. 57, 67, 112 f., also verstößt Gesetz betr. die Gründung neuer Ansiedlungen in den Provinzen Ostpreußen usw. v. 10. Aug. 1904 nicht gegen das Reichsrecht, vgl. StenBerRT. 1904, 2098; 1905, 5287 und 5340 StenBerAbgH. 1907, 72. S. auch RGZ. 73, 19; and. Ans. RT. v. 30. Jan. 1913. Die Freizügigkeit bezieht sich nicht auf die Beschränkungen aus dem Beamten-, Eltern-, Ehe- und Strafrecht; Arndt l. c. Ob mit Rücksicht auf die Lebensmittelversorgungen Beschränkungen der Freizügigkeit zulässig sind, ist fraglich und im allgemeinen nicht anzunehmen, s. V. v. 23. Juli 1919 (RGBl. 1353). Durch Gesetz ist es zweifellos zulässig, s. G. v. 11. Mai 1920 (RGBl. 949).

[3]) Dies bezieht sich nur auf physische, nicht auf juristische Personen, s. Art. 5 zu Art. 6.

Artikel 112.

Jeder Deutsche ist berechtigt, nach außerdeutschen Ländern auszuwandern. Die Auswanderung kann nur durch Reichsgesetz beschränkt werden[1]).

Dem Ausland gegenüber haben alle Reichsangehörigen inner- und außerhalb des Reichsgebiets Anspruch auf den Schutz des Reichs[2]).

Kein Deutscher darf einer ausländischen Regierung zur Verfolgung oder Bestrafung überliefert werden[3]).

[1]) Auswanderungsfreiheit bestand schon früher, Art. 11a PreußVerf., § 22 des StaatsangehörigkeitsG. v. 22. Juli 1913. Sie darf nur aus militärischen Gründen (jetzt nach Aufhebung der Wehrpflicht fortgefallen) und Strafverfolgungsrücksichten beschränkt werden; nicht aus anderen öffentlich-rechtlichen, z. B. wegen rückständiger Steuern, OVG. 15, 405. Auswanderungsunternehmungen unterstehen nicht der Gewerbeordnung (§ 6 derselben), für sie gilt das Gesetz über das Auswanderungswesen v. 9. Juni 1897 (RGBl. 463). Das Reich bestellt Aufsichtskommissare.

[2]) Vgl. Pohl, Schmoller Jahrb. 1919, 545.

[3]) Diese Vorschrift wiederholt § 9 StGB. England und die Vereinigten Staaten liefern ev. ihre Bürger aus (Fall Trouville). Auch die Ausweisung Deutscher aus dem Reichsgebiet ist unstatthaft, § 2 des Freizügigkeitsgesetzes v. 1. Nov. 1867 (BGBl. 55). Über Auslieferung des deutschen Kaisers und anderer Personen s. Friedensvertrag Art. 227 f. Gegen Steuerflucht können durch Gesetz, s. Abs. 1, Auswanderungsbeschränkungen eingeführt werden, G. v. 26. Juli 1918 (RGBl. 951) und 24. Juni 1919 (RGBl. 583), PrVBl. 39, 547; 40, 123, 525, s. auch Kapitalfluchtges. v. 4. Juli 1921 (RGBl. 868).

Artikel 113.

Die fremdsprachigen[1]) Volksteile des Reichs dürfen durch die Gesetzgebung und Verwaltung nicht in ihrer freien, volkstümlichen Entwicklung, besonders nicht im Gebrauch ihrer Muttersprache beim Unterricht, sowie bei der inneren Verwaltung und der Rechtspflege beeinträchtigt werden[2]).

[1]) Nicht die bloß fremdstämmigen, wie Masuren, Wenden (Anschütz 193).

[2]) S. auch GVG. §§ 186f., ferner PreußVerf. Art. 1 u. 73 und dazu Arndt, PreußVerf. 48 u. 121; ferner StenBer. PreußLandesversammlung 1920, 1484.

Artikel 114.

Die Freiheit der Person ist unverletzlich. Eine Beeinträchtigung oder Entziehung der persönlichen Freiheit durch die öffentliche Gewalt ist nur auf Grund von Gesetzen zulässig[1]).

Personen, denen die Freiheit entzogen wird, sind spätestens am darauffolgenden Tage in Kenntnis zu setzen, von welcher Behörde und aus welchen Gründen die Entziehung der Freiheit angeordnet worden ist; unverzüglich soll ihnen Gelegenheit gegeben werden, Einwendungen gegen ihre Freiheitsentziehung vorzubringen[2]).

[1]) Dieser Artikel, der das Grundrecht der persönlichen Freiheit, liberté individuelle, entspricht Art. 5 der a. PreußVerf. und Art. 7 der BelgVerf. Er gibt das oberste Grundrecht, aus dem sich alle übrigen von selbst ergeben; J. J. Thonissen, Const. belg. nr. 32; Batbie, Précis II nr. 79; Montesquieu, L'esprit des lois XI chap. 3. Er gibt nicht bloß die Freiheit von der willkürlichen Verhaftung (ältere Ansicht), sondern von jedem nicht auf Gesetz gestützten polizeilichen Eingriff in die Person (Arndt, Selbst. Verordnungsr. 70f.; Giese, Grundrechte 98; Fleiner, Inst. 118; Friedrichs, Polizeigesetz 6; Wolzendorff, Der Polizeigedanke des modernen Staats, nunmehr auch Anschütz, a. V. zu Art. 5, jetzige S. 195 u. a. m. Mittelbare Eingriffe, z. B. betr. Teilnahme der Kinder am Unterricht fallen nicht hierunter, auch nicht durch Veränderung der Gemeindegrenzen, Auferlegung von Gebühren und

Kurtaxen, s. auch zu Art. 111. Das Gesetz kann ein Reichs- oder Landesgesetz sein, auch ein vorkonstitutionelles, insbesondere ALR. Tl. II 17 § 10, ebenso Anschütz 193. Deshalb kann die Polizei Pocken-, Cholera-, Syphilisbehaftete zwangsweise untersuchen und internieren lassen, desgleichen überhaupt Prostituierte und deren Zuhälter untersuchen lassen, kann sie Bertillonsche Messungen und Photographierungen Inhaftierter vornehmen, Feuerlöschordnungen geben; OVG. 1, 347; 6, 382; 16, 387; 23, 399; 32, 199; KGJ. 19, 351; 22, C 87; s. auch Arndt und Anschütz zu Art. 5 der a. PreußVerf. OVG. 5, 278; 23, 384; Hatschek, VerwaltR. §§ 20, 21. Aus dem Artikel folgt ferner, daß weder eine Polizei-, noch eine andere Verwaltungsbehörde Zwangsmaßnahmen gegen eine Person treffen kann außer auf Grund Gesetzes. Der polizeiliche Eingriff muß verhältnismäßig sein (nicht mit Kanonen nach Spatzen schießen); O. Mayer, DVR. II 232; Fleiner, Inst. 354. Eine besondere Anstaltspolizei gibt es nicht; KGJ. 35 C 43; Wolzendorff, VerwA. 22, 517; s. auch Anschütz, pr. VerfUrk. 163; Schön bei Kohler 4, 289. Bei Einwilligung liegt kein Eingriff gegen Art. 114 vor; s. Fleiner, Inst. 152 und dagegen OVG. 10, 288 und Kormann, Rechtsgeschäftliche Staatsakte 1910, 354. Aus diesem Art. folgt ferner die Unvereinbarkeit der Gutsuntertänigkeit, Leibeigenschaft und Sklaverei; Arndt zu Art. 5 PreußVerf.; Droysen und Waitz, Frankfurter Grundrechte 35 f. und Friedrichs im VerwA. 21, 333. Daß sich der polizeiliche Eingriff auch auf Gewohnheitsrecht stützen kann, nehmen an Anschütz 195; Giese 272; OVG. 10, 206; Biermann, Privatr. und Polizei 14; dagegen Rosin, Polizeiverordnungsr. 90; Fleiner, Inst. 83; O. Mayer A. ö. R. 25, 300; Arndt, Recht 24, 193 und oben S. 118 f. Es ist unerheblich, ob der Eingriff in die persönliche Freiheit speziell oder generell durch Polizeiverfügung oder Polizeiverordnung stattfindet. In beiden Fällen muß sich der Eingriff auf „Gesetz", d. h. auf einen höchsten Staats- (Souveränitäts-) Akt, zurückführen lassen. Auf Grund eines sogenannten Notrechts dürfen ohne Gesetz Eingriffe in die persönliche Freiheit nicht erfolgen; Wolzendorff, A. ö. R. 27, 220; Anschütz, a. Pr. VerfUrk. 142; Jellinek, Allg. Staatslehre 325; Hatschek 317.

[2]) Das Nähere hierzu findet sich in der Strafprozeßordnung. Das Gesetz zum Schutze der persönlichen Freiheit v. 12. Febr. 1850 (GS. 45) ist, soweit Zwecke gerichtlicher Handlungen in Frage stehen, durch StPO. aufgehoben. Bestehen geblieben sind davon die §§ 6—10, RGSt. 31, 303, die sich auf Sistierungen als rein polizeiliche Zwangsmaßnahmen nicht beziehen.

Art. 114 kann gemäß Art. 48 vorübergehend außer Kraft gesetzt werden.

Artikel 115.

Die Wohnung[1]) jedes Deutschen ist für ihn eine Freistätte und unverletzlich. Ausnahmen sind nur auf Grund von Gesetzen zulässig[2]).

[1]) Wohnung ist jedes befriedete Besitztum, OVG. 6, 371; 27, 328; 49, 210; auch Anschütz 196.

[2]) Ausnahmen sind im StPO. §§ 102—110, ferner in ZPO. § 578 (für Gerichtsvollzieher), außerdem in den Landes-, Reichs- und Vereins-Zoll- und Steuergesetzen; s. z. B. VereinszollG. v. 1. Juli 1869 (BGBl. 317) §§ 19, 126, auch im G. betr. das Verwaltungszwangsverfahren bei Zuwiderhandlungen gegen die Zollgesetze usw. v. 26. Juli 1897 (GS. 237), s. auch ZwangsentwaffnungsG. v. 7. Aug. 1920 (RGBl. 1553) § 9 Abs. 2; Friedrichs, Polizeigesetz 244. Ausnahmen auch für Gewerbeinspektoren, Gewerbeordnung § 139b, bei Untersuchung von Dampfkesseln, G. v. 3. Mai 1872 (GS. 515), endlich aus § 10 II 17 ALR. (Sicherheitspolizei) z. B. wegen Gesundheitsschädlichkeit der Wohnungen, polizeiliche Entfernung Ärgernis gebender Prostituierter OVG. 3, 333; 22, 406; s. auch Arndt und Anschütz zu Art. 6 der a. Preuß Verf.; Hatschek §§ 20, 21; s. auch ZwangseinmietungsG. v. 4. Mai 1920 (RGBl. 949).

Art. 115 kann gemäß Art. 48 vorübergehend außer Kraft gesetzt werden.

Artikel 116.

Eine Handlung kann nur dann mit einer Strafe belegt werden, wenn die Strafbarkeit gesetzlich bestimmt war, bevor die Handlung begangen wurde.

S. zu Art. 116 Arndt in LZ. 1921, 201. Dieser Artikel bedeutet zweierlei, 1. daß Strafgesetze keine rückwirkende Kraft haben, StGB. § 2; s. indes Friedensvertrag Art. 227, und sodann 2., daß Strafnormen nur vom Gesetzgeber oder nur auf Grund ausdrücklicher Ermächtigung des Gesetzgebers erlassen werden dürfen unter Ausschluß der selbständigen Verordnung und des Gewohnheitsrechtes. Die Strafbarkeit ist im Sinne des Art. 116 gesetzlich bestimmt, wenn sie auch nur in einer Verordnung ausgesprochen wird, der dazu ausdrücklich gesetzliche Ermächtigung erteilt ist. Ein Gesetz, welches solche Ermächtigung erteilt, z. B. Gesetz über die Polizeiverwaltung v. 11. März 1850 (GS. 265), nennt man ein Blankett- oder Rahmengesetz und es enthält keine Verfassungsänderung; s. auch Thoma, Der Polizeibefehl. Bei Art. 116 hat man wohl nur an gerichtliche Bestrafung gedacht, ebenso wie bei Art. 8 a. PreußVerf.; doch ist zweifellos, daß auch sog. Exekutivstrafen nur auf Grund Gesetzes verhängt werden dürfen, da sie einen Eingriff in die persönliche Freiheit enthalten, desgleichen auch Disziplinarstrafen, Poetzsch 170. Ob Exekutiv- neben gerichtlichen Strafen zulässig sind, wenn die letztere möglich sind, ist streitig, dagegen in ständiger Praxis OVG., and. Ans. u. a. Neukamp. Letzterer Ansicht dürfte zuzustimmen sein, da die Exekutivstrafe andere Zwecke als die gerichtliche verfolgt. Insbesondere kann die Exekutivstrafe nicht mehr nach Erfüllung des polizeilichen Gebots verhängt werden, die gerichtliche muß eventuell. Neuestens neigt das OVG. dazu, die Administrativstrafe neben der gerichtlichen für zulässig zu halten;

s. auch OVG. 52, 310, 382 und 413. Als Strafe im Sinne des Art. 116 muß auch die Entziehung von Titeln und Orden gelten, auch des Charakters als Privatdozent; s. Arndt, DJZ. 1907, 343; ebenso Laband, DJZ. 1907, 201; Die Disziplinarstrafgewalt der kirchlichen Behörden ist beschränkt durch G. v. 13. Mai 1873 (GS. 205) und nur zulässig für die Angehörigen der eigenen Kirche und mit ihrer Zustimmung; s. auch Eichmann, Das Strafrecht der öffentlichen Religionsgesellschaften in Bayern 1910, 20. Nach Vorstehendem war ein Gesetz nötig, um einem Privatdozenten die venia docendi zu entziehen; s. Arndt zu Art. 8 und 50 der a. PreußVerf.

Daß Strafe und Strafbarkeit nicht auf Gewohnheitsrecht gegründet werden kann, nehmen auch Anschütz 197 und Giese 275 in Widerspruch mit sich an. S. auch Frank, StGB. S. 18.

Ob durch die Ersetzung des Wortes Strafe in § 2 StGB. durch „Strafbarkeit" eine Änderung gemeint war, ist streitig, dafür Heinze, StenBer. 1499 und Giese 275; and. Ans. Anschütz 197; s. auch VA. 377. Es wird in Art. 116 sowohl Strafe wie Strafbarkeit gemeint, wie in Art. 8 const. belge, der Quelle.

Artikel 117.

Das Briefgeheimnis sowie das Post-, Telegraphen- und Fernsprechgeheimnis sind unverletzlich. Ausnahmen können nur durch Reichsgesetz zugelassen werden.

Auch dieser Artikel enthält nur geltendes Recht, er richtet sich auch gegen die Landesgesetzgebung, § 5 des PostG. v. 28. Okt. 1871 (RGBl. 347), G. über das Telegraphenwesen v. 6. April 1892 (RGBl. 467), § 8.

Das Brief-, Telegraphen- und Fernsprechgeheimnis verbietet auch Angaben an unbefugte Personen über Adressen, Briefumschläge, ob und zwischen welchen Personen briefliche usw. Mitteilungen stattfinden; s. Löwe-Rosenberg zu § 99 StPO.

Ausnahmen sind in den §§ 99–111 StPO., KonkO. § 121 enthalten, s. auch V. v. 15. Nov. 1918 (RGBl. 1324).

Art. 117 kann gemäß Art. 48 vorübergehend außer Kraft gesetzt werden.

Artikel 118.

Jeder Deutsche hat das Recht, innerhalb der Schranken der allgemeinen Gesetze seine Meinung durch Wort, Schrift, Druck, Bild oder in sonstiger Weise frei zu äußern[1]). An diesem Rechte darf ihn kein Arbeits- oder Anstellungsverhältnis hindern, und niemand darf ihn benachteiligen, wenn er von diesem Rechte Gebrauch macht[2]).

Eine Zensur findet nicht statt, doch können für Lichtspiele durch Gesetz abweichende Bestimmungen getroffen werden[3]). Auch sind zur Bekämpfung der Schund- und Schmutzliteratur sowie zum Schutze der Jugend bei öffentlichen Schaustellungen und Darbietungen gesetzliche Maßnahmen zulässig[4]).

[1]) S. Gesetz über die Presse v. 7. Mai 1874 (RGBl. 65) und G. v. 12. März 1884 betr. die Stimmzettel für öffentliche Wahlen (RGBl. 12). Ein präventives polizeiliches Einschreiten gegen gewerbliche Ankündigungen, z. B. Zeitungsannoncen zu bringen oder nicht zu bringen, verstößt gegen die Preßfreiheit OVG. 23, 276; 28, 326; 34, 182; 35, 431; 38, 426; 55, 253. Sie betrifft nur Erzeugnisse der Buchdruckerpresse und andere durch mechanische oder chemische Mittel bewirkte Vervielfältigungen von Schriften, bildlichen Darstellungen, Photographien (OVG. 40, 295) und Musikalien, nicht die öffentliche Aufführung eines Schauspiels, OVG. 24, 311; 29, 429; 41, 432; s. auch Opet, Deutsches Theaterrecht 1897,

130 f. und 150 f. über Theaterzensur. Jede, auch die Theater- und Lichtspielzensur war durch den Rat der Volksbeauftragten am 12. Nov. 1918 (RGBl. 1303) aufgehoben, s. indes Abs. 2 in Art. 118.

[2]) Dieser Satz ändert das bisherige Recht, s. auch Art. 130.

[3]) S. LichtspielG. v. 12. Mai 1920 (RGBl. 953), dazu V. v. 16. Juni 1920 (RGBl. 1213). Art. 118 kann gemäß Art. 48 vorübergehend außer Kraft gesetzt werden; s. auch RGSt. 55, S. 119.

Die Preßfreiheit bedeutet nur das Verbot von Präventivmaßnahmen, nicht von Repressivmaßnahmen, Ahndungen der durch die Presse begangenen Handlungen. Auf diese finden die allgemeinen Gesetze Anwendung; s. auch RGSt. 55, 119. Auf jeder Druckschrift müssen Name und Wohnort des Druckers, und wenn sie zur Verbreitung bestimmt sind, Name und Wohnort des Verlegers stehen; ausgenommen Formulare, Preiszettel, Visitenkarten, Wahlzettel u. dgl. Periodische Druckschriften insbesondere Zeitungen müssen außerdem auf jeder Nummer, jedem Stück oder Heft Name und Wohnort des verantwortlichen Redakteurs enthalten. Dies muß eine physische Person, verfügungsfähig im Besitz der bürgerlichen Ehrenrechte sein und im Deutschen Reich Wohnsitz oder gewöhnlichen Aufenthalt haben. Sobald die Ausgabe einer periodischen Druckschrift erfolgt, muß ein Exemplar an die Polizei des Ausgabeorts abgeliefert werden, außer wenn die Druckschrift ausschließlich der Wissenschaft, Kunst, Gewerbe oder Industrie dient. Die Strafbarkeit bestimmt sich nach den allgemeinen Strafgesetzen. Der verantwortliche Redakteur ist als Träger zu bestrafen, wenn nicht durch besondere Umstände seine Täterschaft ausgeschlossen wird. Es bedarf also nicht erst einer Feststellung seiner Kenntnis der die Strafbarkeit begründenden Umstände (RGSt. 3, 34; 5, 301). Es wird angenommen, daß er durch Aufnahme des Artikels die Äußerung zu der seinigen gemacht hat. Die Haftung des Redakteurs schließt nicht aus, daß neben ihm der Verfasser als Mittäter bestraft wird. Auch kann sich der Redakteur nicht durch Nennung des Namens exkulpieren. Nur außergewöhnliche vom Willen des Redakteurs unabhängige Umstände, welche ihn ohne Verschulden verhinderten, die gesetzlich gebotene Tätigkeit auszuüben, nicht die bloß faktische Nichtausübung, sind strafausschließend. Ohne richterliche Anordnung können Druckschriften beschlagnahmt werden, 1. wenn sie nicht den Namen des Druckers, Verlegers oder verantwortlichen Redakteurs enthalten, oder 2. bei Krieg oder Kriegsgefahr gegen Verbot des Reichskanzlers Truppenbewegungen oder Verteidigungsmittel mitteilen, oder 3. bei Vorliegen der §§ 85, 111, 130 oder 184, in den Fällen der §§ 111 und 130 bei dringender Gefahr. Für die richterliche Beschlagnahme gelten lediglich die Vorschriften der Strafprozeßordnung. Die Polizei hat die nicht auf Anordnung der Staatsanwaltschaft vorgenommene Beschlagnahme binnen zwölf Stunden zu melden. Die Staatsanwaltschaft hat entweder die Beschlagnahme aufzuheben oder die gerichtliche Bestätigung binnen zwölf Stunden zu beantragen. Die vom Gericht bestätigte vorläufige Beschlagnahme ist durch Beschluß wieder aufzuheben, wenn nicht binnen zwei Wochen nach der Bestätigung das Strafverfahren eingeleitet ist.

[3]) Durch Art. 118 ist die Theater- und Lichtspielzensur aufgehoben, so schon durch V. v. 12. Nov. 1918, oben S. 28. Die Lichtspielzensur ist wieder eingeführt durch G. v. 12. Mai 1920 (RGBl. 955), s. auch DrucksNT. 1920 Nr. 282, StenBer. 1907, 2112.

[4]) Wie bei den übrigen Grundrechten ist die Pflicht der Polizei für die öffentliche Ordnung nach ALR. II 17 § 10 zu sorgen, bestehen geblieben, s. oben S. 193, s. auch Anschütz 199; deshalb kann die Polizei zu Unsittlichkeit öffentlich auffordernde oder anreizende Schriften, Aufführungen usw. verhindern.

Zweiter Abschnitt.

Das Gemeinschaftsleben.

Artikel 119.

Die Ehe steht als Grundlage des Familienlebens und der Erhaltung und Vermehrung der Nation unter dem besonderen Schutz der Verfassung. Sie beruht auf der Gleichberechtigung der beiden Geschlechter.

Die Reinerhaltung, Gesundung und soziale Förderung der Familie ist Aufgabe des Staats und der Gemeinden. Kinderreiche Familien haben Anspruch auf ausgleichende Fürsorge.

Die Mutterschaft hat Anspruch auf den Schutz und die Fürsorge des Staats.

Art. 119 ist ohne positiv-rechtliche Bedeutung, s. auch Art. 109 Abs. 3 und Art. 121.

Artikel 120.

Die Erziehung des Nachwuchses zur leiblichen, seelischen und gesellschaftlichen Tüchtigkeit ist oberste Pflicht und natürliches Recht der Eltern, über deren Betätigung die staatliche Gemeinschaft wacht.

S. auch Art. 122 Abs. 2.

Artikel 121.

Den unehelichen Kindern sind durch die Gesetzgebung die gleichen Bedingungen für ihre leibliche, seelische und gesellschaftliche Entwicklung zu schaffen wie den ehelichen Kindern.

Die Gleichstellung mit den ehelichen ist von der NatV. abgelehnt, auch daß sie den Namen des Vaters führen dürfen.

S. auch StenBer. 1672, 2176. Das G. über den Personenstand v. Jahre 1920 (RGBl. 1209) berücksichtigt Art. 121 durch die Art, wie uneheliche Abkunft mitzuteilen ist.

Artikel 122.

Die Jugend ist gegen Ausbeutung sowie gegen sittliche, geistige oder körperliche Verwahrlosung zu schützen. Staat und Gemeinde haben die erforderlichen Einrichtungen zu treffen.

Fürsorgemaßregeln im Wege des Zwanges können nur auf Grund des Gesetzes angeordnet werden.

Der Zwang kann sowohl durch Reichs- wie Landesgesetz ausgesprochen sein, Gesetz ist aber nötig, s. Art. 114.

Artikel 123.

Alle Deutschen haben das Recht, sich ohne Anmeldung oder besondere Erlaubnis friedlich und unbewaffnet zu versammeln.

Versammlungen unter freiem Himmel können durch Reichsgesetz anmeldepflichtig gemacht und bei unmittelbarer Gefahr für die öffentliche Sicherheit verboten werden.

Art. 123 kann gemäß Art. 48 vorübergehend außer Kraft gesetzt, insbesondere öffentliche Versammlungen unter freiem Himmel verboten werden. S. auch G. v. 4. Mai 1920 zum Schutz (Befriedigung) der Reichs- und Landtagsgebäude; s. auch V. v. 17. Mai 1920 (RGBl. 973).

Die in Art. 123 gegebene Freiheit enthält nur das Verbot vorbeugender Maßnahmen. Auf das, was in den Versammlungen stattfindet, finden die allgemeinen Gesetze Anwendung. Die Versammlungsfreiheit ist geregelt durch das VereinsG. v. 1. April 1908 (RGBl. 151); Kommentare von Müller,

Schmid, Stier-Somlo, Delius, Hieber-Bazille, Romen. Die in diesem Gesetz noch enthaltenen Beschränkungen sind durch die Volksbeauftragten am 12. Nov. 1918 (RGBl. 1303) aufgehoben. Sie betrafen Alter, Anmeldung, Sprache, landwirtschaftliche Arbeiter, Versammlungen unter freiem Himmel, nicht aber — aus in der Sache liegenden Gründen — sicherheitspolizeiliches Einschreiten, falls eine unmittelbare Gefahr für Leib oder Leben besteht.

Art. 123 Abs. 2 läßt wieder zu, daß Versammlungen unter freiem Himmel durch besonderes einfaches Gesetz der Anmeldepflicht unterworfen und bei unmittelbarer Gefahr für die öffentliche Sicherheit verboten werden. Die Versammlung ist ein Augenblicksverein. Sie ist nur das Zusammenkommen zum Zweck der Erörterung und Beratung, nicht ein bloß zufälliges; RGSt. 42, 392; KGJ. 36 C 50; Delius im „Recht" 21 Nr. 13/14. Ausländer haben kein verfassungsmäßiges Versammlungsrecht. Ihre Versammlungen können also anmeldepflichtig gemacht und polizeilich überwacht werden. Doch darf Inländern wegen ihrer Beteiligung bei Versammlungen kein Abbruch geschehen. Beamte haben aus ihrer Beamteneigenschaft kein Hindernis bei Ausübung der Versammlungsfreiheit, s. Art. 130 Abs. 2. Beschränkungen der Wehrmacht s. zu Art. 133.

Artikel 124.

Alle Deutschen haben das Recht, zu Zwecken, die den Strafgesetzen nicht zuwiderlaufen, Vereine oder Gesellschaften zu bilden. Dies Recht kann nicht durch Vorbeugungsmaßregeln beschränkt werden[1]). Für religiöse Vereine und Gesellschaften gelten dieselben Bestimmungen[2]).

Der Erwerb der Rechtsfähigkeit steht jedem Verein gemäß den Vorschriften des bürgerlichen Rechts frei. Er darf einem Vereine nicht aus dem

Grunde versagt werden, daß er einen politischen, sozialpolitischen oder religiösen Zweck verfolgt[3]).

[1]) Es gilt das in Anm. zu Art. 123 angeführte VereinsG. v. 1. April 1908. Auch im übrigen gilt im wesentlichen, was dort gesagt ist. Meldepflicht kann polizeilich vorgeschrieben werden, s. Friedrichs, VerwA. 28; ferner Delius, PrVBl. 40, 93. Wegen der Wehrmacht s. zu Art. 133.

[2]) Die in bezug hierauf bestehenden Beschränkungen sind aufgehoben, z. B. §§ 43 und 61 BGB. und a. PreußVerf. Art. 13.

[3]) S. auch Art. 137 Abs. 4 und folgende Artikel.

Artikel 125.

Wahlfreiheit und Wahlgeheimnis sind gewährleistet. Das Nähere bestimmen die Wahlgesetze.

Art. 125 bezieht sich nur auf geheime Reichs-, Landtags- und Kommunal-, nicht auf öffentliche noch z. B. auf kirchliche Wahlen; Anschütz 205; s. auch StGB. §§ 107, 108, 240.

Artikel 126.

Jeder Deutsche hat das Recht, sich schriftlich mit Bitten oder Beschwerden an die zuständige Behörde oder an die Volksvertretung zu wenden. Dieses Recht kann sowohl von einzelnen als auch von mehreren gemeinsam ausgeübt werden.

Das Petitionsrecht steht zwar Ausländern nicht zu, and. Ans. Anschütz 206, doch ist niemand behindert, auch solche Petitionen zu berücksichtigen, StenVerHH. 1904, 494, 628 f.; Löning, VerwA. 13, 31; Arndt, Komm. zu Art. 32 a. Preuß.-Verf.; Laband I 306. Das Petitionsrecht bedeutet, daß die Petenten einen verfassungsmäßigen Anspruch auf sachgemäße Prüfung ihrer Angelegenheiten und ev. um Hilfe haben; vgl. jedoch Laband I 306. Korporationen haben es nur innerhalb ihrer Rechts- und Handlungsfähigkeit; OVG. 13, 89; 41, 404; doch können Petenten unter einem gemeinsamen Namen handeln, Giese 291; Anschütz 206.

Artikel 127.

Gemeinden und Gemeindeverbände haben das Recht der Selbstverwaltung innerhalb der Schranken der Gesetze.

Über „Selbstverwaltung" s. Stier-Somlo, Handbuch des kommunalen Verwaltungsrechts; Hatschek, Inst. des VerwR. § 43; O. Mayer, Deutsches VerwR. IV § 68; Preuß bei Fleischmann II 39 f., III 419; Meyer-Anschütz § 106; Schön bei v. Holtzendorff IV, 200 f.; Preuß, Das städtische Amtsrecht. Im übrigen hat Art. 127 keine praktische Bedeutung. S. auch PreußVerf. Art. 706 und G. über die Bestellung von Mitgliedern des RR. v. 3. Juni 1921 (GS. 379).

Artikel 128.

Alle Staatsbürger ohne Unterschied sind nach Maßgabe der Gesetze und entsprechend ihrer Befähigung und ihren Leistungen zu den öffentlichen Ämtern zuzulassen[1]).

Alle Ausnahmebestimmungen gegen weibliche Beamte werden beseitigt[2]).

Die Grundlagen des Beamtenverhältnisses sind durch Reichsgesetz zu regeln[3]).

[1]) Entspricht dem bisherigen Recht.

[2]) Also ist die landesgesetzliche Vorschrift, wonach weibliche Beamte bei Verheiratung ihr Amt verlieren, aufgehoben, StenBer. 1638 (RGBl. 1921, 735), s. auch Art. 19.

[3]) Das Reichsbeamtenrecht ist für unmittelbare wie mittelbare Reichsbeamte geregelt durch das RBG. v. 31. März 1873, jetzt in Fassung v. 18. Mai 1907 (RGBl. 245); Kommentare von Pieper, Perels-Spilling, Brand und Arndt. In

Preußen fehlt ein allgemeines Beamtengesetz, obwohl dies durch Art. 98 der PreußVerf. in Aussicht gestellt war. Art. 126 will das Recht der Länder nur bezüglich grundsätzlicher Fragen regeln, s. auch Art. 10 Z. 3, VerwA. 507.

Die Beamtengesetze regeln nicht nur das Gewaltverhältnis des Staats gegenüber den Beamten, sondern auch und hauptsächlich, welche Rechte den Beamten gegen den Staat zustehen. Die Rechtssätze enthalten zwingendes und öffentliches Recht. Abmachungen hierüber, Verzichtleistungen und Reverse sind nichtig; RGZ. 37, 241; Pieper, RBG. (2) 16; Arndt, RBG. 7. Die Beamteneigenschaft ist nicht notwendig durch den Diensteid bedingt, auch nicht, abgesehen von Kommunalbeamten, durch den Empfang einer Anstellungsurkunde; s. auch oben zu Art. 46.

Artikel 129.

Die Anstellung der Beamten erfolgt auf Lebenszeit[1]), soweit nicht durch Gesetz etwas anderes bestimmt ist. Ruhegehalt und Hinterbliebenenversorgung werden gesetzlich geregelt. Die wohlerworbenen Rechte der Beamten sind unverletzlich. Für die vermögensrechtlichen Ansprüche der Beamten steht der Rechtsweg offen[2]).

Die Beamten können nur unter den gesetzlich bestimmten Voraussetzungen und Formen vorläufig ihres Amtes enthoben, einstweilen oder endgültig in den Ruhestand oder in ein anderes Amt mit geringerem Gehalt versetzt werden[3]).

Gegen jedes dienstliche Straferkenntnis muß ein Beschwerdeweg und die Möglichkeit eines Wiederaufnahmeverfahrens[4]) eröffnet sein. In die Nachweise über die Person des Beamten sind Eintragungen von ihm ungünstigen Tatsachen erst vorzunehmen, wenn dem Beamten Gelegenheit gegeben war, sich über sie zu äußern. Dem Beamten ist Einsicht in seine Personalnachweise zu gewähren.

Die Unverletzlichkeit der wohlerworbenen Rechte und die Offenhaltung des Rechtswegs für die vermögensrechtlichen Ansprüche werden besonders auch den Berufssoldaten gewährleistet[6]). Im übrigen wird ihre Stellung durch Reichsgesetz geregelt[7]).

[1]) S. StenBer. 1630 f. Es ist in jedem Einzelfall zu prüfen, ob Art. 13 in allen Einzelheiten schon gegenwärtiges Recht darstellt, s. Düringer, JW. 1919, 703 u. Recht und Wirtschaft 1919, 108; vgl. auch RGZ. 99, 261. S. zu Satz 1 G. v. 15. Dez. 1920 (GS. 621). Die Einzelheiten sollen in das Reichsbeamtengesetz kommen, die Verfassung bringt nur die Grundrechte. Daß die Anstellung auf Lebenszeit erfolgen soll, gilt auch als Regel für die Reichsbeamten, § 2 RBG., damit die Beamten der Willkür der vorgesetzten Behörden nicht unnötig unterliegen, StenBerRT. 1872, 133; Arndt, StR. 641. Für gewisse Beamte wird die Anstellung wenigstens zeitweise auf Probe, Widerruf oder Kündigung erfolgen dürfen, was wirksam nur ausdrücklich und nur vor oder bei der Anstellung erklärt werden kann, RGZ. 37, 325; Arndt, Staatsr. 46; Pieper und Arndt zu § 2 RBG., andere Vorbehalte sind nichtig, Pieper 21. Der RGZ. 37, 299 statthaft erklärte Vorbehalt der Entlassung wegen Verheiratung, ist mit Art. 109 Abs. 2 und 128 unvereinbar, was in den Verhandlungen der Nationalversammlung anerkannt ist; Art. 128, S. 205, s. auch DJZ. 1921, 482.

[2]) Der Rechtsweg ist schon jetzt offen, RBG. § 149 f., G. über die Erweiterung des Rechtsweges v. 24. Mai 1861 (GS. 241); s. auch § 13 EG. z. ZPO. und Art. 32 und 80 EG. z. BGB. Diese Gesetze bestimmen, daß der Klage die Entscheidung der obersten Verwaltungsbehörde vorhergehen und die Klage innerhalb sechs Monaten nach Zustellung der Entscheidung bei Vermeidung des Klagerechts angebracht werden muß. Diese Prozeßvoraussetzung RGZ. bei Gruchot 31, 104; 36, 74; Pieper

572; Brand, RBG. 271, JMBl. 1887, 114; Stoelzel, Rechtsweg und Kompetenzkonflikt 72 gilt fort, ebenso RGZ. 99, 261. Dem Art. 129 geschieht Genüge, daß überhaupt der Rechtsweg offensteht; s. Arndt im Recht 24, 193, RGZ. 99, 261; RG. hält den Art. 130 auch insoweit für aktuelles Recht, als er auch den Personen des Soldatenstandes den Rechtsweg auf Sold zusteht; s. auch A. 6. Bezüglich Streikverbots für Beamte und Soldaten s. V. des Reichspräs. v. 29. Jan. 1920 (RGBl. 195) auf Grund Art. 48.

[3]) Auch diese Vorschrift entspricht dem geltenden Recht, s. auch Steinkopf, StenBerNatVers. 1631 und soll im geplanten Beamtengesetz geregelt werden. Die Versetzung in ein Amt mit geringerem Rang soll unstatthaft sein; Steinkopf l. c.

[4]) § 117 RBG, der einem Wiederaufnahmeverfahren entgegensteht, ist damit aufgehoben.

[5]) Die schon im Jahre 1848 verbotenen geheimen Konduitenlisten sind somit endgültig verboten und die Offenlegung der Akten eingeführt. Das Recht, sich Abschriften zu nehmen, ist nicht ausdrücklich erteilt.

[6]) § 32 des WehrG. v. 23. März 1921 (RGBl. 329) gibt für vermögensrechtliche Ansprüche aus dem militärischen Dienstverhältnis den Rechtsweg (Vorbescheid des Reichswehrministers erforderlich). S. auch A. 4 zu Art. 104.

[7]) Nach einer Resolution der Nationalversammlung S. 1643 soll das Beschwerderecht der Beamten und das Disziplinarrecht einer Neuregelung unterworfen werden.

Artikel 130.

Die Beamten sind Diener der Gesamtheit, nicht einer Partei.

Allen Beamten wird die Freiheit ihrer politischen Gesinnung und die Vereinigungsfreiheit gewährleistet[1]).

Die Beamten erhalten nach näherer reichsgesetzlicher Bestimmung besondere Beamtenvertretungen[2]).

[1]) Früher war den Beamten nicht gestattet, Agitationen gegen Reich und Staat zu betreiben, OVG. 14, 404 BMBl. 1877, 92; 1899, 84; auch stand ihnen das Petitionsrecht nur mit der gleichen Beschränkung zu. Diese Beschränkungen sind durch Art. 130 aufgehoben. Wegen der Wehrmacht s. zu Art. 133.

[2]) Beamte fallen nicht unter Art. 165. Im Sinne des Art. 165 gibt es keine Beamtenräte. Art. 130 steht dem Streikverbot des Reichspräsidenten (RGBl. 1920) nicht entgegen, s. auch Damme, DJZ. 1919, 785; Lohmeyer, PrVBl. 41, 87; Giese 300 u. a. m.

Artikel 131.

Verletzt ein Beamter in Ausübung der ihm anvertrauten öffentlichen Gewalt die ihm einem Dritten gegenüber obliegende Amtspflicht[1]), so trifft die Verantwortlichkeit grundsätzlich den Staat oder die Körperschaft[2]), in deren Dienste der Beamte steht[3]). Der Rückgriff gegen den Beamten bleibt vorbehalten. Der ordentliche Rechtsweg darf nicht ausgeschlossen werden[4]).

Die nähere Regelung liegt der zuständigen Gesetzgebung ob.

[1]) S. zu Art. 131 Delius im Recht 25, 46; JW. 49, 550; Arndt im Recht 24, 193; JW. 50, 567.

[2]) Dadurch sind die Grenzen, die für die Haftung des Beamten bestehen, BGB. § 839 Abs. 2, nicht erweitert. Es soll nur grundsätzlich an die Stelle des Beamten die durch ihn vertretene Körperschaft treten (Organtheorie); Burlage, StenBerNatVers. 1638; Arndt l. c.

[3]) Es gilt fort über die Haftung des Staats und anderer Verbände für Amtsverletzungen von Beamten in Ausübung der obrigkeitlichen Gewalt G. v. 1. Aug. 1909 (GS. 691) bezw. 22. Mai 1910 (RGBl. 798). Die Haftbarkeit ist ausgeschlossen bei Beamten, die ausschließlich auf Gebühren angewiesen sind, ferner bei solchen Amtshandlungen, für welche die Beamten eine besondere Vergütung durch Gebühren von den Beteiligten beziehen, z. B. Notare. Nach dem Muster des PreußG. v. 1. Aug. 1909 ist das RG. v. 22. Mai 1910 (RGBl. 798) nachgebildet; Burlage l. c.; s. auch Delius, Die Beamtenhaftpflichtgesetze (2) 362; s. auch Reimer, JW. 49, 550; RG. in Recht 1920, Heft 3.

[4]) S. a. hierzu Art. 129. In Preußen ist das Konfliktsverfahren bzw. G. v. 13. Febr. 1854 (GS. 86) beseitigt. Für Elementarschullehrer haftet in Preußen nicht der Schulverband, sondern der Staat, G. v. 14. Mai 1914 (GS. 117); für städtische Gymnasial-, Mittel-, Fortbildungsschullehrer die Gemeinde, RGZ. 97, 312. Für städtische Polizeibeamte haftet die Gemeinde.

Artikel 132.

Jeder Deutsche hat nach Maßgabe der Gesetze die Pflicht zur Übernahme ehrenamtlicher Tätigkeiten.

Solche Pflicht kann nur durch Gesetz begründet werden, wie sich aus Art. 114 ergibt.

Artikel 133.

Alle Staatsbürger sind verpflichtet, nach Maßgabe der Gesetze persönliche Dienste für den Staat und die Gemeinde zu leisten.

Die Wehrpflicht richtet sich nach den Bestimmungen des Reichswehrgesetzes[1]). Dieses bestimmt auch, wieweit für Angehörige der Wehrmacht zur Erfüllung ihrer Aufgaben und zur Erhaltung der Manneszucht einzelne Grundrechte einzuschränken sind[2]).

[1]) Durch den Frieden zu Versailles v. 28. Juni 1919 Art. 172 ist die allgemeine Wehrpflicht im Deutschen Reiche verboten. Jetzt gilt Wehrges. v. 23. März 1921 (RGBl. 329). Die Wehrmacht ist die Reichswehr. Sie wird gebildet aus dem Reichsheer und der Reichsmarine, die aus freiwilligen Soldaten und nicht im Waffendienst tätigen Militärbeamten gebildet und ergänzt werden. Zu den Soldaten gehören die Offiziere aller Gattungen, die Deckoffiziere, Unteroffiziere und Mannschaften. Die allgemeine Wehrpflicht ist im Reich und in den Ländern abgeschafft. Die Zahl der Soldaten und Militärbeamten beträgt höchstens 100000 (4000 Offiziere und in Offizierrang tätige Militärbeamte eingeschlossen). Hierzu treten 300 Sanitäts- und 200 Veterinäroffiziere. Die Zahl der Soldaten und Militärbeamten der Reichsmarine beträgt höchstens 15000 (eingeschlossen 1500 Offiziere und Deckoffiziere); s. indes auch RGBl. 1921, 787.

[2]) Hier kommen die §§ 36, 37 des Wehrges. in Betracht. § 36 bestimmt: Die Soldaten dürfen sich politisch nicht betätigen. Innerhalb des Dienstbereichs ist eine solche Betätigung auch den Militärbeamten untersagt. Den Soldaten ist die Zugehörigkeit zu politischen Vereinen und die Teilnahme an politischen Versammlungen verboten. Für die Soldaten ruht das Recht zum Wählen oder zur Teilnahme an Abstimmungen im Reiche, in den Ländern oder in den Gemeinden. Der Reichswehrminister kann bestimmte Zeitungen verbieten, sofern ihr Inhalt die militärische Zucht und Ordnung oder die Aufrechterhaltung der Verfassung gefährdet. § 37: Nichtpolitischen Vereinen dürfen die Soldaten angehören, sofern nicht die Zugehörigkeit zu einem solchen Verein aus Gründen der militärischen Zucht und Ordnung verboten wird. Solche Verbote dürfen nur vom Wehrkreis- (Marinestations-) kommando erlassen werden. Das Verbot ist schriftlich zu begründen und mit

der Begründung dem Vorstand des Vereins zuzustellen. Gegen das Verbot ist Beschwerde an den Reichswehrminister zulässig. Die Soldaten eines Standorts, eines Truppenteils oder die Besatzung eines Schiffes oder Schiffsverbandes dürfen sich untereinander versammeln und vereinigen. Zeit und Ort der Versammlung und die Gründung einer Vereinigung sind dem zuständigen Vorgesetzten rechtzeitig zu melden. Dieser kann die Versammlung oder Vereinigung verbieten, sofern sie mit dem Dienstbetrieb oder der militärischen Zucht und Ordnung unvereinbar sind. Gegen Verbote der Vorgesetzten ist die Beschwerde im Dienstweg zulässig.

Artikel 134.

Alle Staatsbürger ohne Unterschied tragen im Verhältnis ihrer Mittel zu allen öffentlichen Lasten nach Maßgabe der Gesetze bei.

Damit sind Steuerbefreiungen, auch von Post- und Telegraphengebühren, und Steuerbevorzugungen z. B. der ehemaligen landesherrlichen Familien unvereinbar und demgemäß aufgehoben.

Dritter Abschnitt.

Religion und Religionsgesellschaften.

Artikel 135.

Alle Bewohner des Reichs genießen volle Glaubens- und Gewissensfreiheit. Die ungestörte Religionsübung wird durch die Verfassung gewährleistet und steht unter staatlichem Schutz. Die allgemeinen Staatsgesetze bleiben hiervon unberührt.

Art. 135 wiederholt im wesentlichen Art. 12 der a. Preuß. Verf. und garantiert nicht bloß Freiheit der Religion, sondern auch der Religionslosigkeit; s. auch Fürstenau, Religionsfreiheit 198. Der Berichterstatter zu Art. 135 (Mausbach) in den StenBerNatVers. 1644: „Der Artikel sichert allen Bewohnern des Reichs die volle Glaubens-, Gewissens- und Gedankenfreiheit; mit anderen Worten die Freiheit, ihren religiösen Glauben zu bekennen und zu betätigen, die Freiheit, ihrem sittlichen Gewissen zu folgen, und Gedankenfreiheit, d. h. die Freiheit, ihre Gedanken — hier vor allem die philosophische Überzeugung — frei zu äußern. Im zweiten Satz wird sodann die ungestörte Religionsübung positiv durch die Verfassung gewährleistet und sie soll auch vom Staate gegen gewalttätige Eingriffe und Angriffe geschützt werden. Der letzte Satz soll einem Mißbrauch der religiösen Freiheit vorbeugen, der die Rechte oder das Interesse der öffentlichen Ordnung gefährden würde." Mit der Freiheit der Religionsübung ist auch die des Religionsunterrichts gewährleistet; OVG. 22, 396; Arndt, a. PreußVerf. 111. — Kirchliche Zwangsmaßregeln (s. indes A. zu Art. 116) sind nicht ausgeschlossen, s. VA. 194; StenBer. 1644; Anschütz 218. Das sogenannte Schächten ist, soweit Religionsausübung, frei, ob als Tierquälerei? OVG. 38, 58; 44, 68. Die Freiheit der Religionsübung und des Gottesdienstes schließt das Recht der Polizei nicht aus, gemäß § 10 II 17 ALR. zum Schutz von Leib und Leben, z. B. wegen Überfüllung, Feuersgefahr, Ansteckungen, das Erforderliche zu veranlassen; OVG. 6, 371; 16, 387; 23, 416; 42, 413; Arndt 112; s. auch. OVG. im PreußVBl. 19, 46 (Verbot ruhestörenden Lärms, der Heilsarmee); s. auch KGJ. 3, 307 (öffentliche Leichenreden). Zwar gilt Religionsfreiheit auch für Ausländer (Anschütz 214), doch muß sich deren Betätigung innerhalb der Staatsgesetze halten; keine Vielweiberei, keine Tierquälerei; s. auch Art. 136.

Artikel 136.

Die bürgerlichen und staatsbürgerlichen Rechte und Pflichten werden durch die Ausübung der Religionsfreiheit weder bedingt noch beschränkt[1]).

Der Genuß bürgerlicher und staatsbürgerlicher Rechte sowie die Zulassung zu öffentlichen Ämtern sind unabhängig von dem religiösen Bekenntnis[1]).

Niemand ist verpflichtet, seine religiöse Überzeugung zu offenbaren. Die Behörden haben nur soweit das Recht, nach der Zugehörigkeit zu einer Religionsgesellschaft zu fragen, als davon Rechte und Pflichten abhängen[2]) oder eine gesetzlich angeordnete statistische Erhebung dies erfordert.

Niemand darf zu einer kirchlichen Handlung oder Feierlichkeit oder zur Teilnahme an religiösen Übungen oder zur Benutzung einer religiösen Eidesform gezwungen werden[3])[4]).

[1]) Wiederholt bestehendes Recht, s. Gesetz betr. die Gleichberechtigung der Konfessionen in bürgerlicher und staatsbürgerlicher Beziehung v. 3. Juli 1869 (BGBl. 292). Dies Gesetz bezieht sich nicht auf Ausländer; § 71 des sog. Judengesetzes von 1847, da er gegen Ausländer gerichtet ist, gilt also noch, RGSt. 13, 207; Friedrichs, Verwaltungsarch. 21, 330; and. Ans. Anschütz, a. PreußVerf. 112.

[2]) Soll im weiteren Sinne aufgefaßt werden; so VA. 203 u. Mausbach 1644; s. auch VA. 187; s. andererseits G. über den Personenstand (Fass. RGBl. 1920, 1200) § 32a; Poetzsch 123. Auch die Religionsgesellschaften können wegen der Kirchensteuer Auskunft fordern; VA. 575, StenBer. 1656.

[3]) Hierzu war beantragt gewesen (Mausbach l. c.) „von Staatswegen" hinzuzufügen, um die Auslegung abzuwehren, als ob auch die Kirche keine Disziplinargewalt und Aufsicht üben dürfe. Dies wurde abgelehnt, nachdem der Vorsitzende des Verfassungsausschusses protokollarisch festgestellt hatte, daß auch so in das Gebiet der kirchlichen Pflichten desjenigen, der mit seinem Willen der Kirche angehört, staatlicherseits nicht eingegriffen weren soll; s. auch S. 213.

[4]) Der Religionsfreiheit entspricht das Recht des Austritts aus einer Religionsgesellschaft, s. hierzu PreußVerf. v. 30. Nov. 1920, Art. 76 PreußVerf.; Arndt 123 u. PrG. v. 30. Nov. 1920 (GS. 1921, 119).

Artikel 137.

Es besteht keine Staatskirche[1]).

Die Freiheit der Vereinigung zu Religionsgesellschaften wird gewährleistet. Der Zusammenschluß von Religionsgesellschaften innerhalb des Reichsgebiets unterliegt keinen Beschränkungen[2]).

Jede Religionsgesellschaft ordnet und verwaltet ihre Angelegenheiten selbständig innerhalb der Schranken des für alle geltenden Gesetzes[3]). Sie verleiht ihre Ämter ohne Mitwirkung des Staates oder der bürgerlichen Gemeinde[4]).

Religionsgesellschaften erwerben die Rechtsfähigkeit nach den allgemeinen Vorschriften des bürgerlichen Rechtes[5]).

Die Religionsgesellschaften bleiben Körperschaften des öffentlichen Rechtes, soweit sie solche bisher waren. Anderen Religionsgesellschaften sind auf ihren Antrag gleiche Rechte zu gewähren, wenn sie durch ihre Verfassung und die Zahl ihrer Mitglieder die Gewähr der Dauer bieten[6]). Schließen sich mehrere derartige öffentlich-rechtliche Religionsgesellschaften zu einem Verbande zusammen, so ist auch dieser Verband eine öffentlich-rechtliche Körperschaft.

Die Religionsgesellschaften, welche Körperschaften des öffentlichen Rechtes sind, sind berechtigt[7]), auf Grund der bürgerlichen Steuerlisten nach Maßgabe der landesrechtlichen Bestimmungen Steuern zu erheben[8]).

Den Religionsgesellschaften werden die Vereinigungen gleichgestellt, die sich die gemeinschaftliche Pflege einer Weltanschauung zur Aufgabe machen[9]).

Soweit die Durchführung dieser Bestimmungen eine weitere Regelung erfordert, liegt diese der Landesgesetzgebung ob.

Literatur: z. B. Bredt, Die Trennung von Staat und Kirche; Kahl, DJZ. 1919, 123; Meurer das. 383.

[1]) Dieser Satz, der keine gewaltsame Trennung, sondern eine „schiedlich-friedliche Einigung" darstellen soll, spricht das Trennungsprinzip gegenüber der engen Verbindung zwischen dem Staat und der Kirche aus, wie sie bei der evangelischen Kirche bislang vorhanden war (Territorialsystem). Kirchengesetze brauchen nicht mehr durch Staatsgesetze genehmigt zu werden: s. indes GS. 1920, 402, 1921, 385.

[2]) Z. B. der Zusammenschluß der evangelischen Landeskirchen Preußens; s. diese bei Arndt, a. PreußVerf. (7) 114.

[3]) Dieser Satz soll den Kirchen die Freiheit vom Staat und seiner Macht geben, wie Art. 15 der a. PreußVerf., dessen Bedeutung stark bestritten war; s. Arndt und Anschütz zu diesem Art. 15 und der durch G. v. 18. Juni 1875 (GS. 259) ohne rückwirkende Kraft aufgehoben wurde, um der Kulturkampfgesetzgebung freien Raum zu schaffen. Ob durch Art. 15 das landesherrliche Kirchenregiment und die staatliche Kirchenhoheit vollständig beseitigt war, ist streitig; s. Schön, Ev. Kirchenr. I 159, II 257; Jakobsen, Kirchenr. 115; Anschütz, PreußVerf. I 302; Moll bei Sehling 22, 76; v. Rönne-Zorn III 168; Kahl, Lehrsystem 278, die dies verneinen. Die Frage wiederholt sich gegenüber der Reichsverfassung; s. Kahl, StenBerNatVerf. 1647; Naumann 1651. Kahl be-

hauptet das Fortbestehen des staatlichen Aufsichtsrechts, insoweit es im Staatsinteresse unentbehrlich ist und aus dem Wesen des Staates folgt. Das Patronatsrecht bleibt durch die Reichsverfassung unberührt (Mausbach l. c 1645; PreußVerf. Art 86; Arndt, PreußVerf. 130). Die Geistlichen sind, wie schon früher, keine unmittelbaren oder mittelbaren Staatsbeamten mehr wie nach ALR.; s. OVG. 19, 44. Die Mitglieder der Konsistorien und des evangelischen Oberkirchenrats waren und sind zwar kirchenregimentliche Beamte, besaßen aber regelwidrig die Rechte und Pflichten unmittelbarer Staatsbeamten; OVG. 32, 36; 32, 52; 35, 447; Riedner im VerwA. 12, 601. Dies muß bis zur anderweiten gesetzlichen Regelung fortgelten. Die Rechte des Landesherrn als Oberbischof der evangelischen Landeskirchen sind nach richtiger Ansicht (Bredt) auf die Kirche als solche übergegangen. Sie werden in Preußen gemäß § 5 G. über die vorläufige Ordnung der Staatsgewalt in Preußen v. 20. März 1919 (GS 53) in Widerspruch mit Art. 137 durch drei gewissermaßen in evangelicis deputierte Minister ausgeübt. Dies ist im staatlich bestätigten KirchenG. v. 19. Juni 1920 (GS 414) für die ev Landesmacht der älteren Provinzen dahin geordnet, daß sie gemeinschaftlich vom ev. Oberkirchenrat und vom Generalsynodalvorstand ausgeübt werden; s. auch Art. 82 PreußVerf bei Arndt 129.

[4]) Die Rechte und Pflichten des Staats und der Gemeinden aus dem Patronat (z. B. Präsentation) bleiben bestehen, nicht aber die Rechte aus anderen Titeln, z. B. Breve quod de fidelium oder Re sacra oder der Bulle de salute animarum v. 23. Aug. 1821 (GS. 113) bezüglich der Bischofswahlen, Domkapitelstellen usw, die nach der preußischen Verfassung bestehen geblieben waren; s. v. Rönne-Zorn III 178 Anm. 4; Stutz bei Kohler 948; Arndt, a. PreußVerf. 120; Anschütz, a. B. I 354 Das G. v. 3 Juni 1876 (GS 125) über die Notwendigkeit der staatlichen Zustimmung zu Kirchengesetzen ist insoweit durch Art. 137 aufgehoben; s. dazu Schön, Ev. Kirchenr. I 176. Nach Ansicht von Anschütz 227, Riedner u a sind

die bez. Rechte des Staats auf Einspruch gegen Bischofswahlen und Anstellung von Geistlichen durch Art. 137 nicht berührt; and. Ans. anscheinend auch Giese 314. Das placetum regium ist durch Art. 132, wo es noch bestand, aufgehoben. Unter Patronat ist hier nur das rein kirchenrechtliche z. B. durch fundus, dos begründete zu verstehen. Auch dessen Vorschlagsrecht besteht fort; BA. 201.

5) Es bedarf also zum Erwerb der Korporationsrechte keines Gesetzes mehr, wie nach Art. 13 a. PreußVerf.

6) Religionsgesellschaften mit und ohne Korporationsrechte; s. bei Arndt zu Art. 13 a. PreußVerf. Ohne Korporationsrechte sind namentlich die Methodisten, Adventisten, Irvingianer, Nazarener, Freie Gemeinden, Deutsch-Katholiken, Philipponen, Heilsarmee, in Bayern die Altkatholiken.

7) Sie stehen also nicht einem bloßen „Sportklub" gleich und haben nicht bloß privatrechtliche, sondern auch öffentlichrechtliche Befugnisse; s. Kahl, Fr. Naumann, Gröber, Feidt, Mausbach u. a. m. in den StenVerNatVers. 1646, 1651, 1655, 1656, 1661, namentlich die Besteuerungsbefugnis.

8) Das soll heißen, wenn dies auch wenig klar ausgesprochen ist, daß die Religionsgesellschaften nach den staatlichen Steuerlisten jeden, der darin steht, auch juristische Personen, z. B. Aktiengesellschaften, besteuern dürfen; s. auch Anm. 7.

9) Also auch z. B. die Monisten, geistliche Gesellschaften.

Artikel 138.

Die auf Gesetz, Vertrag oder besonderen Rechtstiteln beruhenden Staatsleistungen an die Religionsgesellschaften werden durch die Landesgesetzgebung abgelöst. Die Grundsätze hierfür stellt das Reich auf[1]).

Das Eigentum und andere Rechte der Religionsgesellschaften und religiösen Vereine[2]) an ihren für Kultus-, Unterrichts- und Wohltätigkeitszwecke be-

stimmten Anstalten, Stiftungen und sonstigen Vermögen werden gewährleistet[2]).

[1]) Der Antrag, in Abs. 1 auch „Herkommen" einzuschalten, wurde abgelehnt. Ob Herkommen als besonderer Rechtstitel in diesem Sinne gilt, wird in jedem Falle zu prüfen sein. Der Staat kann neue Leistungen einführen; s. z. B. G. v. 15. Dez. 1920 (GS. 1921, 106). S. auch BA. 520.

[2]) S. BA. 206; s. auch Art. 173.

Artikel 139.

Der Sonntag und die staatlich anerkannten Feiertage bleiben als Tage der Arbeitsruhe und der seelischen Erhebung gesetzlich geschützt.

S. hierzu StenBer. 1645; ferner G. über einen allgemeinen Feiertag v. 17. April 1919 (RGBl. 393). Polizeiverordnungen zum Schutz der äußeren Heilighaltung der Sonn- und Feiertage bleiben weiter gültig und statthaft.

Artikel 140.

Den Angehörigen der Wehrmacht ist die nötige freie Zeit zur Erfüllung ihrer religiösen Pflichten zu gewähren[1]).

[1]) Ohne Rücksicht auf die Konfession.

Artikel 141.

Soweit das Bedürfnis nach Gottesdienst und Seelsorge im Heer, in Krankenhäusern, Strafanstalten oder sonstigen öffentlichen Anstalten besteht, sind die Religionsgesellschaften zur Vornahme religiöser Handlungen zuzulassen, wobei jeder Zwang fernzuhalten ist.

BA. 521, StenBer. 1645.

Während das Reich vorher Bildung und Schule im wesentlichen den Gliedstaaten überließ, weist diese Verfassung das Reich in sein Recht und seine Pflicht ein, als bestimmender Faktor mitzuwirken, daß eine einheitliche, zur Kulturgemeinschaft erziehende Ordnung des gesamten Bildungswesens entstehe (Berichterstatter Weiß, StenVerNatVerf. 1673) und zwar, indem es nicht bloß für die Mittel- und Hochschulen, sondern auch für das Volksschulwesen vereinheitlichende Normen im vierten Abschnitt aufstellt. Die Reichsschulkommission beschäftigte sich nur mit der Berechtigung zum Einjährig-Freiwilligen Dienst.

Vierter Abschnitt.

Bildung und Schule.

Artikel 142.

Die Kunst, die Wissenschaft und ihre Lehre sind frei[1]). Der Staat[2]) gewährt ihnen Schutz und nimmt an ihrer Pflege teil.

[1]) Art. 142 entspricht Art. 20 a. PreußVerf. unter Hinzufügung der Kunst. Auch diese in Art. 142 gewährleistete Freiheit schließt nicht aus, daß repressiv das StGB., wie alle Strafgesetze auf Kunst, Wissenschaft und Lehre Anwendung finden, ebensowenig (präventiv) daß, um Unterricht gewerbsmäßig zu erteilen oder um Unterrichtsanstalten zu errichten, staatliche Genehmigung erforderlich ist, Art. 147, und daß das gesamte Schulwesen unter der Aufsicht des Staates steht, Art. 144, ja, daß der Staat die Schulverwaltung selbst führt; s. RGZ. 80, 346; OVG. 64, 375. Mit Art. 142 soll die Verwaltung die Direktive erhalten, Kunst und Wissenschaft nicht einseitig zu beeinflussen, nicht bestimmte Kunstrichtungen und Lehrmeinungen vorzuziehen und andere zu unterdrücken, entgegengesetzt dem Beschlusse des Deutschen Bundes v. 20. Sept. 1819, der gemäß Bekanntmachung v. 18. Okt. 1819 (GS. 218)

für Preußen als Gesetz verkündet und durch Bundestagsbeschluß v. 2. April 1848 aufgehoben wurde; s. auch v. Rönne-Zorn II 354. Selbstredend bezieht sich Art. 142 so wenig wie Art. 20 a. PreußVerf. auf die Kirche; s. Anschütz, a. PreußVerf. I 377. Das früher bestandene Verbot des Besuchs außerpreußischer Hochschulen ist gleichfalls längst beseitigt; s. v. Rönne-Zorn II 453. S. auch BA. 208, StenBer. 1679.

[2]) Reich wie Länder, ohne die Gemeinden auszuschließen; s. Art. 143 Abs. 1.

Artikel 143.

Für die Bildung der Jugend ist durch öffentliche Anstalten zu sorgen. Bei ihrer Einrichtung wirken Reich, Länder und Gemeinden zusammen[1]).

Die Lehrerbildung ist nach den Grundsätzen, die für die höhere Bildung allgemein gelten, für das Reich einheitlich zu regeln[2]).

Die Lehrer an öffentlichen Schulen haben die Rechte und Pflichten der Staatsbeamten[3]).

[1]) Der Satz ALR. II 12 § 1 (hierzu OVG. 28, 169), daß alle Schulen Staatsschulen sind, ist nicht in die Reichsverfassung übergegangen.

[2]) Die Regelung liegt bislang den Ländern mit der Maßgabe ob, daß sie nunmehr einheitlich sein soll.

Die in Preußen hierüber geltenden Vorschriften s. bei Arndt, a. PreußVerf. (7) 134, die selbständige Rechtsverordnungen sind und bis zur Neuregelung in Kraft bleiben.

[3]) Dieser Satz wiederholt Art. 23 Abs. 2 der PreußVerf. Es ist streitig, ob die Gemeindeschul- und städtischen Lehrer unmittelbare oder mittelbare Staatsbeamte sind. Sicher ist, daß sie nicht Kommunalbeamte im Sinne des Kommunalbeamtengesetzes sind. Daß sie unmittelbare Staatsbeamte sind, nehmen u. a. an: Anschütz 231; Giese, Der Beamtencharakter der Direktoren, Oberlehrer usw. (2) 1912; Schücking,

Höheres Schulwesen im PreußVBl. 1910 Nr. 3; Wenzel, das. 1916, 389; Zorn, das. 538, daß sie schlechthin Kommunalbeamte, nimmt Preuß an; s. auch Laband im PreußVBl. 37, 540. Daß sie nur mittelbare und im weiteren Sinne Gemeindebeamte, nimmt Arndt an, VerwA. 21, 133 und 23, 421. Letztere Ansicht entspricht der ständigen Praxis des RGZ. 37, 298; 70, 416 und OVG. 11, 71; 14, 70; 16, 154; 19, 62; 42, 71; PreußVBl. 25, 370. Dem entspricht, daß die Haftpflicht des Staates für Gemeinde- und städtische Lehrer durch besonderes, sonst nicht erforderliches G. v. 14. Mai 1914 (GS. 117) eingeführt wurde. Art. 147 hat hieran nichts geändert; sonst hätte er gesagt: „Die Lehrer an öffentlichen Schulen sind Staatsbeamte." Dies hat Art. 143 mit Absicht nicht gewollt noch getan, s. StenBerNatVers. 1675. S. auch Arndt, JW. 50, 567; Giese zu Art. 143, RGZ. 85, 22; OVG. 72, 344 und dagegen vor allem RGZ. 97, 312.

Artikel 144.

Das gesamte Schulwesen steht unter der Aufsicht des Staates[1]); er kann die Gemeinden daran beteiligen. Die Schulaufsicht wird durch hauptamtlich tätige, fachmännisch[2]) vorgebildete Beamte ausgeübt.

[1]) Entspricht dem geltenden Recht, Art. 23 a. PreußVerf. G. betr. die Beaufsichtigung des Unterrichts- und Erziehungswesens v. 11. März 1872 (GS. 182).

[2]) Damit ist die geistliche Schulaufsicht, nicht die nebenamtlich durch einen Lehrer ausgeübte (StenBer. 1674, BA. 523), verboten und die fachmännisch-technische geboten, Sten.-Ber. 1164; 2162.

Artikel 145.

Es besteht allgemeine Schulpflicht[1]). Ihrer Erfüllung dient grundsätzlich[2]) die Volksschule mit

mindestens acht Schuljahren und die anschließende Fortbildungsschule bis zum vollendeten achtzehnten Lebensjahre[3]). Der Unterricht und die Lernmittel[4]) in den Volksschulen und Fortbildungsschulen sind unentgeltlich.

[1]) Sog. Schulzwang in Preußen noch nicht einheitlich geregelt, es gilt ALR. II 12 § 48, ausgedehnt auf die nicht landrechtlichen Provinzen durch KO. v. 24. Mai 1823 (GS. 149); s. auch KO. v. 20. Juni 1835 (GS. 131), Strafe wegen Versetzung der Schulpflicht durch Gericht auszusprechen, Exekutivstrafe ist unstatthaft; s. Arndt (7) 125, OVG. 7, 215; 34, 232; KGJ. 5, 390, 396. Für Hannover gilt G. v. 20. Mai 1845 (GS. f. Hann. 465), für Schleswig-Holstein, Nassau und ehemals Kurhessen s. v. Rönne-Zorn § 171; Arndt (7) 125. Der Besuch einer außerpreußischen Schule genügte nur, wenn mit Genehmigung der Schulaufsichtsbehörde KGJ. 11, 31. Der Schulzwang kann nur durch Gesetz ausgedehnt werden (Art. 5 a. PreußVf. Art. 114 DRV.; s. KGJ. 5, 377; Arndt, a. PreußVerf. (7) 125. Der regelmäßige Schulbesuch kann polizeilich erzwungen werden, KGJ. 8, 229; Arndt l. c.

[2]) Ausnahmen in G. betr. die Grundschulen v. 28. April 1920 (RGBl. 851) § 4.

[3]) Diese Vorschrift stellt schon jetzt aktuelles Recht dar; s. Irl, StenBerNatVers. 1691. Folglich ist der Volksschulbesuch ev. bis zum vollendeten 14. Lebensjahr obligatorisch.

[4]) Auch diese Vorschrift ist im wesentlichen geltendes Recht, wonach nur für Gastschulkinder Schulgeld zu zahlen war; die Lehrmittel muß der unentgeltlich liefern, dem die Schulunterhaltungspflicht obliegt. Doch ist die Lehrmittelfreiheit nur Programm, noch nicht geltendes Recht, Preuß, StenBer. 1502. Da die Reichsverf. keine Vorschriften über die Schullast aufstellt, gilt das bestehende Recht fort; s. auch Art. 132 EG. z. BGB. In Preußen gilt im wesentlichen VolksschulunterhaltungsG. v. 28. Juli 1906 (GS. 335), wonach die Schul-

last Gemeindelast ist, doch leistet der Staat namhafte Zuschüsse; s. Näheres bei Arndt, a. PreußVerf. (7) 136f Die Gemeinden können in Preußen nur zur Errichtung von Elementar-, nicht von Mittel- oder höheren Schulen gezwungen werden; OVG. 12, 197; PreußVerwBl. 11, 214.

Artikel 146.

Das öffentliche Schulwesen ist organisch auszugestalten. Auf einer für alle gemeinsamen Grundschule baut sich das mittlere und höhere Schulwesen auf. Für diesen Aufbau ist die Mannigfaltigkeit der Lebensberufe, für die Aufnahme eines Kindes in eine bestimmte Schule sind seine Anlage und Neigung, nicht die wirtschaftliche und gesellschaftliche Stellung oder das Religionsbekenntnis seiner Eltern maßgebend[1]).

Innerhalb der Gemeinden sind indes auf Antrag von Erziehungsberechtigten Volksschulen ihres Bekenntnisses oder ihrer Weltanschauung einzurichten, soweit hierdurch ein geordneter Schulbetrieb, auch im Sinne des Abs. 1, nicht beeinträchtigt wird. Der Wille der Erziehungsberechtigten ist möglichst zu berücksichtigen. Das Nähere bestimmt die Landesgesetzgebung nach den Grundsätzen eines Reichsgesetzes[2]).

Für den Zugang Minderbemittelter zu den mittleren und höheren Schulen sind durch Reich, Länder und Gemeinden öffentliche Mittel bereitzustellen, insbesondere Erziehungsbeihilfen für die Eltern von Kindern, die zur Ausbildung auf mittleren und höheren Schulen für geeignet erachtet werden, bis zur Beendigung der Ausbildung.

[1]) Dies ist die sog. Einheitsschule. S. hierzu VA. 225, StenBer. 1674, 1685, 1687, 2169.

[2]) Die Erziehungsberechtigten (Eltern, Vormünder u. dgl.) können hiernach von Zeit zu Zeit beantragen, konfessionelle, paritätische oder weltliche (religionslose) Schulen einzurichten und wieder zu beseitigen. Es ist also in erster Reihe die Entscheidung über den Charakter der Schule in den Willen der Eltern gestellt, nicht des Gesetzes oder der Schulaufsichtsbehörde, falls dadurch — etwa durch die zu kleine Zahl der Schüler — nicht ein geordneter Schulbetrieb verhindert wird. Der Abs. 2 beruht auf einem Kompromiß zwischen Zentrum und Mehrheitssozialisten, StenBer. 1677 f. S. auch Art. 149 mit Anm.; ferner Art. 147.

Artikel 147.

Private Schulen als Ersatz für öffentliche Schulen bedürfen der Genehmigung des Staates und unterstehen den Landesgesetzen. Die Genehmigung ist zu erteilen, wenn die Privatschulen in ihren Lehrzielen und Einrichtungen sowie in der wissenschaftlichen Ausbildung ihrer Lehrkräfte nicht hinter den öffentlichen Schulen zurückstehen und eine Sonderung der Schüler nach den Besitzverhältnissen der Eltern nicht gefördert wird. Die Genehmigung ist zu versagen, wenn die wirtschaftliche und rechtliche Stellung der Lehrkräfte nicht genügend gesichert ist[1]).

Private Volksschulen sind nur zuzulassen, wenn für eine Minderheit von Erziehungsberechtigten, deren Wille nach Artikel 146 Abs. 2 zu berücksichtigen ist, eine öffentliche Volksschule ihres Bekenntnisses oder ihrer Weltanschauung in der Gemeinde nicht besteht oder die Unterrichtsverwaltung ein besonderes pädagogisches Interesse anerkennt[2]).

Private Vorschulen sind aufzuheben[3]).

Für private Schulen, die nicht als Ersatz für öffentliche Schulen dienen, verbleibt es bei dem geltenden Recht[4]).

[1]) Privatschulen werden häufig dann erstrebt, wenn eine hinreichende Zahl Erziehungsberechtigter eine andere Art des Religionsunterrichtes oder keinen wünscht oder statt bürgerlicher sozialdemokratische Weltanschauung oder umgekehrt; s. Abs. 2. Sie soll nicht zugelassen werden, wenn die Privatschule für Kinder wohlhabender oder besserer Stände im Gegensatz zur allgemeinen Volksschule dienen soll. Falls die Bedingungen des Abs. 1 vorliegen, soll die Genehmigung erteilt werden, deren Erteilung heute im freien und widerruflichen Ermessen der Schulaufsichtsbehörde steht. Für Preußen gilt zurzeit KO. v. 10. Juni 1834 (GS. 135) und dazu Staatsministerialbeschluß v. 31. Dez. 1839 (VMBl. 1840, 94), gültig gemäß Bek. v. 18. Febr. 1887 für den ganzen Staat, ZBl. f. d. ges. Unterrichtsverw. 1887, 396; s. auch Kultusminister Trott zu Solz, StenBerAbgH. am 6. Mai 1914; ferner StenBerAbgH. 1909, 7573 und HerrH. 451. Die Genehmigung und den Widerruf erteilen in Preußen die Regierungen, Abt. für Kirchen- und Schulwesen.

[2]) Die private Volksschule soll nur beim Vorliegen der Erfordernisse des Abs. 2 zugelassen werden. Daß sie bei deren Vorliegen zugelassen werden muß (s. Abs. 1), ist nicht vorgeschrieben; doch dürfte es der Absicht der Verfassung entsprechen, oder wenigstens der des zwischen Zentrum und Sozialdemokratie geschlossenen Kompromisses, auf dem Art. 147 beruht.

[3]) Das sind namentlich die Vorschulen für Gymnasien, sog. Nona, Oktava, Septima. Die bez. Kinder müssen also die Volksschule besuchen. S. auch StenBer. 2161.

[4]) S. dieses in Anm. zu Art. 149; s. auch Arndt, n. Preuß.-Verf. Anm. zu Art. 22.

Artikel 148.

In allen Schulen ist sittliche Bildung, staatsbürgerliche Gesinnung, persönliche und berufliche Tüchtigkeit im Geiste des deutschen Volkstums[1]) und der Völkerversöhnung zu erstreben.

Beim Unterricht in öffentlichen Schulen ist Bedacht zu nehmen, daß die Empfindungen Andersdenkender nicht verletzt werden.

Staatsbürgerkunde und Arbeitsunterricht sind Lehrfächer der Schulen. Jeder Schüler erhält bei Beendigung der Schulpflicht einen Abdruck der Verfassung.

Das Volksbildungswesen, einschließlich der Volkshochschulen, soll von Reich, Ländern und Gemeinden gefördert werden.

[1]) Dies soll nicht eine Parteibezeichnung im Sinne „Deutsch-völkisch" bedeuten, sondern, um damit zu sagen, daß wahrhafte Bildung auf deutsch-volkstümlicher Grundlage erworben werden soll und nicht erst auf dem Umwege über französische und englische und klassische Literatur, daß das deutsche Bildungsgut in erster Linie aus deutscher Kulturzeit bestritten werden muß, um ferner damit auszudrücken, daß in allen Schulen und auf allen Stufen die Deutschkunde den wesentlichsten Bestandteil des Unterrichts zu bilden hat (Berichterstatter Weiß l. c. 1675). S. hierzu noch die treffenden Ausführungen von Anschütz 233 über nationale Ehre.

Artikel 149.

Der Religionsunterricht ist ordentliches Lehrfach der Schulen mit Ausnahme der bekenntnisfreien (weltlichen) Schulen. Seine Erteilung wird im Rahmen der Schulgesetzgebung geregelt. Der Religionsunterricht wird in Übereinstimmung mit den Grundsätzen der betreffenden Religionsgesellschaft unbeschadet des Aufsichtsrechts des Staates erteilt[1]).

Die Erteilung religiösen Unterrichts und die Vornahme kirchlicher Verrichtungen bleibt der Willenserklärung der Lehrer, die Teilnahme an religiösen Unterrichtsfächern[2]) und an kirchlichen Feiern und Handlungen der Willenserklärung desjenigen überlassen, der über die religiöse Erziehung des Kindes zu bestimmen hat.

Die theologischen Fakultäten an den Hochschulen bleiben erhalten[3]).

[1]) Man unterscheidet die kirchliche, die konfessionelle, die paritätische oder Simultan- und die konfessionslose (weltliche) Schule. In der ersten ist das ganze Unterrichtswesen, bei welchem der Religionsunterricht vorherrscht, von konfessionell-kirchlichem Geist durchdrungen, die Schule ist Annex der Kirche und steht unter deren Leitung. Bei der konfessionellen Schule wird Religionsunterricht nur in einer bestimmten Konfession und als einer der Hauptgegenstände erteilt. Die Lehrer gehören regelmäßig dieser Konfession an; es steht aber die Schule unter Leitung des Staats als Staatsschule. Die Simultanschule ist für Kinder verschiedener Konfession berechnet, der Religionsunterricht wird für die verschiedenen Konfessionen besonders erteilt und die Lehrer werden ohne Rücksicht auf eine bestimmte Konfession angestellt. In der konfessionslosen (weltlichen), von der Sozialdemokratie erstrebten Schule wird Religionsunterricht nicht erteilt und auf die Konfession der Lehrer keine Rücksicht genommen. Die Schule des ALR. II 12 §§ 11 f. ist die Konfessions- (konfessionelle)

Schule, nicht die kirchliche oder Simultanschule. Doch hatte die Schulverwaltung freie Hand, die konfessionelle oder die Simultanschule zu gestatten (OVG. 56, 229). Letzteres sollte nur im Bedürfnisfalle geschehen (ZBl. f. d. gesamt. Unterrichtsverw. 1876, 495). Dagegen behauptet Gneist, Die konfessionslose Schule 1869: „Die gesetzmäßige preußische Volksschule ist die, in welcher die Religion konfessionell gelehrt werden muß, die Wissenschaft nicht konfessionell gelehrt werden darf" —; s. auch H. Schulze, Preuß. Staatsr. II 568. Jetzt gilt außer für Posen und Westpreußen G. betr. die Unterhaltung der öffentlichen Volksschulen v. 25. Juli 1906 (GS. 335). Danach — §§ 33f. — sind die öffentlichen Volksschulen in der Regel so einzurichten, daß der Unterricht ev. Kinder durch ev. Lehrkräfte, kath. Kinder durch kath. Lehrkräfte erteilt wird. Nach § 35 soll an Volksschulen, die mit einer Lehrkraft besetzt sind, stets eine ev. oder kath. Lehrkraft angestellt werden, je nachdem die angestellte Lehrkraft oder die zuletzt angestellt gewesene Lehrkraft ev. oder kath. war (Änderungen, wenn wenigstens zwei Drittel der einheimischen Schulkinder andere Konfession als die letzte Lehrkraft haben). Nach § 34 behält es an einer Volks- (Simultan-) Schule, an der nach ihrer besonderen Verfassung bisher gleichzeitig ev. und kath. Lehrkräfte angestellt waren, dabei auch in Zukunft sein Bewenden. In einem Schulverband, in dem lediglich Volksschulen der bezeichneten Art bestehen, können neue Volksschulen nur auf derselben Grundlage errichtet werden. — S. hierzu Art. 174. Im allgemeinen sind an öffentlichen Volksschulen nur ev. oder nur kath. Lehrkräfte anzustellen. Dies alles soll sich auf den lediglich technischen Unterricht (Zeichnen, Handarbeit usw.) nicht beziehen. Für jüdische Kinder bestimmt § 40. Im ehemaligen Nassau soll die Simultanschule bestehen bleiben § 42; s. auch Art. 174. Nach Art. 149 ist der Religionsunterricht obligatorisch außer an bekenntnisfreien Schulen (Art. 146 Abs. 2, s. auch Art. 174, RG. in AöR. 40, 98 u. oben zu Art. 18). S. jetzt auch G. über die religiöse Kindererziehung v. 15. Juli 1921 (RGBl. 939), wonach in erster Reihe die stets widerrufliche Einigung der Eltern entscheidet.

[2]) Dissidentenkinder können also nicht mehr zur Teilnahme am Religionsunterricht gezwungen werden, noch Lehrer, Religionsunterricht zu erteilen oder kirchliche Handlungen z. B. als Glöckner, Messner, Vorleser vorzunehmen.

[3]) Wo keine bestehen, z. B. in Frankfurt a. M., brauchen sie nicht errichtet zu werden; doch können sie eingeführt werden, StenBer. 2166, 2169, 2171.

Artikel 150.

Die Denkmäler der Kunst, der Geschichte und der Natur sowie die Landschaft genießen den Schutz und die Pflege des Staates.

Es ist Sache des Reichs, die Abwanderung deutschen Kunstbesitzes in das Ausland zu verhüten.

Um die Abwanderung in das Ausland zu verhüten, sind Gesetze nötig, da dies sich nur durch Eingriffe in das Eigentum und die persönliche Freiheit der Besitzer erreichen läßt, Art. 153 und 114. S. indes V. v. 11. Dez. 1919 (RGBl. 1961) und vom 8. Mai 1920 (RGBl. 913).

Fünfter Abschnitt.

Das Wirtschaftsleben.

Da das Arbeitsrecht und die Regelung der Beziehungen zwischen Staat und Wirtschaftsleben, die Versicherung und der Schutz der Arbeiter und Angestellten, sowie der Arbeitsnachweis, da ferner die Einrichtung beruflicher Vertretungen für das Reichsgebiet, das Enteignungsrecht, die Vergesellschaftlichung von Naturschätzen und wirtschaftlichen Unternehmungen sowie die Erzeugung, Herstellung und Preisgestaltung wirtschaftlicher Güter für die Gemeinwirtschaft schon nach Art. 7 der Gesetzgebung und gemäß Art. 15 der Aufsicht des Reichs unterworfen sind und da nach Art. 10 das Reich im Wege der Gesetzgebung Grundsätze für das Bodenrecht, die Bodenverteilung, das Ansiedlungs- und Heimstättenwesen, die Bindung des Grundbesitzes, das Wohnungswesen und die Bevölkerungsverteilung aufstellen kann und da andererseits die im fünften Abschnitt enthaltenen Vorschriften, weil sie ev. Eingriffe in die Freiheit der Person und des Eigentums enthalten, nur im Wege der Gesetzgebung erlassen werden können und da endlich die Gesetzgebung unbeschränkt und unbeschränkbar ist, so hätte es der besonderen Vorschriften im fünften Abschnitt nicht erst bedurft. Diese sind nur ausgesprochen, weil sie eine Art Programm für eine künftige Reichsgesetzgebung bringen sollen. Unmittelbare Rechte und Pflichten für die Einzelnen lassen sich daraus nicht ableiten. Der Satz, daß Eingriffe in das Eigentum durch Gesetz zulässig und nur durch Gesetz zulässig sind, steht schon im ALR. und folgt aus Art. 114; s. auch Art. 153.

Artikel 151.

Die Ordnung des Wirtschaftslebens muß den Grundsätzen der Gerechtigkeit mit dem Ziele der Gewährleistung eines menschenwürdigen Daseins für alle entsprechen[1]). In diesen Grenzen ist die wirtschaftliche Freiheit[2]) des Einzelnen zu sichern.

Gesetzlicher Zwang ist nur zulässig zur Verwirklichung bedrohter Rechte oder im Dienst überragender Forderungen des Gemeinwohls.

Die Freiheit des Handels und Gewerbes wird nach Maßgabe der Reichsgesetze gewährleistet[2]).

[1]) Dies besagt (Berichterstatter Sinzheimer, StenBer.-NatVers. 1748), daß die wirtschaftliche Freiheit des einzelnen nicht Selbstzweck, kein wirtschaftliches Gut für sich sein soll, sondern nur insoweit im Wirtschaftsleben gelten soll, als diese Freiheit eine soziale Funktion erfüllt. Von diesem Grundgedanken ist der gesamte Rechtsstoff behandelt.

[2]) Die Anerkennung der Freiheit und dieser individuellen Rechtsbeziehungen in der Verfassung soll nach Sinzheimer l. c. an sich nicht bedeuten und nicht in dem Sinne unter den Schutz der Verfassung gestellt sein, daß nunmehr zu ihrer Beschränkung ein verfassungänderndes Gesetz nötig sei; denn in allen diesen Beziehungen sei ausdrücklich auf die bestehenden oder künftigen (einfachen) Gesetze verwiesen. Daraus ergebe sich, daß über sie die gewöhnliche Gesetzgebung verfügen soll. Man habe die Sätze in den Art. 151f. nur aufgenommen, „damit eine gewisse Einheitlichkeit in der Aufführung der wirtschaftlichen Grundrechte hergestellt wird"; s. auch Poetzsch 112, 204; VA. 509.

Artikel 152.

Im Wirtschaftsverkehr gilt Vertragsfreiheit[1]) nach Maßgabe der Gesetze.

Wucher ist verboten[2]). Rechtsgeschäfte, die gegen die guten Sitten verstoßen, sind nichtig[3]).

[1]) S. Anm. 1 u. 2 zu Art. 151.

[2]) S. auch BGB. § 138, StGB. § 302a.

[3]) Diese Vorschriften entsprechen dem schon bestehenden Rechte, s. Anm. 2. Sie sollen die allgemeine soziale Grenze der Vertragsfreiheit festlegen. Diese Vorschrift wie die meisten in diesem Abschnitt haben keine unmittelbare rechtliche Wirkung und sollen nur als Rechtsanschauungen Wert haben, Sinzheimer 1748. Sie wiederholen auch nur bestehendes Recht; and. Ans. Anschütz 245

Artikel 153.

Das Eigentum wird von der Verfassung gewährleistet. Sein Inhalt und seine Schranken ergeben sich aus den Gesetzen[1]).

Eine Enteignung kann nur zum Wohle der Allgemeinheit und auf gesetzlicher Grundlage vorgenommen werden[2]). Sie erfolgt gegen angemessene Entschädigung, soweit nicht ein Reichsgesetz etwas anderes bestimmt. Wegen der Höhe der Entschädigung ist im Streitfalle der Rechtsweg bei den ordentlichen Gerichten offen zu halten, soweit Reichsgesetze nichts anderes bestimmen[3]). Enteignung durch das Reich gegenüber Ländern, Gemeinden und gemeinnützigen Verbänden kann nur gegen Entschädigung erfolgen[4]).

Eigentum verpflichtet. Sein Gebrauch soll zugleich Dienst sein für das Gemeine Beste[5]).

[1]) Abs. 1 entspricht Art. 9 der a. PreußVerf. und § 32 der Frankfurter Grundrechte und bedeutet, daß das Eigentum gegen jeden nicht auf Gesetz beruhenden Eingriff geschützt ist. Eigentum bedeutet hier jedes subjektiv öffentliche Privatrecht, auch Forderungsrechte; s. Arndt und Anschütz zu Art. 9 a. PreußVerf., § 1 AllgPreußGerichtsordn.; ebenso Giese 340; Oppenhoff, Ressortverhältnisse (2) 23; E. Kaufmann bei Fleischmann II 701. Das Gesetz kann ein Reichs- oder Landesgesetz, auch vorkonstitutionelles sein, ebenso Anschütz 246, aber es muß ein Gesetz im formellen Sinne sein, nicht Gewohnheitsrecht; s. Fleiner, Inst. §§ 5 u. 8 und Literatur dort (and. Ans. Anschütz 246; Giese 340). Für Preußen kommt hauptsächlich in Betracht § 10 Tl. II 17. Der Eingriff kann generell durch Verordnung, speziell durch Polizeiverfügung ergehen. § 10, Tl. II 17 bezieht sich nur auf die Sicherheitspolizei. Für Wohlfahrts- oder Schönheitszwecke ist Sondergesetz nötig, z. B. G. v. 2. Juni 1900, GS. 159 und 15. Juli 1907, GS. 260; s. OVG. 39, 278, 415; Schultzenstein, DJZ. 1902 Nr. 2. Die Polizei kann Notausgänge bei Theatern, massive Treppen bei feuergefährlichen Fabriken, Funkenfänger bei Schornsteinen, Beleuchtung der Treppen, Klärbassins für Ausflüsse von Fabriken und Bergwerken, Niederreißung baufälliger

Gebäude, Beseitigung von Strohdächern und Ofenklappen anordnen usw.; RGSt. 4, 106; OVG. 8, 327; 11, 367; 21, 411; 13, 72; 24, 399. Auch in anderen Gesetzen sind polizeiliche Eingriffe zugelassen bzw. vorgeschrieben, z. B. Allgemeines Berggesetz v. 24. Juni 1865, GS. 705 §§ 198/199, G. v. 12. Aug. 1905 und 16. Aug. 1905 (GS. 335 und 342 zur Verhütung von Hochwassergefahren). Der Eingriff muß sich gegen den wenden, dessen Eigentum oder Handlung ihn nötig macht, gegen einen anderen nur, wenn die Gefahr auf andere Weise nicht abwendbar ist und der zugefügte Schade zurücktritt gegen den dadurch dem gemeinen Wohl gebotenen Vorteil; Rosin, Polizeiverordnungsr. 143; Friedrichs, Polizeigesetz 245; OVG. 8, 329; 11, 367; 12, 397; 19, 372; 21, 413; 24, 406; KGJ. 3, 341; 6, 319; 16, 481; 20, C 53; 29, C 56; RGZ. 9, 205; 90, 354; 26, 340; 68, 163; s. auch ALR. I 8 §§ 29—32. Aus vorstehendem ist der Satz abgeleitet, daß jeder sein Eigentum in polizeigemäßem Zustande halten muß; Friedrichs, Polizeigesetz 247: Stier-Somlo, Verwaltungsarchiv 18, 140; 19, 128; Giese 346. An diesen Rechtssätzen ist durch die Reichsverfassung nichts geändert. Gesetze, welche Inhalt und Schranken des Eigentums bestimmen, also auch Eingriffe zulassen, brauchen nicht als verfassungändernde zu ergehen; auch derartige Landesgesetze werden weiter zulässig sein. Auf ein sog. Notstandsrecht des Staates wird man sich ohne Gesetz nicht berufen können; Wolzendorff, A. ö. R. 27, 220; Fleiner 191; Triepel, Festgabe für Laband II 309; Hatschek, Jahrb. d. ö. R. III.

[2]) Das ältere Landesrecht, z. B. EnteignungsG. v. 11. Juni 1874, GS. 221; AllgBergG. v. 24. Juni 1865, GS. 705, §§ 135f. bleibt bestehen.

[3]) Ein Reichsgesetz kann hiernach die Enteignung ohne und jedenfalls ohne angemessene Entschädigung anordnen, auch den Rechtsweg über die Höhe der Entschädigung ausschließen, und zwar ein einfaches Reichsgesetz.

[4]) In diesem Falle des letzten Satzes des Abs. 2 würde

nur ein verfassungänderndes Gesetz eine angemessene Entschädigung oder den Rechtsweg darüber ausschließen können.

[5]) S. zu Art. 153 noch SozialisierungsG. v. 23. März 1919 (RGBl. 341) § 2. Der letzte Absatz ist ein sozialpolitisches Gebot. Die Frage, ob und für welche gesetzliche und administrative Eingriffe in das Eigentum Entschädigung zu leisten ist, ist überaus schwierig und streitig. Im Sinne Art. 9 Satz 2 der a. PreußVerf. und Art. 153 Abs. 2 der Reichsverf. betrifft die Enteignung nur auf die Fälle, in denen ein Recht einem fortgenommen und einem anderen zugeteilt wird; s. Arndt und Anschütz zu Art. 9 der a. PreußVerf.; Anschütz 247. Es dürfte ferner feststehen, daß für unmittelbar aus dem Gesetze folgende Eingriffe nur dann eine Entschädigung beansprucht werden kann, wenn der Gesetzgeber sie ausdrücklich gibt. Der Gesetzgeber kann also Privatrechte ohne Entschädigung aufheben; Arndt und Anschütz zu Art. 9 a. PreußVerf., Entsch. OTr. 53, 31; 86, 81; RGZ. 5, 264; Entschädigungsansprüche gibt aus Billigkeitsrücksichten häufig das Reichsgesetz, so Gesetz betr. die Beschränkungen des Grundeigentums in der Umgebung von Festungen v. 21. Dez. 1871 (RGBl. 185); Gesetz über die Kriegsleistungen v. 13. Juni 1873 (RGBl. 129); G. v. 7. April 1869 betr. Maßregeln gegen die Rinderpest (BGBl. 105); G. v. 20. Dez. 1899 betr. Postwesen (RGBl. 715). Ein preußisches Gesetz, das Entschädigungsansprüche gibt, ist § 18 des G. v. 26. Mai 1818. Was nun die Eingriffe durch polizeiliche Ver- und Anordnungen betrifft, so hat man nach dem Vorgang von Rosin, Polizeiverordnungsr. den Unterschied gemacht, Anschütz, VerwA. 5, 1f., ob der Eingriff unmittelbar auf Rechtsnorm, also Polizeiverordnung beruht, oder ob er erst eine Rechtsnorm konkretisiert, also eine Einzelverfügung trifft. Die Judikatur neigte dem zu. RGZ. 19, 353; 26, 338; 35, 150; 45, 251; 60, 326; 64, 294. Im ersteren Falle wird jeder Entschädigungsanspruch bestritten, in letzterem Falle gegen den gegeben, in dessen Interesse der Eingriff erfolgt. Dies wird auf § 75 Einleitung zum ALR. gestützt. Da aber alles, was

Gegenstand einer polizeilichen Verfügung ist, auch Gegenstand einer Polizeiverordnung sein kann und umgekehrt, so ist eine solche Unterscheidung willkürlich und unhaltbar, so schon OTr. bei Striethorst 49, 49; ferner Arndt, Festgabe für Güterbock 151. In der bergrechtlichen Literatur und Praxis wird diese Unterscheidung aufgegeben. Richtig dürfte sein, daß für polizeiliche Eingriffe, gleichviel, ob durch Verordnung oder durch Verfügung, nur ausnahmsweise (eine Ausnahme in GewO. § 51) eine Entschädigung zu leisten ist, nämlich nur dann, wenn der Eingriff durch die Handlung oder das Eigentum eines Dritten und in dessen Interesse erfolgt; z. B. jemand hat eine Sand-, Tongrube oder ein Haus und es wird nunmehr in unmittelbarer Nähe z. B. eine Eisenbahn angelegt und zu deren Schutze die Besitzer der Gruben oder des Hauses polizeilich belastet. In solchen Fällen haben sowohl Obertribunal wie Reichsgericht einen Entschädigungsanspruch gegen die Eisenbahn zugebilligt, wobei es keinen Unterschied machen konnte, ob der Eingriff durch Verfügung oder Verordnung geschieht; s. OTr. bei Striethorst 86, 272; RG. bei Daubenspeck Sammlung II 267; Arndt bei Gruchot 52, 63.

Artikel 154.

Das Erbrecht wird nach Maßgabe des bürgerlichen Rechtes gewährleistet[1]).

Der Anteil des Staates am Erbgut bestimmt sich nach den Gesetzen[2]).

[1]) S. Anm. 1 und 2 zu Art. 151.

[2]) Damit ist ausgesprochen, Sinzheimer l. c., daß „die Erbschaft nicht nur grundsätzlich dem einzelnen gehören soll, sondern grundsätzlich auch der Staat nach Maßgabe der Gesetze einen Anteil am Erbgute haben soll“; vgl. auch StenBer. 1752f., 1778f. S. ErbschaftssteuerG. v. 10. Sept. 1919 (RGBl. 1543).

Artikel 155.

Die Verteilung und Nutzung des Bodens wird von Staats wegen in einer Weise überwacht, die Mißbrauch verhütet und dem Ziele zustrebt, jedem Deutschen eine gesunde Wohnung und allen deutschen Familien, besonders den kinderreichen, eine ihren Bedürfnissen entsprechende Wohn- und Wirtschaftsheimstätte zu sichern. Kriegsteilnehmer sind bei dem zu schaffenden Heimstättenrecht besonders zu berücksichtigen.

Grundbesitz, dessen Erwerb zur Befriedigung des Wohnungsbedürfnisses, zur Förderung der Siedlung und Urbarmachung oder zur Hebung der Landwirtschaft nötig ist, kann enteignet werden. Die Fideikommisse sind aufzulösen.

Die Bearbeitung und Ausnutzung des Bodens ist eine Pflicht des Grundbesitzers gegenüber der Gemeinschaft. Die Wertsteigerung des Bodens, die ohne eine Arbeits- oder Kapitalaufwendung auf das Grundstück entsteht, ist für die Gesamtheit nutzbar zu machen.

Alle Bodenschätze und alle wirtschaftlich nutzbaren Naturkräfte stehen unter Aufsicht des Staates. Private Regale sind im Wege der Gesetzgebung auf den Staat zu überführen.

Auch dieser Artikel enthält eine Art Programm für eine zukünftige Gesetzgebung. Abs. 2 und 4 enthalten die Statuierung eines künftigen Rechts des Reichs auf Überführung des Privateigentums an den Produktionsmitteln in das Gemeineigentum (Sinzheimer 1749). Der letzte Satz in Abs. 3 rechtfertigt Abgaben von der unverdienten Wertsteigerung. Private Regale meinen Privatbergregale, die teils infolge

Rechtssatzes den vormals Reichsunmittelbaren gemäß Art. XIV der Deutschen Bundesakte v. 8. Juni 1815 (GS. 1818 Anh.) V. v. 21. Juni 1815 (GS. 109) und Instruktion v. 30. Mai 1820 (GS. 81) § 45, teils infolge besonderer Distrikts- oder Spezialverleihungen zukommen und in unangefochtener Geltung stehen; s. § 250 des AllgBergG. v. 24. Juni 1865 und die Kommentare dazu von Arndt (7); Brassert-Gottschalk (2); s. auch den Aufsatz von Arndt, Die Rechtsbeständigkeit des Bergregals der ehemaligen Reichsunmittelbaren in der Zeitschrift f. Bergrecht 1919, 216. Dies hindert das Reich nicht, sie durch Reichsgesetz aufzuheben oder sie in Gemeinbesitz zu überführen. Im ersteren Falle (s. zu Art. 156) kann das Reichsgesetz sie ohne Entschädigung aufheben und steht den Regalinhabern nur ein Billigkeitsanspruch auf Entschädigung zu. In letzterem Falle werden verfassungändernde Reichsgesetze nötig sein, wenn man sie ohne Entschädigung aufheben will; es sei denn, daß man aus dem letzten Satze in dem Art. 156 schließen kann, daß ausnahmsweise ein einfaches Gesetz genügt. An sich stellen nach der ständigen Rechtsprechung der Gerichte die privaten Bergregale wohlerworbene Privatrechte dar. Von Mutungen und Bergwerkseigentum handelt Art. 155 nicht. Sie fallen ev. unter Art. 156; s. Anm. zu Art. 156. Zur Ausführung erging PreußAusfG. v. 15. Dez. 1919 (GS. 101). Zur Ausführung von Abs. 4 erging PreußG. v. 19. Okt. 1920 (GS. 441). S. auch G. über Aufhebung der Standesvorrechte des Adels usw. v. 23. Juni 1920 (GS. 367), V. v. 10. März 1919 (GS. 39), v. 22. Sept. 1920 (GS. 431) u. V. v. 3. März 1921 (GS. 331).

S. auch ReichssiedlungsG. v. 11. Aug. 1919 (RGBl. 1429), GrunderwerbsteuerG. v. 12. Sept. 1919 (RGBl. 1617), ReichsheimstättenG. v. 10. Mai 1920 (RGBl. 962), s. auch G. über Maßnahmen gegen Wohnungsmangel v. 11. Mai 1920 (RGBl. 949), verlängert (RGBl. 1921, 933), s. auch G. über die Erhebung einer Abgabe zur Förderung des Wohnungsbaues v. 26. Juni 1921 (RGBl. 773).

Die Vorschriften über Anerben- und Höferollenrechte sind

durch die vorbezeichneten Vorschriften nicht berührt (StenBer. 1769; Anschütz 251).

Artikel 156.

Das Reich kann durch Gesetz, unbeschadet der Entschädigung, in sinngemäßer Anwendung der für Enteignung geltenden Bestimmungen, für die Vergesellschaftung geeignete private wirtschaftliche Unternehmungen in Gemeineigentum überführen. Es kann sich selbst, die Länder oder die Gemeinden an der Verwaltung wirtschaftlicher Unternehmungen und Verbände beteiligen oder sich daran in anderer Weise einen bestimmenden Einfluß sichern.

Das Reich kann ferner im Falle dringenden Bedürfnisses zum Zwecke der Gemeinwirtschaft durch Gesetz wirtschaftliche Unternehmungen und Verbände auf der Grundlage der Selbstverwaltung zusammenschließen mit dem Ziele, die Mitwirkung aller schaffenden Volksteile zu sichern, Arbeitgeber und Arbeitnehmer an der Verwaltung zu beteiligen und Erzeugung, Herstellung, Verteilung, Verwendung, Preisgestaltung sowie Ein- und Ausfuhr der Wirtschaftsgüter nach gemeinwirtschaftlichen Grundsätzen zu regeln.

Die Erwerbs- und Wirtschaftsgenossenschaften und deren Vereinigungen sind auf ihr Verlangen unter Berücksichtigung ihrer Verfassung und Eigenart in die Gemeinwirtschaft einzugliedern.

Auch dieser Artikel enthält nur eine Art gesetzgeberisches Programm, vgl. indes VA. 383. Gegenwärtiges bzw. aktuelles Recht ist nur die aus Abs. 1 zu entnehmende Bestimmung, daß die Überführung in das Gemeineigentum, (die Vergesellschaftlichung) von Bergwerken, Mutungen u. dgl. nur „unbeschadet der Entschädigung in sinngemäßer Anwendung der für Enteignung geltenden Bestimmung" erfolgen darf. Einigkeit besteht darüber, daß ev. die ordentlichen Gerichte über die Höhe der Entschädigung zu entscheiden haben (s. Art. 153 und StenBerNatVers. 1756 f.). Es liegt ein anscheinender Widerspruch vor zwischen Art. 153 und Art. 156. Ersterer läßt, abgesehen von dem Falle in Abs. 2 letzter Satz eine Enteignung durch Reichsgesetz ohne Entschädigung zu, Art. 156 fordert für alle Enteignungen Entschädigung, die also nur durch ein verfassungänderndes Reichsgesetz ausgeschlossen werden kann. Der Zwiespalt dürfte in der Weise gelöst werden können, daß Art. 156 einen Sonderfall von der allgemeinen Enteignungsbefugnis darstellt.

Zu Art. 156 ergingen u. a. SozialisierungsG. v. 23. März 1919 (RGBl. 341), G. über die Regelung der Kohlenwirtschaft v. 23. März 1919 (RGBl. 342, s. auch das. 1449), G. über die Regelung der Kaliwirtschaft v. 18. Juli 1919 (RGBl. 663, 1352).

Artikel 157.

Die Arbeitskraft steht unter dem besonderen Schutz des Reichs.

Das Reich schafft ein einheitliches Arbeitsrecht.

S. hierzu Kaskel, DJZ. 24, 620; Lukas 13; Katzenstein, VA. 388.

Artikel 158.

Die geistige Arbeit, das Recht der Urheber, der Erfinder und der Künstler, genießt den Schutz und die Fürsorge des Reichs.

Den Schöpfungen deutscher Wissenschaft, Kunst und Technik ist durch zwischenstaatliche Vereinbarung auch im Ausland Geltung und Schutz zu verschaffen.

S. Bek. v. 2. Febr. 1920 (RGBl. 132) betr. Berner Übereinkunft zum Schutz von Werken der Literatur und Kunst.

Artikel 159.

Die Vereinigungsfreiheit zur Wahrung und Förderung der Arbeits- und Wirtschaftsbedingungen ist für jedermann und für alle Berufe gewährleistet[1]). Alle Abreden und Maßnahmen, welche diese Freiheit einzuschränken oder zu behindern suchen, sind rechtswidrig[2]).

[1]) Dadurch soll das Hauptmittel für die wirtschaftliche Besserung, die Koalitionsfreiheit, nicht bloß den unter die GewO. fallenden Personen gewährleistet werden und zwar auch den sozialen Gewalten, nicht nur dem Staat gegenüber; s. auch VA. 390. Dabei macht Sinzheimer als Berichterstatter S. 1749 die Anmerkung, daß durch die verfassungsmäßige Anerkennung der wirtschaftlichen und sozialen Vereinigungsfreiheit nicht auch verfassungsmäßig die Streikfreiheit konstituiert sei, bezüglich dieser bleibe es, wie allgemein im Verfassungsausschuß angenommen, bei der bekannten Verordnung, wonach allgemein Streikrecht für alle Berufe gegeben sei, die Verfassung ihrerseits habe dieses besondere Streikrecht nicht anerkannt, anerkannt sei von ihr nur die wirtschaftliche Vereinigungsfreiheit; s. auch Katzenstein, VA. 390.

[2]) Zuwiderhandlung kann Schadensersatz begründen, VA. 389. Entgegenstehende Abreden sind nichtig. Auf Zuwiderhandlungen gegen Art. 159 ist eine besondere Strafe nicht gesetzt; es gelten die allgemeinen Gesetze. Dem Gesetzgeber ist unverwehrt gegen Streiks vorzugehen. Auch der Reichspräsident kann dies auf Grund Art. 48, s. V. v. 29. Jan. u. 10. Nov. 1920 (RGBl. 195 u. 1863). S. auch Damme, DJZ. 24, 785; auch PrVBl. 41, 87 u. 131.

Artikel 160.

Wer in einem Dienst- oder Arbeitsverhältnis als Angestellter oder Arbeiter steht, hat das Recht auf die zur Wahrnehmung staatsbürgerlicher Rechte und, soweit dadurch der Betrieb nicht erheblich geschädigt wird, zur Ausübung ihm übertragener öffentlicher Ehrenämter nötige freie Zeit. Wieweit ihm der Anspruch auf Vergütung erhalten bleibt, bestimmt das Gesetz.

Der Berichterstatter Sinzheimer 1749 bezeichnet das Recht als eine gewisse Freiheit des Arbeiters vom Arbeitsvertrage. S. hierzu BGB. § 616, BetriebsräteG. v. 4. Febr. 1920 (RGBl. 147) §§ 34, 35; PreußVerf. v. 30. Nov. 1920 Art. 75 Abs. 2.

Artikel 161.

Zur Erhaltung der Gesundheit und Arbeitsfähigkeit, zum Schutz der Mutterschaft und zur Vorsorge gegen die wirtschaftlichen Folgen von Alter, Schwäche und Wechselfällen des Lebens schafft das Reich ein umfassendes Versicherungswesen unter maßgebender Mitwirkung der Versicherten[1]).

[1]) WochenfürsorgeG. v. 30. April 1920 (RGBl. 1069).

[2]) Die Versicherten wirken auch bei Erlaß der Unfallverhütungsvorschriften und gleichem Stimmrecht wie der Unternehmer mit; unzutreffend Anschütz 258.

Artikel 162.

Das Reich tritt für eine zwischenstaatliche Regelung der Rechtsverhältnisse der Arbeiter ein, die für die gesamte arbeitende Klasse der Menschheit

ein allgemeines Mindestmaß der sozialen Rechte erstrebt.

S. hierzu Versailler Vertrag von 1919 Art. 387 f., 427 f., RGBl. 1270, 1303.

Artikel 163.

Jeder Deutsche hat unbeschadet seiner persönlichen Freiheit die sittliche Pflicht, seine geistigen und körperlichen Kräfte so zu betätigen, wie es das Wohl der Gesamtheit erfordert.

Jedem Deutschen soll die Möglichkeit gegeben werden, durch wirtschaftliche Arbeit seinen Unterhalt zu erwerben. Soweit ihm angemessene Arbeitsgelegenheit nicht nachgewiesen werden kann, wird für seinen notwendigen Unterhalt gesorgt. Das Nähere wird durch besondere Reichsgesetze bestimmt.

Die Pflicht zur Arbeit wird hier nicht als eine Rechtspflicht, sondern als eine sittliche Pflicht hingestellt. Auch das Recht auf Arbeit ist nicht im strengen Sinne als Recht formuliert. Es wird nur als Staatsaufgabe angesehen, daß der Staat im Falle der Arbeitslosigkeit (und der Bedürftigkeit, BA. 392) Mittel ausreichender Art zur Verfügung stellt, damit der Erwerbslose für seinen Unterhalt sorgen kann. Mit Recht bemerkt Sinzheimer l. c. dazu, daß in dieser Weise eine „ideale und juristisch einwandfreie Lösung" nicht gefunden sei. S. auch V. über Erwerbslosenfürsorge v. 16. August 1919 (RGBl. 416), ferner Kaskel, Das neue Arbeitsrecht 30 f., 88 f.

Artikel 164.

Der selbständige Mittelstand in Landwirtschaft, Gewerbe und Handel ist in Gesetzgebung und Verwaltung zu fördern und gegen Überlastung und Aufsaugung zu schützen.

Die Sozialdemokratie geht von der Auffassung aus, daß der Mittelstand dem Untergang geweiht ist, da die Entwicklung des Wirtschaftslebens zum Großkapitalismus führen müsse. Art. 164 will den Mittelstand erhalten wissen. Er enthält nur ein legislatorisches Programm (BA. 531); s. auch V. v. 10. April 1919 (RGBl. 382).

Artikel 165.

Die Arbeiter und Angestellten sind dazu berufen, gleichberechtigt in Gemeinschaft mit den Unternehmern an der Regelung der Lohn- und Arbeitsbedingungen sowie an der gesamten wirtschaftlichen Entwicklung der produktiven Kräfte mitzuwirken. Die beiderseitigen Organisationen und ihre Vereinbarungen werden anerkannt.

Die Arbeiter und Angestellten erhalten zur Wahrnehmung ihrer sozialen und wirtschaftlichen Interessen gesetzliche Vertretungen in Betriebsarbeiterräten sowie in nach Wirtschaftsgebieten gegliederten Bezirksarbeiterräten und in einem Reichsarbeiterrat.

Die Bezirksarbeiterräte und der Reichsarbeiterrat treten zur Erfüllung der gesamten wirtschaftlichen Aufgaben und zur Mitwirkung bei der Ausführung der Sozialisierungsgesetze mit den Vertretungen der Unternehmer und sonst beteiligter Volkskreise zu Bezirkswirtschaftsräten und zu einem Reichswirtschaftsrat zusammen. Die Bezirkswirtschaftsräte und der Reichswirtschaftsrat sind so zu gestalten, daß alle wichtigen Berufsgruppen entsprechend ihrer wirtschaftlichen und sozialen Bedeutung darin vertreten sind.

Sozialpolitische und wirtschaftspolitische Gesetzentwürfe von grundlegender Bedeutung sollen von der Reichsregierung vor ihrer Einbringung dem Reichswirtschaftsrat zur Begutachtung vorgelegt werden. Der Reichswirtschaftsrat hat das Recht, selbst solche Gesetzesvorlagen zu beantragen. Stimmt ihnen die Reichsregierung nicht zu, so hat sie trotzdem die Vorlage unter Darlegung ihres Standpunkts beim Reichstag einzubringen. Der Reichswirtschaftsrat kann die Vorlage durch eines seiner Mitglieder vor dem Reichstag vertreten lassen.

Den Arbeiter- und Wirtschaftsräten können auf den ihnen überwiesenen Gebieten Kontroll- und Verwaltungsbefugnisse übertragen werden.

Aufbau und Aufgabe der Arbeiter- und Wirtschaftsräte sowie ihr Verhältnis zu anderen sozialen Selbstverwaltungskörpern zu regeln, ist ausschließlich Sache des Reichs.

Dieser Artikel enthält die sogenannte Verankerung der Räte in der Verfassung. Die bisherigen Organisationen der Arbeiter und Angestellten einer- und der Unternehmer andererseits haben namentlich die Aufgabe, die Arbeits- und Lohnbedingungen durch Tarifverträge und ev. durch Arbeitsgemeinschaften zu regeln. Sie sind Kampforganisationen mit Kampffonds, um einen wirklichen Kampf zu führen. Diese freien Berufsverbände haben auch die Anpassungsfähigkeit, um die Arbeits- und Lohnbedingungen entsprechend den besonderen wirtschaftlichen Bedürfnissen in den einzelnen Fällen zu regeln. Die in Art. 165 vorgesehenen Arbeiterräte haben politische Aufgaben. Sie sollen zur Erfüllung der gesamten wirtschaftlichen Aufgaben und zur Mitwirkung (d. h. nur zur gleichberechtigten mit den Unternehmern nicht zur diktatorischen) vgl. dazu StenBer. 1781f., 1792) bei der Ausführung der Soziali sierungsgesetze mit den Vertretungen der Unternehmer zusammentreten. Es ist ihnen aber wohl Einfluß auf die Politik, aber keine Entscheidungsmacht in Art. 165 zugesichert. Es soll eine berufsständische Kammer neben dem politischen Parlament nicht geduldet werden, jedoch soll den Räten das Recht zustehen, vor der Einbringung aller sozial- und wirtschaftspolitischen Gesetzentwürfe gehört zu werden und es soll ihnen ferner das Recht zur Initiative mit allen Konsequenzen zustehen. Deshalb hat der Reichswirtschaftsrat nicht bloß das Recht, derartige Gesetzentwürfe selbst zu beantragen, sondern auch durch seine Angehörigen im Reichstage vertreten zu lassen, so daß tatsächlich in diesem Falle die Stellung der Reichswirtschaftsräte dieselbe sein soll, wie die Stellung des Reichsrats, Sinzheimer 1751; s. auch VA. 394. Über die Mitwirkung des Wirtschaftsrats bei der Gesetzgebung (VA. 396) oben zu Art. 68, ferner Triepel, A. ö. R. 39, 456 f. Zur Ausführung des Art. 165 erging Betriebsrätegesetz v. 4. Febr. 1920 (RGBl. 147), Wahlordn. v. 5. Febr. 1920 (RGBl. 177) dazu V. v. 4. Mai 1920 (RGBl. 858). Die Mitglieder des Reichswirtschaftsrats haben besondere Rechte nach V. v. 28. Juni 1920 (RGBl. 133). S. auch Bredt, DJZ. 1919, 293; Stier-Somlo, Komm. z. BetriebsräteG. (2); Kaskel, Das neue Arbeitsr.

Übergangs- und Schlußbestimmungen.

Artikel 166.

Bis zur Errichtung des Reichsverwaltungsgerichts tritt an seine Stelle für die Bildung des Wahlprüfungsgerichts das Reichsgericht.

Das Gericht besteht noch nicht, s. im übrigen Art. 107 und 31.

Artikel 167.

Die Bestimmungen des Artikel 18 Abs. 3 bis 6 treten erst zwei Jahre nach Verkündung der Reichsverfassung in Kraft.

In der preußischen Provinz Oberschlesien findet innerhalb zweier Monate, nachdem die deutschen Behörden die Verwaltung des zurzeit besetzten Gebietes wieder übernommen haben, eine Abstimmung nach Artikel 18 Abs. 4 Satz 1 und Abs. 5 darüber statt, ob ein Land Oberschlesien gebildet werden soll.

Wird die Frage bejaht, so ist das Land unverzüglich einzurichten, ohne daß es eines weiteren Reichsgesetzes bedarf. Dabei gelten folgende Bestimmungen:

1. Es ist eine Landesversammlung zu wählen, die binnen drei Monaten nach der amtlichen Feststellung des Abstimmungsergebnisses zur Einsetzung der Landesregierung und zur Beschlußfassung über die Landesverfassung einzuberufen ist. Der Reichspräsident erläßt die Wahlordnung nach den Grundsätzen des Reichswahlgesetzes und bestimmt den Wahltag.
2. Der Reichspräsident bestimmt im Benehmen mit der oberschlesischen Landesversammlung, wann das Land als eingerichtet gilt.
3. Die oberschlesische Staatsangehörigkeit erwerben:
   a) die volljährigen Reichsangehörigen, die am Tage der Einrichtung des Landes Oberschlesien (Nr. 2) in seinem Gebiete Wohnsitz oder ständigen Aufenthalt haben, mit diesem Tage;
   b) sonstige volljährige preußische Staatsangehörige, die im Gebiete der Provinz Ober-

schlesien geboren sind und innerhalb eines Jahres nach Einrichtung des Landes (Nr. 2) der Landesregierung erklären, daß sie die oberschlesische Staatsangehörigkeit erwerben wollen, am Tage des Einganges dieser Erklärung;

c) alle Reichsangehörigen, die durch Geburt, Legitimation oder Eheschließung der Staatsangehörigkeit einer der unter a und b bezeichneten Personen folgen.

Abs. 2 u. 3 beruhen auf G. betr. Oberschlesien v. 20. Nov. 1920 (RGBl. 1987). S. hierzu Friedensvertrag v. 28. Juni 1919 (RGBl. 687) und PreußG. v. 14. Okt. 1919 (GS. 169). Insoweit hierin Bestimmungen getroffen sind, kommt Art. 18 nicht zur Anwendung; s. auch Poetzsch 214.

Artikel 168.

Bis zum Erlaß des im Artikel 63 vorgesehenen Landesgesetzes, aber höchstens bis zum 1. Juli 1921, können die sämtlichen preußischen Stimmen im Reichsrat von Mitgliedern der Regierung abgegeben werden.

Es kann hier der sonst wenig wahrscheinliche Fall (s. oben S. 115) eintreten, daß die preußischen Stimmen, da die preußischen Provinzen verschiedene Instruktionen erteilen können, nicht im gleichen Sinne abgegeben werden. Die jetzige Fassung des Art. 164 beruht auf G. v. 6. Aug. 1920 (RGBl. 1565).

Artikel 169.

Der Zeitpunkt des Inkrafttretens der Bestimmung im Artikel 83 Abs. 1 wird durch die Reichsregierung festgesetzt.

Für eine angemessene Übergangszeit kann die Erhebung und Verwaltung der Zölle und Verbrauchssteuern den Ländern auf ihren Wunsch belassen werden.

S. oben zu Art. 83.

Artikel 170.

Die Post- und Telegraphenverwaltungen Bayerns und Württembergs gehen spätestens am 1. April 1921 auf das Reich über[1]).

Soweit bis zum 1. Oktober 1920 noch keine Verständigung über die Bedingungen der Übernahme erzielt ist, entscheidet der Staatsgerichtshof.

Bis zur Übernahme bleiben die bisherigen Rechte und Pflichten Bayerns und Württembergs in Kraft. Der Post- und Telegraphenverkehr mit den Nachbarstaaten des Auslandes wird jedoch ausschließlich vom Reiche geregelt[2]).

[1]) Der Übergang ist bereits zum 1. April 1920 erfolgt unter den beigegebenen Verträgen und Beschlußprotokollen, G. v. 27. April 1920 (RGBl. 643).

[2]) S. auch Art. 88.

Artikel 171.

Die Staatseisenbahnen[1]), Wasserstraßen[2]) und Seezeichen[3]) gehen spätestens am 1. April 1921 auf das Reich über[4]).

Soweit bis zum 1. Oktober 1920 noch keine Verständigung über die Bedingungen der Übernahme erzielt ist, entscheidet der Staatsgerichtshof.

[1]) S. Art. 97 f. u. G. v. 30. April 1920 (RGBl. 773).

[2]) S. Art. 101.

[3]) S. Art. 108.

[4]) Übergang der Eisenbahnen erfolgte schon zum 1. April 1920, die der Wasserstraßen rückwirkend vom 1. April 1921, s. oben S. 176, G. v. 29. Juli 1921 (RGBl. 961).

Artikel 172.

Bis zum Inkrafttreten des Reichsgesetzes über den Staatsgerichtshof übt seine Befugnisse ein Senat von sieben Mitgliedern aus, wovon der Reichstag vier und das Reichsgericht aus seiner Mitte drei wählt. Sein Verfahren regelt er selbst.

Am 2. August 1921 ist das Gesetz über den Staatsgerichtshof v. 9. Juli 1921 (RGBl. 905) in Kraft getreten, s. über dessen Inhalt oben S. 185. Gemäß § 35 dieses G. bleibt der nach Art. 172 RV. gebildete Senat zuständig für die zur Zeit des Inkrafttretens dieses G. bei ihm anhängigen Sachen. S. auch Art. 108.

Artikel 173.

Bis zum Erlaß eines Reichsgesetzes gemäß Artikel 138 bleiben die bisherigen auf Gesetz, Vertrag oder besonderen Rechtstiteln beruhenden Staatsleistungen an die Religionsgesellschaften bestehen.

S. hierzu Anm. zu Art. 138. An der Erhöhung der Leistungen hindert Art. 173 nicht, Anschütz 270.

Artikel 174.

Bis zum Erlaß des in Artikel 146 Abs. 2 vorgesehenen Reichsgesetzes bleibt es bei der bestehenden Rechtslage[1]). Das Gesetz hat Gebiete des Reichs, in denen eine nach Bekenntnissen nicht getrennte Schule gesetzlich besteht, besonders zu berücksichtigen[2]).

[1]) Die bestehende Rechtslage siehe zu Art. 147. Selbstredend kann das vorgesehene Reichsgesetz diese beliebig ändern, aber nur dieses, nicht kann inzwischen ein Landesgesetz das Reichsgesetz ändern (Anschütz 271, StenBer. 1682, 1692, 1715, 2169). Falls es den Religionsunterricht gegen Abs. 1 in Art. 149 oder die theologischen Fakultäten aufhebt oder Lehr- oder Teilnahmezwang beim religiösen Unterricht oder Vornahme kirchlicher Handlungen bestimmt oder sonst Art. 149 abändert, muß das dem Art. 76 genügen.

[2]) Art. 149 wird durch Art. 174 nicht betroffen. Daher konnte sich das sächsische Landesgesetz (SchulG. v. 22. Juli 1919), das die bekenntnisfreie Schule einführte und gegen Art. 149 verstößt, s. Anm. zu Art. 13, Poetzsch 202, Anschütz 271; StenBer. 2166, nicht auf Art. 174 beziehen.

Artikel 175.

Die Bestimmung des Artikel 109 findet keine Anwendung auf Orden und Ehrenzeichen, die für Verdienste in den Kriegsjahren 1914—1919 verliehen werden sollen.

Die Bestimmung ist Ausnahme von der Vorschrift in Art. 109 Abs. 4 und kann auch noch nach dem Kriege zur Anwendung kommen, Giese 372.

Artikel 176.

Alle öffentlichen Beamten und Angehörigen der Wehrmacht sind auf diese Verfassung zu vereidigen[1]). Das Nähere wird durch Verordnung des Reichspräsidenten bestimmt[2]).

[1]) Dieser Artikel gilt auch für Landes- und Selbstverwaltungsbeamte, s. auch Art. 129 u. 133, Giese 372.

[2]) Siehe V. v. 14. Aug. 1919 (RGBl. 1419). Der Reichskommissar Preuß bemerkte, StenBer. 2192, daß durch den

Verfassungseid die staatsbürgerliche Freiheit, namentlich Art. 128, nicht berührt würde. Er bedingt nicht Beamteneigenschaft, RGSt. 29, 233; RGZ. 6, 105; Arndt, RStR. 634; Pieper, Brandt, Arndt zu § 1 RBG.

S. zu Art. 176 Stroetzel, DJZ. 24, 927; Wetzel, JW. 49, 31 (richtig) Lotz, DJZ. 24, 1066.

Artikel 177.

Wo in den bestehenden Gesetzen die Eidesleistung unter Benutzung einer religiösen Eidesform vorgesehen ist, kann die Eidesleistung rechtswirksam auch in der Weise erfolgen, daß der Schwörende unter Weglassung der religiösen Eidesform erklärt: „ich schwöre". Im übrigen bleibt der in den Gesetzen vorgesehene Inhalt des Eides unberührt.

Dieser Artikel enthält gegenwärtiges zwingendes Recht; auch Düringer, StenBerNatVers. 1662, 1830; s. auch DJZ. 24, 828, s. auch Art. 136 Abs. 4.

Artikel 178.

Die Verfassung des Deutschen Reichs vom 16. April 1871 und das Gesetz über die vorläufige Reichsgewalt vom 10. Februar 1919 sind aufgehoben[1]).

Die übrigen Gesetze und Verordnungen des Reichs bleiben in Kraft, soweit ihnen diese Verfassung nicht entgegensteht[2]). Die Bestimmungen des am 28. Juni 1919 in Versailles unterzeichneten Friedensvertrags werden durch die Verfassung nicht berührt[3])[4]).

Anordnungen der Behörden, die auf Grund bisheriger Gesetze in rechtsgültiger Weise getroffen waren, behalten ihre Gültigkeit bis zur Aufhebung im Wege anderweiter Anordnung oder Gesetzgebung[5]).

[1]) Aber nicht mit rückwirkender Kraft. Jedenfalls gelten sie, soweit die Verf. auf sie verweist, Anschütz 273; s. auch Art. 169 Abs. 2, 170 Abs. 3.

[2]) Auch die der Volksbeauftragten, s. oben S. 40.

[3]) Soweit der Friedensvertrag bestimmt und solange er bestimmt, ist die Reichsverf. nicht anwendbar, Haußmann, StenBer. 1830; Anschütz 273; Lenel, Reichsverf. 4.

[4]) Hinzugefügt durch G. v. 6. Aug. 1920 (RGBl. 1560): „Mit Rücksicht auf die Verhandlungen bei dem Erwerbe der Insel Helgoland kann zugunsten der einheimischen Bevölkerung eine vom Art. 17 Abs. 2 abweichende Regelung getroffen werden." D. h. die Wahlberechtigung kann an eine längere Aufenthaltsdauer geknüpft werden, Giese 83.

[5]) Die Verfassung legt sich nicht rückwirkende Kraft zu; siehe auch oben S. 45. Auch die auf Grund älteren Landesrechts gültig ergangenen Gesetze, An- und Verordnungen, z. B. Polizeiverordnungen, Schulregulative bleiben in Gültigkeit, soweit sie der Reichsverfassung nicht widersprechen noch im Wege anderweiter Anordnungen oder Gesetzgebung aufgehoben sind. Nicht bloß die Gesetze, Reichs- oder Landesgesetze, sondern auch die darin erteilten Ermächtigungen, z. B. zum Erlaß von Schulregulativen, Polizeiverordnungen sind mit der gleichen Maßgabe in Wirksamkeit geblieben; s. Arndt zu Art. 109 a. PreußVerf.; Anschütz 274; Triepel, A. ö. R. 39, 466; Jellinek, Gesetz und Verordnung 373; v. Martitz, Festgabe für Gierke 192, Giese 375.

Artikel 179.

Soweit in Gesetzen oder Verordnungen auf Vorschriften und Einrichtungen verwiesen ist, die durch diese Verfassung aufgehoben sind, treten an ihre Stelle die entsprechenden Vorschriften und Einrichtungen dieser Verfassung. Insbesondere treten an die Stelle der Nationalversammlung der Reichstag, an die Stelle des Staatenausschusses der Reichsrat, an die Stelle des auf Grund des Gesetzes über die vorläufige Reichsgewalt gewählten Reichspräsidenten der auf Grund dieser Verfassung gewählte Reichspräsident.

Die nach den bisherigen Vorschriften dem Staatenausschuß zustehende Befugnis zum Erlaß von Verordnungen geht auf die Reichsregierung über; sie bedarf zum Erlaß der Verordnungen der Zustimmung des Reichsrats nach Maßgabe dieser Verfassung.

Die Befugnis zum Erlaß von Ausführungsverordnungen stand im Deutschen Reich, falls nichts Abweichendes bestimmt war, gemäß Art. 7^2 der Verfassung v. 16. April 1871 dem Bundesrat zu, jetzt gemäß Art. 77 der Reichsregierung, ebenso Jakobi, A. ö. R. 39, 331; Bühler, PrVBl. 41, 557, in der Zwischenzeit dem Staatenausschuß. Die Reichsregierung bedarf zum Erlaß von Ausführungsverordnungen — sog. selbständige darf sie nicht erlassen — der Zustimmung des Reichsrates, wenn die Ausführung der Reichsgesetze den Landesbehörden zusteht. Dies trifft jedenfalls überall zu, wo nicht die Verwaltung dem Reich übertragen ist.

Artikel 180.

Bis zum Zusammentritt des ersten Reichstags gilt die Nationalversammlung als Reichstag. Bis zum Amtsantritt des ersten Reichspräsidenten wird sein Amt von dem auf Grund des Gesetzes über die vorläufige Reichsgewalt gewählten Reichspräsidenten geführt.

Die Nationalversammlung behielt also ihre Benennung; sie wurde nicht der Reichstag und hieß nicht Reichstag, sie hatte nur die Befugnisse, welche die Verfassung dem Reichstag gibt. Der erste RT. ist am 6. Juni 1920 gewählt.

Artikel 181.

Das Deutsche Volk hat durch seine Nationalversammlung diese Verfassung beschlossen und verabschiedet. Sie tritt mit dem Tage ihrer Verkündung in Kraft.

Schwarzburg, den 11. August 1919.

Der Reichspräsident.
Ebert.

Das Reichsministerium.
Bauer.

Erzberger Hermann Müller Dr. David Noske
Schmidt Schlicke Giesberts Dr. Mayer Dr. Bell.

Die Verfassung tritt nicht, wie in der Regel die Reichsgesetze gemäß Art. 71, mit dem vierzehnten Tage nach Ablauf des Tages in Kraft, an dem das Reichs-Gesetzblatt in der Reichshauptstadt ausgegeben worden ist, auch nicht, wie behauptet ist, mit dem Tage, an welchem sie tatsächlich verkündet ist. Sie gilt rechtlich erst mit dem Tage verkündet, an dem das betr. Stück des Gesetzblattes als ausgegeben bezeichnet ist; d. i. der 14. Aug. 1919.

Die Reichsverfassung ist in dritter Lesung am 31. Juli 1919 in namentlicher Abstimmung mit 262 gegen 75 mit einer Stimmenthaltung angenommen. Der Reichskanzler bezeichnete sie (StenBer. 2193) als einen neuen unlösbaren Vertrag, den das Volk mit sich selbst durch die Nationalversammlung geschlossen hat. Aus den Händen des Volkes, fügte er gewissermaßen als Auslegung des Schlußartikels hinzu, habe die Nationalversammlung ihr Mandat empfangen und in die Hände des Volks lege die Nationalversammlung nun das politische Gesetzbuch der Republik.

Sachregister.

A.

B.

F.

L.

M.

N.

O.

S.

Gedruckt bei A. W. Hayn's Erben, Potsdam.

15000. — VI. 21. 4.

Zu den aufgeführten Preisen tritt bei den vor 1920 erschienenen

Bänden noch ein Teuerungszuschlag des Verlages von 25 %.

Guttentagsche Sammlung Deutscher Reichsgesetze.

Nr. **9.** Sammlung **kleinerer strafrechtlicher Reichsgesetze.** Von Prof. Dr. **R. H. Kriegsmann. 3. Aufl. — 1910.** 5,85 ℳ

Nr. **10.** **Das Reichsbeamtengesetz** vom 31. März 1873. Von **J. Pieper. 2. Aufl. — 1901.** 6,50 ℳ

Reichsbeamtengesetz von **1907** siehe Nr. **82.**

Nr **11.** **Zivilprozeßordnung mit Gerichtsverfassungsgesetz.** Von **R. Sydow.** Fortgeführt von Reichsgerichtsrat **L. Busch** und Landgerichtsrat Dr. **Krantz. 16. Aufl.** Unveränderter Abdruck. Gr. 8°. — **1920.** 35,— ℳ

Nr. **12.** **Strafprozeßordnung und Gerichtsverfassungsgesetz** nebst den Gesetzen, betr die Entschädigung der im Wiederaufnahmeverfahren freigesprochenen Personen und die Entschädigung für unschuldig erlittene Untersuchungshaft. Von Reichsgerichtsrat Dr. **A. Hellweg. 18. Aufl.**, bearbeitet von Prof. Dr. **Kohlrausch. — 1920.** 24,— ℳ

Nr. **13.** **Konkursordnung und Anfechtungsgesetz.** Von **R. Sydow.** Fortgeführt von **L. Busch. 12. Aufl. — 1916.** 5,45 ℳ

Nr. **14.** **Gerichtsverfassungsgesetz** mit Einführungsgesetz. Herausgegeben von **R. Sydow.** Fortgeführt von **L. Busch. 9. Aufl. — 1905.** 2,35 ℳ

Nr. **15.** **Das Deutsche Gerichtskostengesetz** nebst den Gebührenordnungen für Gerichtsvollzieher, Zeugen und Sachverständige. Von **R. Sydow.** Fortgeführt von Reichsgerichtsrat **L. Busch** und Amtsrichter **Koehler. 10. Aufl. — 1920.** 12,— ℳ

Nr. **16.** **Rechtsanwaltsordnung.** Von **R. Sydow. 5. Aufl.** von Justizrat **M. Jacobsohn.** Mit Nachtrag, enth. die Bestimmungen vom **22.** Mai 1910. — **1907.** 1,95 ℳ

Nr. **17.** **Die Deutsche Gebührenordnung für Rechtsanwälte und das Preußische Gebührengesetz** vom 27. IX. / 6. X. 1899. Von **R. Sydow.** Fortgeführt von **L. Busch. 11. Aufl.** Mit Nachtrag, enth. die Änderungen der Deutschen Gebührenordnung vom 16. Nov. 1916 und 1. April 1918 und der Preuß. Gebührenordnung vom 6. Juli 1918 nebst Tabellen. (Nachtrag apart 80 Pf.) 4,40 ℳ

Guttentagsche Sammlung Deutscher Reichsgesetze.

Nr. **18. Reichsstempelgesetz** vom 3. Juli 1913. (Börsen-, Lotterie-, Frachturkunden-, Fahrkarten-, Kraftfahrzeug-, Tantieme-, Scheck- und Grundstücksübertragungssteuer.) Mit den gesamten Ausführungsbestimmungen. Von Geh. Reg.Rat **P. Loeck.** 8°. **12. Aufl. — 1914.** 13,— ℳ

Neue Auflage unter Berücksichtigung der inzwischen ergangenen Abänderungsbestimmungen befindet sich in Vorbereitung.

Siehe auch Nr. **131 b.**

Nr. **19.** Die **Seegesetzgebung.** Von Dr. **W. E. Knitschky. 5. Aufl.** bearbeitet von Ober-L.G.Rat **O. Rudorff. — 1913.** 11,— ℳ

Nr. **20. Krankenversicherungsgesetz (1883).** Von weil. Dr. **E. von Woedtke.** — Neue Fassung **(1911)** siehe **Nr. 107.**

Nr. **21.** Die **Konsulargesetzgebung.** Von Prof. Dr. **Ph. Zorn. 8. Aufl.** von Dr. **A. Zorn. — 1911.** 6,50 ℳ

Nr. **22. Patentgesetz.** Nebst Ausführungsbestimmungen, völkerrechtlichen Verträgen und der Patentanwalts-Ordnung. Von **R. Lutter,** Geh. Reg.Rat im Reichs-Patentamt. **8. Aufl. — 1920.** 27,— ℳ

(Kriegsvorschriften auf dem Gebiete des gewerblichen Rechtsschutzes. Von **R. Lutter. — 1917.** 8°. 2,50 ℳ.)

Nr. **23. Gewerbe-Unfallversicherungsgesetz. (1884.)** Von weil. Dr. **E. v. Woedtke.** — Neue Fassung **(1911)** siehe **Nr. 108.**

Nr. **24. Aktiengesellschaft und Kommanditgesellschaften auf Aktien.** Von Dr. **H. Keyßner** und Dr. **H. Veit Simon. 6. Aufl.** von Amtsrichter **L. Keyßner. — 1911.** 4,40 ℳ

Nr. **25. Brausteuergesetz** vom 15. Juli 1909. Von Oberzollrevisor **A. Düffe. 2. Aufl. — 1910.** 4,40 ℳ

Nr. **26.** Die Reichsgesetzgebung über **Münz- und Notenbankwesen,** Papiergeld, Prämienpapiere und Reichsschulden. Von Dr. **R. Koch. — 6. Aufl. 1910.** 5,25 ℳ

Nr. **27. Gesundheitswesen im Deutschen Reich.** Von Dr. jur. **E. Goesch** und Dr. med. **J. Karsten. — 1888.** 2,60 ℳ

Nr. **28. Bau-Unfallversicherungsgesetz.** Vom 30. Juni 1900. Von **R. Chrzescinski.** Neue Fassung **(1911)** siehe Nr. **108.**

Bänden noch ein Teuerungszuschlag des Verlages von 25 %

Guttentagsche Sammlung Deutscher Reichsgesetze.

Nr. **29. Erwerbs- und Wirtschaftsgenossenschaften.** Von **L. Parisius** und Dr. **H. Crüger. 16., neubearbeitete Aufl.** von Dr. **H. Crüger. — 1920.** 13,— *M*

Nr. **30. Invalidenversicherungsgesetz** (1899). Von weil. Dr. **E. v. Woedtke.** Neue Fassung **(1911)** siehe Nr. **109.**

Nr. **31. Gewerbegerichtsgesetz.** Von Stadtrat **L. Mugdan. 7. Aufl.** bearbeitet von Oberbürgermeister **W. Cuno. — 1911.** 3,65 *M*

Nr. **32.** Reichsgesetz, betr. die **Gesellschaften mit beschränkter Haftung.** Von **L. Parisius** und Dr. **H. Crüger. 14. Aufl.** von Dr. **H. Crüger. — 1920.** 7,— *M*

Nr. **33. Vereins- und Versammlungsrecht.** Von Dr. **E. Ball. 2. Aufl.** von Dr. **F. Friedenthal. — 1907.** 3,65 *M*

Reichs-Vereinsgesetz vom 19. April 1908 siehe Nr. **88.**

Nr. **34.** Die **Abzahlungsgeschäfte.** Gesetz vom 16. Mai 1894. **3. Aufl.** von Land-G.Rat Dr. **E. Wilke. — 1910.** 2,10 *M*

Nr. **35.** Die **Reichs-Eisenbahngesetzgebung.** Von Amtsrichter **W. Coermann. — 1895.** 3,40 *M*

Siehe auch Nr. **66.**

Nr. **36.** Gesetze, betr. die **privatrechtlichen Verhältnisse der Binnenschiffahrt und der Flößerei.** Von Geh. Justizrat **E. Löwe. 5. Aufl. — 1915.** 5,20 *M*

Nr **37.** Gesetz gegen den **unlauteren Wettbewerb.** Von Justizrat **A. Pinner. 6. Aufl. — 1912.** 2,35 *M*

Nr **38/39. Bürgerliches Gesetzbuch nebst Einführungsgesetz** von Dr. **A. Achilles.** In Verbindung mit Prof. Dr. **André,** Senatspräsident **Meyer,** Reichs-G.Rat Dr. **Strecker,** Staatsrat Dr. **v. Unzner** herausgegeben von Wirkl. Geh. Ob.J.Rat und Ober-L.G.Präsident **Greiff. 9.** vermehrte **Aufl.** Mit Anhang: Änderungen des **BGB. in** Kriegs- und Übergangszeit. 8°. — **1920.** 42,— *M*

Einzelverkauf. Nachtrag zur 8. Auflage: **Bestimmungen über das Erbbaurecht** v. 15. Januar 1919. **— 1919.** —,80 *M*

Zu den aufgeführten Preisen tritt bei den vor 1920 erschienene

Guttentagsche Sammlung Deutscher Reichsgesetze.

Nr. **40.** Gesetz, betr. die **Pflichten der Kaufleute bei Aufbewahrung fremder Wertpapiere [Depotgesetz].** Von Min.Dir. **F. Lusensky. 3. Aufl. — 1916.** 3,25 *M*

Nr. **41. Börsengesetz.** Von **Th. Hemptenmacher. 3. Aufl.** von Syndikus **O. Meyer. — 1915.** 5,20 *M*

Nr. **42. Grundbuchordnung** nebst preuß. Ausf.-Best. Von Prof. Dr. **O. Fischer. 7. Aufl. — 1920.** 8,— *M*

Nr. **43. Zwangsvollstreckung in das unbewegliche Vermögen** im Reiche und in Preußen. Kosten- und Gebührentabellen. Von Dr. **J. Krech** und Dr. **O. Fischer. 8. Aufl.** bearbeitet von Prof. Dr. **O. Fischer. — 1916.** 3,90 *M*

Nr. **44.** Das Reichsgesetz über das **Auswanderungswesen.** Von Prof. Dr. **F. Stoerk. — 1899.** 3,25 *M*

Nr. **45.** Das **Entmündigungsrecht** mit den für Preußen geltenden Vorschriften nebst Just.-Min.-Verfügung vom 28. Nov. 1899. Von Land-G.Rat Dr. **P. Koll. — 1900.** 2,35 *M*

Nr. **46.** Die Gesetze des Reiches und Preußens über die **freiwillige Gerichtsbarkeit.** Von Amts-G.Rat **H. Jastrow. 6. Aufl.** von Land-G.Rat Dr. **Herm. Günther. — 1921.** 28,— *M*

Nr. **47.** Das **deutsche Vormundschaftsrecht** und das preuß. Gesetz über die Fürsorgeerziehung Minderjähriger. Von Ober-Verw.G.Rat **M. Schultzenstein** und Amts-G.Rat Dr. **P. Köhne. 2. Aufl. — 1901.** 4,40 *M*

Nr. **48.** Gesetze, betr. den **Drogen-, Gift- und Farbenhandel** außerhalb der Apotheken. Von Dr. **J. Broh. — 1899.** 1,95 *M*

Nr. **49.** Deutsche **Kolonialgesetzgebung.** Von Geh. J.Rat Prof. Dr. **Ph. Zorn. 2. Aufl.** von Gerichtsassessor Dr. **Sassen. — 1913.** 10,40 *M*

Nr. **50.** Der **Viehkauf [Viehgewährschaft] nach dem BGB.** Verordnung betr. die Hauptmängel und Gewährsfristen beim Viehhandel. Von Rechtsanwalt Dr. **H. Stölzle** und Königl. **Reg.- und Vet.Rat H. Weiskopf. 5. Aufl. — 1913.** 8,45 *M*

Bänden noch ein Teuerungszuschlag des Verlages von 25 %.

Guttentagsche Sammlung Deutscher Reichsgesetze.

Nr. 51. **Hypothekenbankgesetz** vom 13. Juli 1899. Von Dr. **H. Göppert. 2. Aufl.** bearbeitet von Geh. Reg.Rat Dr. **Seidel. — 1911.** 3,40 *M*

Nr. 52. Gesetz, betr. die gemeinsamen **Rechte der Besitzer von Schuldverschreibungen.** Von Dr. **H. Göppert. 2. Aufl.** bearbeitet von Amtsrichter Dr. **E. Trendelenburg. — 1915.** 2,60 *M*

Nr. 53. **Reichspreßgesetz** vom 7. Mai 1874. Mit Kommentar von Bürgermeister **A. Born. 2. Aufl. — 1911.** 3,10 *M*

Nr. 54. Verkehr mit **Nahrungsmitteln, Genußmitteln** und **Gebrauchsgegenständen.** Von Dr. **G. Lebbin,** Nahrungsmittelchemiker in Berlin. — **1900.** 3,25 *M*

Nr. 55. Das Recht der **Beschlagnahme von Lohn- und Gehaltsforderungen.** Von Justizrat **G. Meyer. 5. Aufl. — 1914.** 3,90 *M*

Nr. 56. Gesetz, betr. die **Bekämpfung gemeingefährlicher Krankheiten.** Nebst Ausführungsbestimmungen. Von Reg.Rat Dr. **B. Burkhardt. — 1900.** 2,10 *M*

Nr. 57. **See-Unfallversicherungsgesetz (1887).** Von Ober-L.G.Rat Dr. **M. Mittelstein.** — Neue Fassung **1911** siehe Nr. **108.**

Nr. 58. **Das Recht der unehelichen Kinder nach dem BGB.** Von Amtsgerichtsrat **H. Jastrow. — 1901.** 2,60 *M*

Nr. 59. Reichsgesetz über die **Beurkundung des Personenstandes und die Eheschließung.** Von Amtsgerichtsrat Dr. **F. Fidler. 2. Aufl. — 1912.** 3,65 *M*

Nr 60. Gesetz, betr. das **Urheberrecht an Werken der Literatur und der Tonkunst.** Von Geh. Ob.J.Rat **O. Lindemann. 4. Aufl. — 1921.** 14,— *M*

Nr. 61. Gesetz über das **Verlagsrecht.** Von Rechtsanwalt Dr. **B. Marwitz. 2. Aufl. — 1911.** 2,60 *M*

Nr. 62. Gesetz über **private Versicherungsunternehmungen.** Von Reichs-G.Rat **H. Könige. 2. Aufl. — 1910.** 5,85 *M*

Guttentagsche Sammlung Deutscher Reichsgesetze.

Nr. 63. **Gesetzestafel des Deutschen Reichsrechts.** Systematisch geordnete Nachweisung des z. Z. geltenden Reichsrechts. Von **H. Bruhns. 2. Aufl. — 1913.** 5,20 M

Nr. 64. Gesetzsammlung betr. den **Handel mit Drogen und Giften.** Mit Anhang: landesgesetzliche Verordnungen sämtlicher Bundesstaaten. Von Rechtsanwalt **H. Sonnenfeld,** Syndikus der Berliner Drogisten-Innung. **2. Aufl. — 1912.** 5,85 M

Nr. 65. Das **Weingesetz** in der Fassung von 1909. Mit Ausführungsbestimmungen von Dr. **G. Lebbin,** Nahrungsmittelchemiker. **2. Aufl. — 1909.** 3,65 M

Nr. 66. Die **Eisenbahn-Gesetzgebung.** Von **W. Pietsch,** Rechnungsrat im Reichseisenbahnamt. **2. Aufl. — 1913.** 5,20 M

Nr. 67. **Militär-Strafgesetzbuch für das Deutsche Reich.** Von Wirkl. Geh. Kriegsrat Dr. **A. Romen** und Kriegsgerichtsrat Dr. **C. Rissom. 3. Aufl. — 1918.** 14,50 M

— — Feldausgabe in 2 Bänden, gebunden 15,— M

Nr. 68. Das **Fleischbeschaugesetz.** Vom 3. Juni 1900. Von Dr. **G. Lebbin** und Dr. **G. Baum. — 1903.** 5,85 M

Nr. 69. Reichsgesetz über die **Naturalleistungen der bewaffneten Macht im Frieden** nebst den preußischen Bestimmungen Von Dr. **W. v. Hippel. — 1903.** 2,10 M

Nr. 70. Das **Reichs-Haftpflichtgesetz** vom 7. Juni 1871. Von Reg.Rat Dr. **G. Eger. — 1903.** Vergriffen.

(Kommentar von Seligsohn. — **1920.** 20,— M.)

Nr. 71. Gesetz betr. **Kinderarbeit in gewerblichen Betrieben** vom 30. März 1903. **Von** Ober-Verw.G.Rat **H. Spangenberg. 2. Aufl. — 1904.** 2,35 M

Nr. 72. **Unfallversicherungsgesetz für Land- und Forstwirtschaft.** (1886.) Von weil. Dr. **E. v. Woedtke.** Siehe Nr. **108.**

Nr. 73. **Entschädigung für unschuldig erlittene Verhaftung und Bestrafung.** Anhang: Nebengesetze über Schadensersatz. Von Wirkl. Geh. Kriegsrat Dr. **A. Romen. — 1904.** 3,10 M

Bänden noch ein Teuerungszuschlag des Verlages von 25 %.

Guttentagsche Sammlung Deutscher Reichsgesetze.

Nr. **74.** Die **Kaufmannsgerichte** nebst Ausführungsbestimmungen. Von Prof. Dr. **M. Apt. 3. Aufl. — 1904.** 3,10 ℳ

Siehe auch Nr. **112.**

Nr. **75.** Reichsgesetz über die **Konsulargerichtsbarkeit.** Von Rechtsanwalt Dr. **A. F. Vorwerk,** Schanghai. **2. Ausgabe,** mit den Schutzgebietsgesetzen. — **1908.** 3,10 ℳ

Nr. **76. Die Rechtshilfe im Verkehr mit den ordentlichen Gerichten** nach deutschem Reichsrecht. Von Landrichter Dr. **A. Friedländer. — 1906.** 2,60 ℳ

Nr. **77. Das Erbschaftssteuergesetz.** Vom 10. September 1919. Von Oberzollsekretär **B. Henckel. — 1920.** 28,— ℳ

Nr. **78. Zigarettensteuergesetz.** Vom 3. Juni 1906. Von Regierungsassessor Dr. **Cuno.**

Nr. **79. Die Militärpensionsgesetze** vom 31. Mai 1906 nebst Ausführungsbestimmungen. Zum Gebrauch für Heer, Marine und Schutztruppe von Wirkl. Geh. Kriegsrat Dr. **A. Romen.**

a) I. Teil: **Offizierpensionsgesetz. — 1907.** 4,95 ℳ

b) II. Teil: **Mannschaftsversorgungsgesetz** mit Nachtrag, enth. **Kapitalabfindungsgesetz** vom 3. Juli 1916. — **1908.** 4,95 ℳ

Militärversorgungsgesetze siehe auch Nr. **136.**

Nr. **80.** Reichsgesetzgebung über **gerichtliche Registerführung.** Von Geh. Ob.J.Rat **O. Lindemann. — 1906.** 4,40 ℳ

Nr. **81. Urheberrecht an Werken der bildenden Künste und der Photographie.** Von Rechtsanwalt Dr. **L. Fuld. — 1907.** 1,60 ℳ

Nr. **82. Reichsbeamtengesetz** vom 18. Mai 1907 mit Ergänzungen von Geh.Rat Prof. Dr. **A. Arndt. — 1908.** 4,40 ℳ

Nr. **83.** Reichsgesetz über den **Versicherungsvertrag** nebst Einführungsgesetz. Von Dr. **P. Hager** und Dr. **E. Bruck. 4. verm. u. verb. Aufl. — 1920.** 38,— ℳ

Nr. **84. Sammlung kleinerer privatrechtlicher Reichsgesetze.** Von Ober-L.G.Rat **G. Müller. — 1908.** 9,10 ℳ

Guttentagsche Sammlung Deutscher Reichsgesetze.

Nr. **85. Scheckgesetz.** Von Prof. Dr. **M. Apt.** Vergriffen. Siehe Nr. **113.**

Nr. **86. Die Auslieferungsverträge des Deutschen Reiches.** Von Landrichter Dr. **A. Cohn. — 1908.** 5,85 *M*

Nr. **87.** Gesetz zum **Schutz der Warenbezeichnungen.** Von Geh. Reg.Rat, Mitgl. des Kaiserl. Patentamts Dr. **Freund** und Rechtsanwalt **Magnus. 5. Aufl. — 1909.** 5,20 *M*

Nr. **88. Vereinsgesetz** vom 19. April 1908. Von Wirkl. Geh. Kriegsrat Dr. **A. Romen.** Mit den **Bestimmungen** über **Jugendliche und Gewerkschaften. 4. Aufl. — 1916.** 4,55 *M*

Nr. **89. Vogelschutzgesetz** vom 30. Mai 1908 nebst den das Flugwild betr. Bestimmungen der Preuß. Jagdordnung. Von Dr. **L. v. Boxberger. — 1909.** 1,60 *M*

Nr. **90.** Die Haager Abkommen über das **Internationale Privatrecht.** Von Dr. **G. Bogeng. — 1908.** 3,25 *M*

Nr. **91. Eisenbahn-Verkehrsordnung** mit Ausführungsbestimmungen. Von Reg.Rat Dr. **E. Blume. — 1909.** 3,65 *M*

Nr. **92.** Gesetz, betr. den **Verkehr mit Kraftfahrzeugen.** Von Amtsgerichtsrat **R. Kirchner. 3. Aufl. — 1915.** 5,85 *M*

Nr. **93.** Gesetz über die **Sicherung der Bauforderungen.** Von Justizrat Dr. **E. Harnier. 3. Aufl. — 1912.** 2,35 *M*

Nr. **94. Haftpflicht der Reichs- und Staatsbeamten** von Dr. **H. Delius. 2. Aufl.,** mit dem Gesetz über Haftung des Reichs für Beamte vom 22. Mai 1909. **— 1909.** Vergriffen.

Nr. **95.** Die Berner Übereinkunft über **Internationales Urheberrecht.** Von Geh.Rat Dr. **H. Dungs. — 1910.** 1,60 *M*

Nr. **96. Branntweinsteuergesetz** vom 15. Juli 1909 mit den für das Reich erlassenen Ausf.-Bestimmungen und Kriegsverordnungen. **2. Aufl.,** bearbeitet von Reg.Assessor Dr. **K. Kniebe,** Hilfsarbeiter im Reichsamt des Innern. **— 1916.** 5,20 *M*

Branntweinmonopolgesetz siehe Nr. **131 a.**

Bänden noch ein Teuerungszuschlag des Verlages von 25 %.

Guttentagsche Sammlung Deutscher Reichsgesetze.

Nr. **97.** **Schutzgebietsgesetz** nebst dem G. über die Konsulargerichtsbarkeit sowie den Ausf.-Bestimmungen. Von **J. Gerstmeyer**, Wirkl. Legationsrat. — **1910.** 4,40 *M*

Nr. **98.** **Sechs Haager Abkommen** über **Internationales Privatrecht.** Von Geh.Rat Dr. **Dungs.** — **1910.** 2,35 *M*

Nr. **99.** **Die Abkommen der Haager Friedenskonferenz.** Von Dr. **H. Wehberg.** — **1910.** Vergriffen.

Neue Auflage unter dem Titel: „**Wehberg, Völkerbundakte**" (Außerhalb der Sammlung.) 11,25 *M*

Nr. **100.** Gesetz über den **Absatz von Kalisalzen.** Von Geh. Bergrat **B. Voelkel.** — **1910.** 3,40 *M*

Nr. **101.** **Zuwachssteuergesetz** vom 14. Februar 1911. Von Geh. Reg.Rat Dr. **W. Cuno.** — **1911.** 5,20 *M*

Nr. **102.** **Urheberrecht an Mustern und Modellen** und Ges. betr. Schutz von **Gebrauchsmustern.** Von Reg.Rat **J. Neuberg,** Mitgl. d. Patentamts. — **1911.** 3,40 *M*

Nr. **103.** **Reichs-Viehseuchengesetz** vom 26. Juni 1909 nebst Ausführungsvorschriften und dem preuß. Ausführungsgesetz. Von Landrat Dr. **W. v. Hippel. 2. Aufl.** — **1912.** 6,50 *M*

Nr. **104.** **Versicherungsgesetz für Angestellte.** Von **O. Bernstein** und Dr. **J. Kupferberg. 2. Aufl.** — **1912.** Vergriffen. (Siehe auch Nr. **144.**)

Nr. **105.** **Das Geldwesen in den deutschen Schutzgebieten.** Von **W. Hintze,** Geh. Sekr. im Reichskolonialamt. — **1912.** 2,90 *M*

Nr. **106—109.** **Reichs-Versicherungsordnung nebst Einführungsgesetz.** Herausgegeben von Direktor Dr. **F. Caspar** und Geh. Ob.Reg.Rat **A. Spielhagen. 4 Bände.**

Nr. **106.** I., V. und VI. Buch. **Gemeinsame Vorschriften. — Beziehungen der Versicherungsträger zu einander und zu anderen Verpflichteten. — Verfahren.** Von Dr. **K. Lippmann,** Senatspräsident im Reichs-Vers.Amt, Dr. **L. Laß** und **H. Siefart.** — **1913.** 8,45 *M*

Ergänzungen zum I. und VI. Buch. Von Dr. **K. Lippmann.** — **1920.** Einzeln 1 *M*

Zu den aufgeführten Preisen tritt bei den v o r 1920 erschienenen

Guttentagsche Sammlung Deutscher Reichsgesetze.

Nr. **107.** II. B u ch. **Krankenversicherung.** Von Geh. Reg.-Rat **H. Siefart** und Reg.Rat Dr. **F. Sitzler.** — **1916.** 9,75 ℳ

Ergänzungen zum II. B u ch. Bearbeitet von Dr. **K. Lippmann.** — **1920.** Im Druck.

Nr. **108.** III. B u ch. **Unfallversicherung.** Von **A. Radtke,** Senatspräsident im R.Vers.Amt. — **1913.** 11,— ℳ

Nr. **109.** IV. B u ch. **Invaliden- und Hinterbliebenenversicherung.** Von Geh. Ob.Reg.Rat **B. Jaup** und **H. Follmann,** Senatspräsident im R.Vers.Amt. — **1912.** Mit Nachtrag. 1914—1916. 5,85 ℳ

Nr. **110.** **Wehrbeitragsgesetz** mit Ausf.-Bestimmungen. Von Wirkl. Geh. Ob.Fin.Rat **A. Fernow.** **2. Aufl.** — **1913.** 2,90 ℳ

Nr. **111.** **Reichs- und Staatsangehörigkeitsgesetz.** Von Wirkl. Geh. Kriegsrat Dr. **A. Romen.** — **1913.** 3,25 ℳ

Nr. **112.** **Kaufmannsgerichtsgesetz** mit Best. des Gewerbegerichtsgesetzes. Von Dr. **H. Depène,** Vors. des Kaufmannsgerichts zu Berlin. — **1914.** 3,65 ℳ

Nr. **113.** **Postscheckgesetz.** Von Oberpostinspektor **J. Weiland.** — **1914.** Mit N a ch t r a g **1918.** 2,35 ℳ

Nr. **113 a.** **Postscheckordnung** mit Ausführungsbestimmungen. Von **J. Weiland.** — **1914.** Mit N a ch t r a g **1918.** 2,35 ℳ

Nr. **114.** **Waffengebrauch und Festnahmerecht des Militärs.** Von Wirkl. Geh. Kriegsrat Dr. **A. Romen** und Kriegsgerichtsrat Dr. **C. Rissom.** — **1914.** 2,90 ℳ

Nr. **115.** **Das vertragliche Wettbewerbsverbot [Konkurrenzklausel].** Nebst Kommentar zum G. v. 10. Juni 1914. Von Rechtsanwalt Dr. **G. Baum.** — **1914.** 4,40 ℳ

Nr. **116.** **Kriegs-Zivil- und Finanzgesetze** vom 4. Aug. 1914 und die dazu erlassenen Verordnungen und Bekanntmachungen. **3. Aufl.** — **1915.** 3,40 ℳ

Nr. **116 a.** Z w e i t e F o l g e: Das Jahr 1915. — **1916.** Siehe auch Nr. **129.** 2,90 ℳ

Bänden noch ein Teuerungszuschlag des Verlages von 25 %.

Guttentagsche Sammlung Deutscher Reichsgesetze.

Nr. **117. Darlehnskassengesetz.** Von Rechtsanwalt **Salomon** und Bankvorsteher **Bud. — 1915.** 2,90 ℳ

Nr. **118. Militärhinterbliebenengesetz.** Von Rechnungsrat **Reh.** Mit Nachtrag, enth. das **Kapitalabfindungsgesetz** vom 11. Juli 1916. — **1915.** — (Siehe auch Nr. **136.**) 3,65 ℳ

Nr. **119. Kriegsleistungsgesetz.** Von Rechtsanwälten J.Rat **Heilberg** und **Schäffer. — 1915.** Vergriffen. 4,15 ℳ

Nr. **120. Telegraphenwegegesetz.** Von Postreferendar **Wolf. — 1916.** 2,35 ℳ

Nr. **121. Direkte Kriegssteuer.** Gesetze z. Besteuerung der Kriegsgewinne. Von Ob.Verw.Gerichtsrat **A. Mrozek. — 1916.** 5,85 ℳ

Nr. **122. Gesetz über den Belagerungszustand.** Von Kriegsgerichtsrat Dr. **H. Pürschel. — 1916.** 6,50 ℳ

Nr. **123. Warenumsatzstempel.** Von Geh. Ober-Justizrat **Lindemann. — 1916.** 3,25 ℳ
Umsatzsteuergesetze — 1918 und 1919. Siehe Nr. **132.** — (Ausgabe ohne Anmerkung S. 22.)

Nr. **124. Todeserklärung Kriegsverschollener.** Von Prof. Dr. **J. Partsch. — 1916.** 3,90 ℳ

Nr. **125.** Das Gesetz über den **vaterländischen Hilfsdienst. 3. vermehrte Aufl. — 1917.** 1,50 ℳ

Nr. **126. Besitzsteuergesetz** mit Ausführungsbestimmungen. Von Ob.Verw.Gerichtsrat **A. Mrozek. — 1917.** 6,— ℳ

Nr. **127.** Verordnung über die **Geschäftsaufsicht zur Abwendung des Konkurses** vom 14. Dez. 1916. Von Rechtsanwalt **G. Klien,** mit system. Einleitung von Geh. Hofrat Dr. **Ernst Jaeger,** ord. Prof. a. d. Universität Leipzig. — **1917.** 2,— ℳ

Nr. **128.** Gesetz, betr. die **Verhaftung und Aufenthaltsbeschränkung,** vom 4. Dez. 1916. Nebst Anhang, betr. Entschädigung unschuldig Verhafteter. Von Wirkl Geh Kriegsrat Dr. **A. Romen. — 1917.** 2,50 ℳ

Nr. **129.** Kriegsgesetze auf dem Gebiete des **Zivil- und Prozeßrechtes,** für die gerichtliche Praxis zusammengestellt von Amtsrichter Dr. **Johannes Fischer. — 1918.** 4,— ℳ

Zu den aufgeführten Preisen tritt bei den vor 1920 erschienenen

Guttentagsche Sammlung Deutscher Reichsgesetze.

Nr. 130. **Ersatzlebensmittelverordnung** nebst Ausf.-Vorschr. des Reichs und der wichtigsten Bundesstaaten. Verordnungen über **Schleichhandel, Preistreiberei und Papierhandel.** Von **Heinz Emil Wendel,** Polizeirat in Berlin. — **1918.** 2,— M

Nr. 131 a. **Reichsfinanzgesetzgebung 1918.** Bd. I. **Getränkesteuern** (Bier, Branntwein, Wein, Schaumwein, Limonaden). Von Dr. **G. Mayer.** — **1918.** 6,50 M

Nr. 131 b. **Reichsfinanzgesetzgebung 1918.** Bd. II. **Abgabe vom Einkommen, Stempel, Umsatz, Kriegsgewinn** usw., **Steuerflucht.** Von Dr. **G. Mayer.** — **1919.** 4,— M

Nr. 132. **Umsatzsteuergesetz** und Ausführungsbestimmungen. Von Geh. Ober-Justizrat **Otto Lindemann,** vortr. Rat im Justizministerium. **2. Aufl.** — **1920.** 32,— M

Nr. 133. **Reichswuchergesetzgebung.** Von Reichsgerichtsrat Dr. **Ad. Lobe.** — **1918.** 6,50 M

Nr. 134. **Die Friedensverträge.** Von Dr. **Karl Strupp.** I. **Die Ostfrieden.** — **1918.** 12,— M

Nr. 135. Verordnung über das **Erbbaurecht.** Von Land-G.Rat Dr. **Hermann Günther.** — **1919.** 5,— M

Nr. 136. **Militärversorgungsgesetze.** Von Landrichter Dr. **Hermann Günther.** — **1919.** 6,50 M

Nr. 137. **Die neue Verfassung des Deutschen Reiches.** Von Prof. Dr. **A. Arndt.** — **1919.** 6,— M

Nr. 138 a. **Arbeiterschutz und Arbeitsrecht.** Von Prof. Dr. **A. Günther.** — **1920.** 25,— M

Nr. 138 b. **Betriebsrätegesetz.** Von Prof. Dr. **A. Günther.** — **1920.** 9,— M

Nr. 139. **Grunderwerbsteuergesetz.** Von Geh. Ober-Justizrat **Otto Lindemann.** — **1919.** 6,— M

Nr. 140. **Die Siedelungsgesetzgebung im Reich und in Preußen.** Von Geh. Ob.-Justizrat **W. Holzapfel.** — **1920.** 12,— M

Bänden noch ein Teuerungszuschlag des Verlages von 25 %.

Guttentagsche Sammlung Deutscher Reichsgesetze.

Nr. **141.** **Sozialisierungsgesetze.** Von Rechtsanwalt Dr. **Otto Meier.** — **1920.** 10,— *M*

Nr. **142.** **Wirtschaftliche Demobilmachung.** Von Geh. Reg.-Rat Dr. **Gg. Fischbach.** — **1920.** 5,00 *M*

Nr. **143.** **Reichsabgabenordnung** mit Einleitung. Von Rechtsanwalt Dr. **Friedmann.** — **1920.** 9,00 *M*

Nr. **144.** **Versicherungsgesetz für Angestellte.** Von Senatspräsident Dr. **Lippmann.** — **1920.** 12,— *M*

Nr. **145.** Gesetzgebung über **Steuer- und Kapitalflucht.** Von Rechtsanwalt Dr. **E. H. Meyer.** 2. Aufl. — **1921.** 10,— *M*

Nr. **146.** **Tabaksteuergesetz.** Von Rechtsanwalt Dr. **Wündisch.** — **1920.** 17,— *M*

Nr. **147.** Gesetz über **Filmzensur.** Von Regierungsrat **Szczesny.** — **1920.** 9,— *M*

Nr. **148.** **Reichsausgleichsgesetz.** Von Rechtsanwalt Dr. **Decke.** — **1920.** 9,— *M*

Nr. **149.** **Reichsnotopfergesetz.** Von Rechtsanwalt Dr. **Friedmann** und Dr. **Richard Wrzeszinsky.** — **1921.** 36,— *M*

Bänden noch ein Teuerungszuschlag des Verlages von 25 %.

Guttentagsche Sammlung Preußischer Gesetze.

Nr. **12. Allgemeines Berggesetz.** Mit seinen Novellen und Nebengesetzen. **3. Aufl.**, bearbeitet von den Oberbergräten **Schlüter** und **Hense. — 1913.** 10,40 *M*

Nr. **13. Ergänzungssteuergesetz** (Vermögenssteuergesetz). Von Wirkl. Geh. Ob.Fin.Rat **A. Fernow. 5. Aufl.** Mit Nachtrag, enth. Ges. betr. Erhöhung der Zuschläge vom 8. Juli 1916. — **1914.** 5,85 *M*

Nr. **14. Kommunalabgabengesetz** vom 14. Juli 1893 und Ges. wegen Aufhebung direkter Staatssteuern. Von Oberbürgermeister Dr. **F. Adickes. 5. Aufl.** bearbeitet von Stadtrat Dr. **Whell. — 1911.**

Vergriffen, neue Auflage in Vorbereitung.

Nr. **15.** Die **Kreisordnungen** für den Preußischen Staat. Von Land-G.Rat **O. Kolisch. — 1894.** 5,50 *M*

Nr. **16. Konzessionierung gewerblicher Anlagen.** Von Geh. Reg.Rat Dr. **W. v. Rüdiger. 2. Aufl. — 1901.** 2,60 *M*

Nr. **17.** Preußisches **Gerichtskostengesetz.** Vom 25. Juli 1910. Mit Kostentabellen. Von Kammer-G.Rat Dr. **P. Siméon. 7. Aufl. — 1913.** Mit Nachtrag: Abänderungen der Jahre 1919 und 1920. 5,85 *M*

Nr. **18.** Preußisches **Stempelsteuergesetz** vom 30. Juni 1909. Mit sämtlichen Ausführungsbestimmungen. Von **P. Loeck. 8. Aufl.** von Reg.Rat **W. Seyffarth. — 1914.** 11,70 *M*

Neue Auflage in Vorbereitung.

Nr. **19.** Das **Jagdscheingesetz.** Von Wirkl. Geh. Ob.Reg.Rat **F. Kunze. 2. Aufl. — 1899.** 2,90 *M*

Nr. **20.** Die **preußischen Erbschaftssteuergesetze.** Von Rechnungsrat **U. Hoffmann. — 1905.** 5,20 *M*

(**Reichs**-Erbschaftssteuergesetz siehe Reichsgesetze Nr. **77** und Seite 22.)

Nr. **21.** Gesetz über die **Handelskammern.** Von Min.Dir. **F. Lusensky. 2. Aufl. — 1909.** 4,40 *M*

Nr. **22.** Gesetz, betr. **Anstellung und Versorgung der Kommunalbeamten.** Von Dr. **W. Ledermann. 2. Aufl.**, bearbeitet von Dr. **L. Brühl. — 1914.** 3,10 *M*

Guttentagsche Sammlung Preußischer Gesetze.

Nr. 23. **Ausführungsgesetz zum Bürgerlichen Gesetzbuche.** Von Kammer-G.Rat Dr. **P. Siméon. 3. Aufl. — 1914.** 3,10 ℳ

Nr. 24. Die **Hinterlegungsordnung. (1879.)** Von Reg.Rat Dr. **G. Bartels. 2. Aufl. — 1908.** 2,60 ℳ
— —, Abänderungsgesetz vom 21. April 1913 siehe Nr. **53.**

Nr. 25. **Preußische Kommunalbeamtengesetzgebung.** Von Mag.Assessor Dr. **F. Kremski,** Berlin. — **1901.** 4,40 ℳ

Nr. 26. Gesetze über das **Diensteinkommen der Lehrer und Lehrerinnen, Ruhegehalt und Hinterbliebenenfürsorge.** Tabelle zur Berechnung der Ruhegehalts-, Witwen- und Waisenbezüge. Von Bürgermeister Dr. **E. Cremer. — 1900.** 3,40 ℳ

Nr. 27. Gesetz, betr. die **Warenhaussteuer.** Von Geh. Ober-Fin.Rat Dr. **G. Strutz. — 1900.** 1,95 ℳ

Nr. 28. Die **Fürsorgeerziehung Minderjähriger.** Von Geh. Justizrat Dr. **P. F. Aschrott.** Mit Ausführungsbestimmungen und allen wichtigeren Ministerialerlassen. **3. Aufl. — 1917.** 5,— ℳ

Nr. 29. Gesetz, betr. **die ärztlichen Ehrengerichte, das Umlagerecht und die Kassen der Aerztekammern.** Von Amtsgerichtsrat Dr. **F. Fidler. — 1901.** 2,35 ℳ

Nr. 30. Das **Preußische Staatsschuldbuch** und **Reichsschuldbuch.** Von Wirkl. Geh. Ob.Fin.Rat **J. Mücke. — 1902.** 2,60 ℳ

Nr. 31. **Die geltenden Preußischen Gesindeordnungen. Zwei Bände.** Von Rechtsanwalt **St. Gerhard.**

31 a. Gesindeordnung für die altpreußischen Provinzen vom 8. Nov. 1810, unter Berücksichtigung der Ergänzungsgesetze, der Rechtsverhältnisse der Stellenvermittler und Reichsversicherungsordnung, sowie die Gesindeordnungen für Neuvorpommern und Rügen und für die Rheinprovinz. **2. Aufl. — 1914.** 4,40 ℳ

31 b. Gesindeordnungen für Hannover, Schleswig-Holstein, Hessen-Nassau und den Regierungsbezirk Hohenzollern. — **1902.** 3,65 ℳ

Bänden noch ein Teuerungszuschlag des Verlages von 25 %.

Guttentagsche Sammlung Preußischer Gesetze.

Nr. **32. Die Städteordnung für die sechs östlichen Provinzen Preußens.** Von Dr. **W. Ledermann** u. Dr. **L. Brühl. 2. Aufl. — 1913.** 9,75 ℳ

Nr. **33. Rentenguts- und Anerbenrechts-Gesetzgebung in Preußen.** Von Land-G.Rat **M. Peltasohn** und Rechtsanwalt **B. Peltasohn. — 1903.** 4,40 ℳ

Nr. **34.** Sammlung der wichtigsten **preußischen Strafgesetze** nebst Ges., betr. polizeil. Strafverfügungen, vom 23. April 1883. Von Geh. Ob.J.Rat **Lindemann. 2. Aufl. — 1912.** 4,70 ℳ

Nr. **35. Geschäftsordnung für Gerichtsvollzieher.** Von **E. Exner. — 1904.** 4,55 ℳ

Nr. **36. Polizeiverordnungen in Preußen.** Von Geh. Ober-Justizrat **O. Lindemann. — 2. Aufl. 1912.** 3,40 ℳ

Nr. **37.** Gesetz, betr. **Enteignung von Grundeigentum,** vom 11. Juni 1874. Von Ob.L.G.Rat **O. Meyer. 2. Aufl. — 1911.** 3,25 ℳ

Nr. **38. Kreis- und Provinzial-Abgabengesetz** vom 23. April 1906. Von Gemeindevorsteher **F. Schmidt. — 1906.** 1,95 ℳ

Nr. **39.** Gesetz, betr. die **Unterhaltung der öffentlichen Volksschulen.** Von Reg.Rat Dr. **A. Marcks. — 1906.** 2,90 ℳ

Nr. **40. Verwaltungsstrafverfahren** bei Zuwiderhandlungen gegen die Zollgesetze und indirekte Reichs- und Landesabgaben. Von Dr. **R. Katzenstein. — 1907.** 5,20 ℳ

Nr. **41.** Die **preußischen Jagdpolizeigesetze.** Von Wirkl. Geh. Ob.Reg.Rat **F. Kunze** und Rechtsanwalt **R. Kühnemann. 2. Aufl. — 1907.** 5,20 ℳ

Nr. **42.** Die Gesetzgebung über die **Allgemeine Landesverwaltung** und **Zuständigkeit der Verwaltungs- und Verwaltungsgerichtsbehörden.** Von Dr. **K. Friedrichs. — 1908.** 4,40 ℳ

Nr. **43.** Gesetz, betr. die **Zulassung einer Verschuldungsgrenze** für land- und forstwirtschaftlich benutzte Grundstücke. Von Syndikus Dr. **R. Leweck. — 1908.** 3,40 ℳ

Guttentagsche Sammlung Preußischer Gesetze.

Nr. **44. Quellenschutzgesetz** nebst den Ausführungsbestimmungen. Von Geh. Bergrat **E. Voelkel. — 1909.** 1,60 M

Nr. **45. Rechtsverhältnisse der Juden in Preußen.** Von Rechtsanwalt Dr. **M. Kollenscher. — 1910.** 3,40 M

Nr. **46.** Gesetz, betr. **Austritt aus der Landeskirche,** vom 14. Mai 1873. Von Ger.Assessor **H. Caro. — 1911.** 3,40 M

Nr. **47.** Gesetz, betr. die **Feuerbestattung.** Von Amtsgerichtsrat Dr. **W. Lohmann. — 1912.** 2,10 M

Nr. **48. Zweckverbandsgesetz für Groß-Berlin** vom 19. Juli 1911 nebst Abdruck des allgemeinen Zweckverbandsgesetzes. Von den Magistratsräten Dr. **L. Brühl,** Dr. **K. Gordan** und Stadtrat Dr. **W. Ledermann. — 1912.** 5,85 M

Nr. **49. Gesetze gegen die Verunstaltung landschaftlich hervorragender Gegenden** mit Ausführungsanweisungen. Von Regierungsrat **O. Goldschmidt. — 1912.** 3,40 M

Nr. **50. Gesetz, betr. die Anlegung und Veränderung von Straßen und Plätzen in Städten und ländlichen Ortschaften.** Von Oberlandgerichtsrat **O. Meyer. — 1913.** 4,40 M

Nr. **51. Das preußische Disziplinargesetz für die nichtrichterlichen Beamten** und die Privatdozenten. Von Regierungsrat Dr. **E. v. Dultzig. — 1914.** 6,25 M

Nr. **52. Preußisches Wassergesetz** vom 7. April 1913. Von den Rechtsanwälten **G. Wulff** und **F. Herold. — 1913.** 7,15 M

Nr. **53. Hinterlegungsordnung** vom 21. April 1913. Von Landrichter **Hagemann. — 1914.** 3,25 M

Nr. **54.** Gesetz, betr. **Anlegung von Sparkassenbeständen in Inhaberpapieren** nebst Ausführungsverordnung vom 8. Mai 1913. Von Rechtsanwalt **H. Döhring. — 1914.** 2,90 M

Bänden noch ein Teuerungszuschlag des Verlages von 25 %.

Guttentagsche Sammlung Preußischer Gesetze.

Nr. 55. **Preußisches Wohnungsgesetz und Bürgschaftssicherungsgesetz.** Von Hochschulprofessor Dr. jur. B. Schmittmann. — 1918. 6,— M

Nr. 56. **Das preußische Tumultschadengesetz.** Von Justizrat Dr. Bruno Friedländer. — 1919. 1,20 M

Nr. 57. Gesetz über **Landeskulturbehörden.** Von Geh. Ober-Justizrat W. Holzapfel. — 1920. 7,— M

Nr. 58. **Arbeitsnachweis.** Von Magistratsrat P. Wölbling. — 1920. 4,— M

Nr. 59. **Bildung der neuen Stadtgemeinde Berlin.** Von Magistratsrat P. Wölbling. 2. Aufl. — 1920. 10,— M

Nr. 60. **Umlegungsordnung.** Von Geh. Ober-Justizrat W. Holzapfel. — 1921. 13,— M

Sonderverzeichnisse über hervorragende Erscheinungen aus den Gebieten des Verwaltungs- und Handelsrechts sowie der genossenschaftlichen Literatur durch jede Buchhandlung und direkt vom Verlage.

Zu den aufgeführten Preisen tritt bei den vor 1920 erschienenen

Guttentagsche Sammlung
von
Textausgaben ohne Anmerkungen mit Sachregister.

Betriebsrätegesetz. 2,— M
Bürgerliches Gesetzbuch nebst **Einführungsgesetz. 13. Aufl. — 1921.** 20,— M
Erbschaftssteuergesetz vom 10. September 1919. **2. Aufl.** mit Ausführungsanweisung. 4,— M
Freiwillige Gerichtsbarkeit. — 1920. 12,— M
Handelsgesetzbuch nebst **Einführungsgesetz** und **Seerecht. 10. Aufl. — 1921.** 16,— M
Konkursordnung mit **Einführungsges. 2. Aufl. — 1915.** 1,30 M
Kriegsgewinnsteuer. — 1916. —,80 M
Die Kriegssteuergesetze. 2. Aufl. — 1917. 2,— M
Militärstrafgerichtsordnung m. **Einführungsges. — 1901.** 1,95 M
Militär-Strafgesetzbuch. 2. Aufl. — 1916. 1,55 M
Reichseinkommensteuer — Körperschaftssteuer — Kapitalertragssteuer — Landessteuer. 7,— M
Einkommensteuergesetz in d. Fassung d Novelle v. 24 März 1921
Reichsfinanzgesetze von 1909. **— 1909.** 2,60 M
Reichsnotopfergesetz. 1,50 M
Reichsversicherungsordnung (Kranken-, Unfall-, Invaliden- und Hinterbliebenenversicherung). **20. bis 30. Tausend.** 6,— M
Strafgesetzbuch. — 1921. 8,— M
Strafprozeßordnung. 3. Aufl. — 1920. 12,— M
Umsatzsteuergesetz. — 1920. 3,— M
Verkehrs- u. Kohlensteuer u. Kriegssteuerzuschlag. — 1917. 2,— M
Verfassung des Deutschen Reiches v. 11. Aug. 1919. **2. Aufl.** 6,— M
Verfassung des Freistaates Preußen. 3,60 M
Versicherungsgesetz für Angestellte. — 1911. S N.144 Vergriffen.
Wechselordnung mit Anhang: **Wechselprozeß und Ausführungsanweisung. — 1908.** 3,— M
Wehrbeitrag und **Besitzsteuer. — 1913.** 1,30 M
Zivilprozeßordnung mit **Gerichtsverfassungsgesetz** und **Einführungsgesetzen. 1921.** 18,— M
Zuwachssteuergesetz. — 1911. 1,05 M
— — Ausführungsbestimmungen. — 1911. —,80 M
Preuß. Ausf.-Anweis. zur **Gewerbeordnung. — 1904.** 2,90 M

Bänden noch ein Teuerungszuschlag des Verlages von 25 %.

Schlagwort-Register

R. = Nummer der Sammlung Deutscher **Reichs**gesetze.
P. = Nummer der Sammlung **Preußischer** Gesetze.
S. = Seite.

A.

B.

C.

D.

E.

Schlagwort-Register. (R. = Reichsgesetz, P. = preuß. Gesetz.)

F.

G.

Schlagwort-Register. (R. = Reichsgesetz, P. = preuß. Gesetz.)

Schlagwort-Register. (R. = Reichsgesetz, P. = preuß. Gesetz.)

W.

Z.

FSC
www.fsc.org
MIX
Papier | Fördert
gute Waldnutzung
FSC® C083411

Kolibri 360 GmbH
Ferdinand-Jühlke-Straße 7
99095 Erfurt, Deutschland
produktsicherheit@kolibri360.de